ハイデガー
『存在と時間』入門

轟 孝夫

講談社現代新書
2437

『存在と時間』初版本（1927年4月刊）。
後に削除されることになる「上巻」（ERSTE HÄLFTE）の表記がある。

はじめに

衝撃の書

『存在と時間』は一九二七年四月、ハイデガーが三七歳のときに出版された。一九一六年に教授資格論文『ドゥンス・スコトゥスの範疇論と意義論』を刊行してから、一〇年以上のブランクを経てのことだった。

『存在と時間』は刊行されるやいなやドイツ内外で大きな反響を呼んだ。同時代のある哲学者は『存在と時間』出版後、間もない時期に次のように証言している。

「ハイデガーの書物『存在と時間』が、長らく待望されたのち、もうすでに一年以上前にフッサールの現象学者サークルの年報の一巻で刊行されて以来、異例の哲学的興奮を引き起こした。この厳密で重厚で体系的な作品は人々に読まれ、またたく間に支持を集めている。(……)この書物は落雷のような衝撃をもたらした」(ゲオルク・ミッシュ『生の哲学と現象学』、一九三〇年刊、一頁)。

『存在と時間』のような難解な哲学書が刊行直後からこのような反響をもたらすのはたしかに異例のことだが、同書はその後も多くの哲学者たちに刺激を与え続け、二〇世紀の古典としての地位を確立した。ハイデガーの弟子だったハンス・ゲオルク・ガダマー（一九〇〇―二〇〇二）は、現象学的解釈学を標榜した『存在と時間』の影響を受けて、解釈学についての独自の考察を展開した。またガダマーとほぼ同じ時期にハイデガーの講義を聴講していたハンナ・アーレント（一九〇六―一九七五）も、ハイデガーの圧倒的影響のもとで哲学を始め、アメリカに亡命後、政治哲学において独自の思想を形成したことはよく知られている。

フランスでは『存在と時間』は当初は現象学、実存哲学の書として受容され、ジャン＝ポール・サルトル（一九〇五―一九八〇）、モーリス・メルロ＝ポンティ（一九〇八―一九六一）など、その思想に影響を受けた哲学者は枚挙にいとまがない。また彼らと同年代に属し、ハイデガーの授業も聴講したことがあるユダヤ人哲学者エマニュエル・レヴィナス（一九〇六―一九九五）も、この『存在と時間』との対決をとおして「他者の倫理学」を確立したのである。

その後さらに、ハイデガーの西洋形而上学批判をミシェル・フーコー（一九二六―一九八四）、ジャック・デリダ（一九三〇―二〇〇四）、ジル・ドゥルーズ（一九二五―一九九五）など、フランスのいわゆる「ポスト構造主義」の思想家たちがそれぞれなりのやり方で引き継いでいった。

存在の問い

私が大学に入学した一九八〇年代後半は、まだ一九八〇年代前半のフランス現代思想ブームの余韻が残っていた時期だったが、私もひょんなことからフランス現代思想に興味を抱くようになった。そして、それに関係するさまざまな本を読みかじっているうちに、どうやらドイツのマルティン・ハイデガーという哲学者が先ほど名前を挙げた哲学者たちに大きな影響を与え、その源流に位置するらしいということがわかってきた。ポスト構造主義の哲学者は西洋形而上学――要するに西洋哲学――の思考様式全般を批判しているが、解説書ではそうした企ての先駆者としてハイデガーに言及されていた。当時、私は妙に律儀に、そうであるなら、まずハイデガーの哲学をちゃんと勉強しなければと考え、彼の主著『存在と時間』を読み始めたのだった。

今、西洋哲学の思考様式全般を批判していると述べた。これは西洋哲学史上に現れた個々の哲学者の思想についてあれやこれやの問題点を指摘するということではない。とにかく西洋哲学全般に何か大きな問題があると言うのだ。

そうだとすると、西洋哲学におよそ共通して当てはまる問題点とはいったい何なのか。ハイデガーはそれを「存在の問い」を怠ってきたことに求めている。つまり、西洋哲学はこれまで「存在の問い」を問うてこなかったというのである。

しかし、ここでこう反論するひともいるかもしれない。そもそも古代ギリシアの偉大な哲学者アリストテレス（前三八四―前三二二）も、のちに「形而上学」と呼ばれるようになった「第一哲学」の課題を「存在を存在として探求すること」と規定してはいなかったか。それにアリストテレス以降も哲学はつねに何らかの形で「存在」を問題にしてきたのではないのか。西洋哲学には「存在論」と呼ばれる一分野もあるではないか。それでも「存在」はこれまでまったく問われなかったというのか。

これに対して、ハイデガーは西洋哲学において「存在」として問われてきたものは、実は真の「存在」ではないと言う。西洋哲学においては、これまで「存在」についてさまざまな仕方で語られてきて、またそれぞれ異なった立場のあいだで対立があったにせよ、それらは全体として、真の「存在」を扱っていないという点で違いはないというのだ。このように西洋哲学の歴史全体において、真の「存在」がまったく問題にされてこなかったことを、ハイデガーは「存在忘却」と名づけている。西洋哲学の歴史は、ハイデガーに言わせれば存在忘却の歴史なのだ。

なぜこんなにも難しいのか

真の「存在」は「存在」（西洋哲学で考えられてきた意味での）ではない。これがハイデガーの「存在の問い」の主張だ。それゆえまさに、この真の「存在」の解明こそが、ハイデガーの『存在と時間』の最大の関心事となる。古代ギリシアにおける西洋哲学の始まり以来、今日に到るまでの二千数百年のあいだ、これまでまったく問われたことのない「存在の問い」を問うというその哲学的構想のスケールの大きさが『存在と時間』の魅力を形作っていることはたしかだろう。だが、そうだとすると、ハイデガーが真の「存在」と考えているものはいったい何なのか。『存在と時間』という書物の意義の解明も、まさにこの一点に懸かっている。

しかし、この真の「存在」が何を意味するかが『存在と時間』を読んでもなかなかわからないのだ。それが理解できない限り、『存在と時間』がわかったことにはならないので、私も真の「存在」を何とか明らかにしたいと思っているうちに、もうかれこれ三〇年近くが経ってしまった。

では「存在」は、どうしてこれほどまでにもわかりにくいのだろうか。ある意味、それがわかりにくいのは当然なところもある。というのも、真の「存在」とは、右で述べたように、これまで誰も考えてこなかったものであり、それどころか考える必要さえ、誰も感じなかったものだからだ。だからいきなり考えろといわれても、どうしてよいかわからないのは仕方がないだろう。すぐにわかるぐらいなら、そもそも西洋哲学の始まり以来、二千数百年のあいだ、問題にされてこなかったこともなかったはずだ。

ここでさらに事態をこじらせているのは、先ほども述べたように、これまでの哲学史においても、それなりに「存在」が問題にされ、論じられてきたということだ。そしてそのようにこれまでの哲学史において論じられてきた「存在」が、われわれの「存在」についてのイメージをあらかじめ規定してしまっている。したがって、われわれは「存在」を考察するとき、基本的にこちらの「存在」を思い浮かべるのであり、ハイデガーが「存在」と呼んでいるものを捉えるときも、われわれはほとんど習性的に、これまで「存在」として論じられてきたものをそれに重ね合わせてしまう。しかもハイデガー自身が「存在」というこれまでと同じ言葉を用いて、真の「存在」を主題化しようとしているので、これまでの「存在」と真の「存在」を混同してしまうことはほとんど避けられない。こうしてハイデガーの「存在の問い」を何とか理解しようと努力して、あるときわかったと思っても、そこでわかったものは、結局、既存の哲学で考えられていた「存在」にすぎなかったという堂々巡りに陥ってしまうのだ。

問題を解明せずじまいの書物

つまり、真の「存在」を捉えるのが難しいのは、真の「存在」が事柄としてそもそも捉えにくいものであることによるということだ。しかし『存在と時間』を読んでも真の「存在」の所在がはっきりしないのは、必ずしも真の「存在」という事柄の理解しにくさだけに起因しているわけではない。実は『存在と時間』という著作は、「存在の問い」の解明を謳いながら、真の「存在」の解明をまったく履行していないのだ。

というのも、『存在と時間』は上下二巻本となるはずだったが、「存在」の意味が解明されることになっていた下巻は刊行されず、その解明の準備部分でしかない上巻で途絶してしまっているからである。そうだとすれば、『存在と時間』を読んで、真の「存在」の所在についてまったくらちが明かないのもある意味、当然のことだろう。われわれは本来、解明するはずだった主題を解明する前に終わっているような、どうにも不完全な書物をこれまでずっとハイデガーの主著と見なし、しかも二〇世紀の古典に祭り上げてきたわけだ。

こうして、『存在と時間』をハイデガーの主著と見なすことにより、人々は『存在と時間』の既刊部分で論じられている内容を、ハイデガーの根本思想と取り違えてしまうことになった。『存在と時間』が本来目標とした、「存在の意味への問い」の解明は、未刊部分で行われることになっていたので、同書の既刊部分で論じられているのは「現存在の実存論的分析」──ごく簡単に言えば、われわれ人間がいかなる存在をもつかの分析──だけである。しかしこれは「存在の意味への問い」の準備という位置づけにすぎず、『存在と時間』の中心的課題ではない。にもかかわらず、われわれは『存在と時間』をハイデガーの主著と持ち上げることにより、そこで論じられている事柄をハイデガー哲学の中心課題そのものであるかのように見てしまうのだ。

もっとも、『存在と時間』が未完の書物だといっても、「存在」の意味の解明を謳う書物なのだから、さすがに既刊部分でも、「存在」についてまったく触れられていないわけではない。しかも『存在と時間』を刊行した後、ハイデガーは同書では論じられなかった真の「存在」について、手を替え品を替え論じているので、それらを参照すれば、彼が未刊部分で論じようとしていたことはおおよそのところ推測できる。

しかし、今も述べたように、大方の人々は現行の『存在と時間』の内容をハイデガー哲学の中心的テーマそのものと見なしているので、彼が同書では十分に扱えなかった「存在」について別のところで主題的に語りだすと、自分たちのイメージするハイデガー哲学とは何か違ったことを語っているかのように受け止め、彼の思想が変わった──専門家はそれを「転回(ケーレ)」と呼ぶ──と言い出し、あろうことか、彼がわけのわからない秘教的なことを語っていると難癖を付けさえもする。

このように、ハイデガーの「存在」という概念がわかりにくいのは、その事柄そのものに由来する点も当然あるが、『存在と時間』が「存在」の解明を約束しながら、それを果たしていない点にもその理由の一端がある。それだけではない。『存在と時間』の既刊部分で論じられていることがハイデガー哲学の真の主題であるかのように見えてしまうため、真の「存在」の解明からわれわれの視線がそらされてしまう。こうして真の「存在」を開示するはずの『存在と時間』が、かえってその邪魔をしてしまうことになる。このように『存在と時間』はなんとも扱いが難しい書物なのだ。

「本来性」？「非本来性」？

以上、ハイデガーの「存在の問い」がなぜ理解しにくいのかを自分自身の経験も踏まえながら記してきた。ここまで私はハイデガー自身が探求している「存在」を、彼自身の表現ではないのだが、便宜的に真の「存在」と呼んできた。こうした表現を用いるのが適切かどうかは別として、ハイデガーの哲学のうちには、何かしらこれが真であり、また真でないといった区別があるのは事実である。

そこではもちろん、この真なるものは追究されるべきものと見なされている。今述べたような区別は、ハイデガー自身の言葉に即して言えば、「本来性」と「非本来性」の区別である。この本来性と非本来性は『存在と時間』全編を貫く根本的な区別だが、同書に少しでも目を通した経験のある方はみな、多かれ少なかれ、これが何を意味するかに悩まされたのではないだろうか。少なくとも私にとっては、『存在と時間』でわからないところと言えば、もちろん「存在」もそうなのだが、この本来性と非本来性の区別も、何度同書を読んでもなかなか腑に落ちず、長いあいだ理解に苦しんできたところである。

そこでは人間のあり方が本来的なあり方と非本来的なあり方に区分されているわけだが、これは人の生き方に善し悪しの区別を設けることを意味するため、他者の生き方にくちばしをはさまないことを良しとするリベラルな社会では、不快に思う人もそれなりに多いだろう。「真正なる生き方」などを設定するのは、新興宗教でもあるまいし、押しつけがましく、またいかがわしいというわけだ。そのように感じる人にとっては、この時点で『存在と時間』は受け入れられないものとなるだろう。逆に、そのように何か真正な生き方を提示することは、「道」や仏教的な「悟り」の追究に通じるところがあり、とりわけわれわれ日本人が「哲学」というものに期待する要素でもあるため、その点を『存在と時間』の魅力と捉える人もいるだろう。

もっとも、このように本来性と非本来性の区別を好意的に受け止めるとしても、ハイデガーの議論に即して本来性と非本来性のそれぞれが何を意味するのかを理解するのは、やはり難しい。非本来性の議論では、『存在と時間』を少しでも読んだ人ならご存じのように、「ダス・マン」、すなわち「ひと」の頽落的なあり方が語られており、ある種の大衆批判といった趣もあるので、それなりに与しやすいところはある。しかし、それと対となる本来性については、『存在と時間』では「死への先駆」とか「良心をもとうとする意志」とか、いかにも実存主義的な主題が扱われているにもかかわらず、実際には「死の可能性」や「良心の呼び声」についての妙に細かい分析に付き合わされたあげく、結局、生きる上での具体的な指針を何ら読み取ることもできないままに終わってしまう。

強い宗教性

私自身はと言えば、哲学にあまりに直接的に、道徳的な教訓を求めるのは何か野暮ったい感じがして、本来性の議論を正面から素直に受け止めることがなかなかできなかった口である。そのこともおそらくある種の心理的抑圧として働いていたのだろう、以下で述べるような本来性の議論がもつ宗教的、キリスト教的な背景も、比較的最近になるまではっきりと認識することができなかった。

ハイデガーは当初、敬虔なカトリック教徒として、キリスト教神学の研究から出発した。そのことに対応して、本来性と非本来性の区別の背景には、ある種の宗教的覚醒と、それとは切り離された堕落した生というイメージが存在するし、彼自身もそのことを認めている。つまり『存在と時間』以前は明確に、また『存在と時間』においても潜在的には、本来性ということで宗教的に目覚めたあり方が問題とされているのであり、逆に非本来性においてはそこから堕落したあり方が、キリスト教の原罪説を意識する形で扱われているのである。

ハイデガーの関心は、一九二〇年前後における初期の哲学的活動では、人間意識を内在的に記述する「現象学」という哲学的方法を駆使して、この宗教的に目覚めたあり方を人間の真正なあり方として記述することに向けられていた。そうした人間の本来的なあり方は、やがて人間が世界の事物と関わるときにその事物の「存在」を真正な仕方で理解することとして捉え直されることになる。つまり、人間の本来的あり方が、「存在」の真正な理解に基づくものと捉えられるようになるわけだ。

したがって逆に、人間が「存在」についての真正な理解をもたないことが、非本来的なあり方とされることになる。つまりここで、本来性と非本来性の区別が、真の「存在」を理解することとそうでないことの区別と規定されるのだ。こうした観点は『存在と時間』以前にはまだはっきりと自覚されてはおらず、『存在と時間』で、はじめて明確に打ち出されたものである。伝統的な宗教では宗教的な覚醒として捉えられてきたものが、存在理解の真正さとして、あらためて捉え直されたのである。

このように『存在と時間』における本来性と非本来性の区別は、真の「存在」が了解されているかいないかの違いである。本来的であるとは、真の「存在」が了解されていることを意味する。逆に非本来的であるとは、そうした「存在」が了解されていないことである。だから本来性／非本来性の区別を理解するためには、結局のところ、ハイデガーが真の「存在」として語っているものの意味を解明しなければならない。やはり『存在と時間』を理解するには、真の「存在」が何を意味するかを明らかにするほかないわけだ。

今、「存在の問い」がある種の宗教的な背景をもつことに触れたが、ここでは「存在の問い」の意義について、もう一点、その文明論的な含意にも注意を促しておきたい。ハイデガーの思索では、存在理解のあり方が、ある歴史的時代のあり方を根本から規定するものとされている。つまり、彼にとって歴史的時代の変遷とは、存在理解のあり方の変遷を意味しているのだ。

例えば現代社会で知的権威を独占している自然科学の体系は、まさに近代という時代に特徴的な存在理解――ハイデガーが後年、「主体性の形而上学」と呼ぶもの――に基づき、それを具体化したものである。すでに述べたように、西洋哲学全般が「存在忘却」に見舞われているのだから、そのことは西洋近代哲学、またそこから派生した近代自然科学にも当てはまる。われわれの文明世界がそうした近代の学問体系を基盤としている以上、「存在忘却」は哲学内部だけの問題ではなく、近代の文明世界全般を規定するものと解されるのだ。

この観点からすれば、現代において盛んに取りざたされている自然環境の破壊、生命科学による人間や生物の生命への際限ない介入、いわゆるグローバル化によるヒトやモノ、資本の移動がもたらすさまざまな問題、こうしたものも突き詰めれば非本来的な存在了解、すなわち「存在忘却」に由来する現象だということになる。ハイデガーの「存在の問い」はこのような、文明批判的な射程をもっている。

「もやもや」の霧を霽らすこころみ

ここまで述べたことをまとめると、ハイデガーの『存在と時間』は真の「存在」の解明を目標としているが、そこには宗教的な意義や文明論的な問題意識も含まれている。まさにこれらの要素がハイデガーの『存在と時間』という著作の魅力を構成しているといってよいだろう。しかし、宗教的な真正さをめぐる議論や文明批判的な議論なら、『存在と時間』の同時代においても、また現代においても、似たようなものはいくらでも存在する。

そうだとすると、やはりハイデガーの思想の独自性は、そうした宗教性と文明批判を裏付けている「存在の問い」の思索の根源性にあると言うべきだろう。まさにこの「存在の問い」の根源性とそれに基づく包括性こそが、他には見られないハイデガー哲学の魅力だと私は思う。

先ほども述べたように、私はもともとフランス現代思想を理解したいと思ってハイデガーにさかのぼったのだが、この「存在」の意味を何とか理解しようと努力しつつ、それがなかなかわからないまま、そうこうするうちにいたずらに時だけが過ぎてしまった。その間、ハイデガーの「存在」がわかったような気がしながら、またわからなくなるということの繰り返しだった。結局、そのようにしてわかったと思っていたものも真の「存在」ではなく、これまで「存在」と捉えられていたものにすぎず、それで右で述べたような堂々巡りに陥っていたのだろう。しかし最近になってようやく、私なりにかなりの確度をもって、「存在」の意味とはこうではないかと言えそうな気がしてきた。その解釈に基づいて『存在と時間』を読解してみると、例の本来性／非本来性の区別の意味や、長い間、『存在と時間』をめぐる大きな謎とされてきた、その未完の理由などもすっきりと理解できるようになってきた。

もちろん、そうした私の「存在」解釈が、これまでと同じように堂々巡りを繰り返しているにすぎないという可能性も完全には否定できない。私としては本書で、自分の「存在」解釈をできる限りわかりやすく提示する作業をとおして、私の解釈の正否を「検証」してみたいと思う。つまり自分の「存在」解釈に基づいて、『存在と時間』で論じられているさまざまなトピックを、どこまで明解に首尾一貫性をもって説明できるか試してみたい。そのために本書は、基本的には『存在と時間』の叙述の流れに沿って、その内容を紹介していく形を取る。ただし本論に入る前に、「序論」として、『存在と時間』の解釈の基礎となる「存在」の意味、ならびにそれに基づいた本来性／非本来性の区別についてまずは概略的な説明を行い、本書の議論の方向性をあらかじめ示しておくことにしたい。

以下の本論でハイデガーの著作の参照箇所を表示する場合、次に示す記号と原著のページ数を（ ）内に記載する。GA は“Gesamtausgabe”、すなわち「全集」の略号であり、そのあとの数字は巻数を示す。なおページ数の次に“f.”が記されている場合は、引用個所ないしは参照箇所が次ページにまたがることを示し、“ff.”と記されている場合は、参照箇所が以下数ページにわたることを示している。ハイデガーからの引用テクスト中の傍点は原文ではイタリックで強調されている箇所に付されている。全集版はすべてヴィットリオ・クロスターマン社からの刊行である。略号の右肩に付された※は、邦訳があることを示す。日本語版『ハイデッガー全集』や『存在と時間』の邦訳には、余白に原著のページ数との対応が示されているので、本文に当たりたい方はそれを手がかりにしていただきたい。なお本書におけるハイデガーのテキストの翻訳はすべて筆者自身によるものである。

Ⅰ．ハイデガーの著作

SZ※　『存在と時間』マックス・ニーマイヤー社、第一六版、一九八六年。
SD※　『思索の事柄へ』マックス・ニーマイヤー社、第三版、一九八八年。
ZS※　『ツォリコーン・ゼミナール』ヴィットリオ・クロスターマン社、第二版、一九九四年。
GA3※　『カントと形而上学の問題』、一九九一年。
GA5※　『杣道』、一九七七年。
GA9※　『道標』、一九七六年。
GA15　『ゼミナール』、一九八六年。
GA16　『演説と生涯の他の証』、二〇〇〇年。
GA18　『アリストテレス哲学の根本諸概念』二〇〇二年。
GA20※　『時間概念の歴史への序説』第二版、一九八八年。
GA21※　『論理学――真理への問い』、一九七六年。
GA24※　『現象学の根本諸問題』、一九八九年。
GA26※　『論理学の形而上学的な始元諸根拠――ライプニッツから出発して』第二版、一九九〇年。

GA32※ 『ヘーゲル『精神現象学』』第二版、一九八八年。

GA48※ 『ニーチェ、ヨーロッパのニヒリズム』、一九八六年。

GA49※ 『ドイツ観念論の形而上学』、一九九一年。

GA60 『宗教的生の現象学』、一九九五年。

GA62 『存在論と論理学に関するアリストテレスの精選諸論文の現象学的解釈』、二〇〇五年。

GA64 『時間の概念』、二〇〇四年。

GA65※ 『哲学への寄与論稿』第二版、一九八九年。

GA77※ 『野の道の対話』、一九九五年。

二、往復書簡

HJ※ 『ハイデガー／ヤスパース往復書簡』ヴィットリオ・クロスターマン社、一九九〇年。

HB 『ハイデガー／ブロッホマン往復書簡』ドイツ・シラー協会、第二版、一九九〇年。

HBu 『ハイデガー／ブルトマン往復書簡』ヴィットリオ・クロスターマン社、二〇〇九年。

HL 『ハイデガー／レーヴィット往復書簡』カール・アルバー社、二〇一七年。

目次

序論

メスキルヒ高等小学校時代（1896年ごろ．最後列右から3番目）

1. 存在の意味

「ある」とは、そもそもどういうことなのか？

本書は、ハイデガーが『存在と時間』において、さらには生涯の思索の歩み全体をとおして取り組んだ「存在の問い」の意義を明らかにすることを目標にしている。この「存在の問い」は『存在と時間』では「存在の意味への問い」とも表現されている。そして、ハイデガーはこの「存在の意味」を「時間」と規定する。「存在の意味は時間である」――これがこの書物の根本テーゼであり、このことがまさに「存在と時間」という同書の表題に示されている。

この「存在の意味は時間である」が何を意味するかは、本論で詳しく見ていきたいが、ここではそれに先立って、ハイデガーが「存在」、すなわち「ある」ということでいったい何を捉えようとしているのかを、問題の所在を明らかにするためにあらかじめスケッチしておきたい。

例えば、「鳥が存在する」ということを考えていただきたい。「鳥が存在する」ことを考える場合、われわれは具体的には、その鳥が飛んでいる、木に止まっている、えさをついばんでいる、鳴いているといった姿を思い浮かべることだろう。この「飛んでいる」とか「木に止まっている」とか「えさをついばんでいる」とかいったように、鳥がそのつど、どのようなあり方をしているか、すなわちそうした鳥のあり方が、ハイデガー的に言うと、鳥の「存在（Sein）」、「あり方」である。そして、まさにそのような仕方で「存在しているもの」、「あるもの」――この例では鳥――が、ハイデガーが「存在者（Seiendes）」と呼ぶものである。

日本語では「存在者」と訳される“Seiendes”は、存在を意味する“Sein”の現在分詞を名詞化したもので、文字通りには「存在するもの」、「あるもの」を指す。この存在者と存在の区別は、ハイデガーの「存在の問い」のもっとも基本的な区別だが、ごく簡単に言えば、モノとそのモノが担っているあり方、すなわちモノとそのモノの存在様態の区別と言ってよいだろう。つまり、「鳥が飛んでいる」の例では、鳥が「存在するもの」、すなわち存在者であり、「飛んでいる」というのがその鳥の「存在」を示していることになるわけだ。

さて、もう一度、鳥を思い浮かべていただきたい。この鳥という存在者を思い浮かべるとき、われわれは必ずその鳥の何らかのあり方を一緒に思い浮かべているだろう。鳥が飛んでいるとか、木に止まっているとかいったように。逆に、鳥をこうした「飛んでいる」

とか「木に止まっている」といった存在様態から切り離して思い浮かべることができるだろうか。それは不可能だろう。われわれは鳥を思い浮かべるとき、それを「飛んでいる」とか「木に止まっている」とか、そうでなければ「えさをついばんでいる」というように、必ず何らかの存在様態とともに思い浮かべざるをえない。われわれには、そうした存在様態をまったく欠いた鳥を思い浮かべることは原理上、不可能である。鳥は飛んでいたり、木に止まっていたり、つねに何らかの存在様態を伴って現れているからだ。

　われわれは鳥という存在者を見るとき、鳥が飛んでいるとか、木に止まっているとかというように、その存在者の存在様態を必ず一緒に捉えている。ハイデガー的に言えば、われわれは存在者と関わりをもつとき、その存在者の「存在」を了解しているということだ。

　しかしこの存在了解は、まず鳥という存在者が実体としてあり、次いでそれが飛んだり、木に止まったりするのを見て、事後的にその存在を了解するというものでは、ない。「まず鳥という存在者が実体としてあり」と述べたが、鳥という存在者があるということは、すでにその時点で、それが飛んでいたり、木に止まったりと何らかの存在様態において現れていることに他ならないからだ。つまり、こうした存在様態は存在者の現れと同時に把握されているのであって、逆に言えばこのような存在了解によって、存在者は存在するものとして現象することが可能になっているのである。

「鳥が飛ぶ」と「ボールが飛ぶ」はどう違う？

「鳥が飛んでいる」という例を、もう少し立ち入って見てみよう。われわれは鳥が飛んでいるのを見るとき、単に鳥が飛んでいるというだけではなく、それが巣から飛び立ち、えさを採りにいく途中であることなども一緒に了解している。つまり、「飛んでいる」はそれだけで独立したふるまいではなく、「巣で休んでいる」とか、「えさを採っている」とか、「ひなにえさを与えている」といった他のさまざまなふるまいとも結びついており、われわれは、鳥が飛んでいるのを見るときには、それと連関した他のふるまいも一緒に理解しているのだ。

ここでさらに「飛んでいる」ことを分析すると、たとえば森の中を飛んでいるとか、海面を飛んでいるというように、必ずそのふるまいは他の存在者のただ中において起こっている。そしてこのことは、飛ぶこと以外の鳥の他のふるまいすべてにも当てはまる。飛ぶことを含んだ鳥のさまざまなふるまいは、このように他の存在者のただ中で起こっており、したがって、そうした他の存在者との関係において理解されている。

以上の議論をまとめると、鳥の「飛んでいること」の理解のうちには、その「飛んでいること」と連関する、鳥のその他のすべてのふるまい、またそのふるまいが起こっている場所の理解が含まれており、逆に「飛んでいること」は、それらと関係づけられることによって、鳥の「飛んでいること」として了解されるわけだ。

ところで、これまで「鳥が飛んでいる」という例を取り上げてきたが、鳥以外にも飛ぶものはボールや飛行機などたくさんある。しかし、例えば「ボールが飛んでいる」というとき、同じように「飛んでいる」といっても、「飛んでいる」ことの意味は鳥の「飛んでいる」こととは異なっている。

「ボールが飛んでいる」とき、そのボールは基本的には地上からそう離れたところを飛ぶことはなく、われわれはそれが何らかの遊技の一環として誰かによって投げられたこと、その飛ぶ勢いを失って、やがては地上に落ちること、または誰かによって受け止められることなどを知っている。つまり、ボールが「飛んでいること」は、ボールの他の運動（地面に落ちる、グローブに収まる）、ならびにそれが関係をもちうる他の存在者（投げる人、グローブ、野球場）を斟酌（しんしゃく）することにより、はじめてボールが「飛んでいること」として理解される。

このように、ボールが「飛んでいること」の理解のうちには、飛ぶこと以外のボールのさまざまな様態、またそうした様態が生起する環境の理解が含まれている。そして今述べたような、ボールが「飛んでいること」の理解に含まれたボールの他の様態、その様態が関係しうる存在者は、鳥の「飛んでいること」の理解に含まれたものとは異なっている。まさにそれぞれの「飛んでいること」の置かれたコンテクストの違いが、それぞれの飛び方の違いとして理解されているのである。

ここまでの議論を要約してみよう。われわれは存在者と関わるとき、その存在者をつねに何らかのあり方において捉えている。そうした意味で、われわれはその存在者の存在を了解している。そして、そのあり方は、その存在者が取りうる他のあり方の系列、ならびにそれらのあり方がそのただ中で生起する他の存在者との関係のうちに位置づけられて理解されている。

つまり、存在者が何らかの仕方で「あること」とは、独立した現象ではなく、その存在者の他のあり方の可能性、それらのあり方においてその存在者がもちうる他の存在者と関連づけられている。別の言い方をすれば、存在者が「あること」においては、その存在者の活動空間全体が立ち現れているのであって、したがって、存在者の存在の了解は、その存在者の今述べたような活動空間の了解に他ならないのだ。

伝統的哲学との違いは何か

以上、ハイデガーが「存在」ということで、どのようなことを問題にしようとしているのかについて、私なりの説明を試みた。「はじめに」でも述べたように、まさにここで説明されたような「存在」が、これまでの西洋哲学においては、まったく捉えられることがなかったというのがハイデガーの主張である。もちろん、西洋哲学においても「存在」がさまざまな形で論じられてきたことは事実である。しかしそこで「存在」として論じられてきたものは、ハイデガーからすれば、彼自身が「存在」と見なすものとは異なる。そうだとすると、ハイデガーが「存在」と呼んでいるものと、西洋哲学において「存在」として論じられてきたものはいったいどのような関係にあるのだろうか。以下、この点について簡単に見ていくことにしよう。

西洋の存在論においては、インド・ヨーロッパ語族の言語における「存在」を意味する語、例えばドイツ語における“Sein”、英語における“be”、ギリシア語における“einai”などが、「～がある」と「～である」という二つの用法をもつことに応じて、「存在」も基本的には「～がある」と「～である」という二つの意味に即して分析されてきた。「～である」とは「SはPである（S ist P）」といった形で、主語Sと述語Pをつなぐものという意味で「繋辞（けいじ）」、「コプラ」としての存在と呼ばれるものである。これは主語Sについて、その「何であるか」、質、量などの規定を行う機能をもち、これをアリストテレスは一〇個のカテゴリーとして整理した。それに対して、「〜がある」は、「Sがある（S ist）」という形で、あるものが端的に存在すること、つまりあるものの現実存在を表示するものとして理解されてきた。

こうした西洋存在論における伝統的な「〜である」と「〜がある」の区別に依拠して、ハイデガーの「存在の問い」は時に、西洋哲学で長らく優位を占めてきた「〜である」としての存在に対して「〜がある」としての存在を強調しようとしたと説明されることがある。しかし本当にそうだろうか。この「〜がある」は、伝統的な存在論においては、机であれ、椅子であれ、本であれ、存在者が今、目の前に現存することを意味している。いかなる種類の存在者であれ、とにかくそれが今、ただ単に眼の前にあることを意味するだけである。すでに見たように、ハイデガーは「存在」ということで、存在者の種別に応じたそのあり方の違いを捉えようとしていたが、この「〜がある」では、そうした違いはまったく問題にされていない。またハイデガーが存在者の「存在」の意味を構成すると見なしていた、その存在者を取り巻く存在者との関係もまったく視野に入っていない。

「〜である」にしても、「〜がある」にしても、そうした存在規定は、まず何らかの存在者が確固たる実体としてあり、それについて事後的に述定されるとされている。しかし先ほども述べたように、その存在者が存在者としてあることは、すでにその存在者がある存在様態において現れていることに他ならない。そしてその存在様態は他のさまざまな存在様態へと展開する可能性をはらみ、またそうした可能性においてその存在者が関わりうる他の存在者を背景としてもっている。

ハイデガーの「存在」は、存在者がそのものとして現象することに含まれた、こうした構造全体を捉えようとする。それと比較すると、既存の「存在」概念にあっては、「SはPである」とか「Sがある」という言語形式での表現に応じて、われわれはその主語となる存在者Sを実体として捉え、「～である」や「～がある」は、それについて事後的に述定されるものと見なす。しかし、このように主語とされる存在者Sが実体として捉えられた時点で、ハイデガー的な意味でのその存在者の「存在」はすでに視野からは抜け落ちてしまっているのである。

「ある」とは「今」のことだけではない

さて、以上でハイデガーが「存在」として捉えようとしているものが、西洋哲学の伝統的存在論で「存在」とされてきたもの、すなわち「～である」はもちろんのこと、「～がある」とも異なっていることを確認した。ここで、この両者の存在了解の違いは何に由来するのかをもう一歩、踏み込んで考えてみよう。

このときまさに存在と時間との関係がクローズアップされてくる。先ほど、『存在と時間』が「存在の意味は時間である」という根本命題を掲げていることを指摘したが、これは一般に「存在」が時間に基づいて理解されていることを意味している。伝統的存在論も、この観点から特徴づけることは可能である。ハイデガーは古代ギリシア以来、現代に至るまでの西洋存在論が、暗黙のうちに「存在」を何ものかが現に目の前にあること、つまり「現前性」として捉えてきたことを指摘する。「〜である」の意味での存在にしても、「〜がある」の意味での存在にしても、そのどちらも何かが今、ありありと現れていることを意味しているのだから、そこには「今」という時間的な規定が含まれているのだ。

このように、「存在の意味は時間である」というハイデガーのテーゼは、まずは西洋の存在論が「現前性」という、「今」、「現在」を基盤とした存在了解によって暗黙のうちに規定されていたことを暴露する。ということは逆に言えば、「存在の意味は時間である」というテーゼは、こうした「現前性」としての存在了解とは異なった、より根源的な存在了解の可能性があることを示唆している。先ほどすでに、ハイデガーが「存在」と言うとき、どのような現象を念頭に置いているのかを簡単に示しておいたが、まさにこの「存在」が、「存在と時間」という観点から、伝統的存在論における現前性としての存在とは異なった仕方で特徴づけられるのだ。

先ほどハイデガー的な意味での「存在」、「ある」が、同じ存在者の他のあり方の系列、ならびに周囲の存在者との関係のうちで了解されていることを指摘した。鳥の例でいえば、鳥が飛ぶことは、巣で休むこと、えさを採ることといった鳥の他のさまざまなふるまい、さらにそれらのふるまいにおいて鳥が関係している巣やひな、えさ、木々、空などの存在者とネットワークを形作っており、したがって、その飛ぶことの了解において、今述べたような鳥の活動空間を構成するネットワークがすでに視野に入っている。

ただしこうしたネットワークは、鳥という主題化されている存在者に対して、非主題的なものとして、通常、背景に退いている。この鳥とネットワークの関係は、画像における図と地の関係にたとえることもできるだろう。鳥が飛んでいることは、まさに鳥が「今」現前していることに他ならないが、その飛ぶことは、そうした現前の背景に退いているネットワークに基づいている。このネットワークは飛ぶこと以外の鳥のさまざまなふるまいの可能性を含んでいるが、このふるまいの可能性とは、鳥が「すでに」そうであったあり方であり、また「将来」そうであるあり方でもある。つまり、われわれが鳥の存在を了解するとき、そこには必ず鳥の活動空間としてのネットワークの了解が含まれているが、このネットワークは「今」飛んでいる鳥の「過去」と「将来」を示すものだとも言えるのだ。

われわれは飛んでいる鳥を見るとき、鳥が今、現前していることだけではなく、すでにそうあった姿とこれからそうありうる姿、すなわちその鳥の「どこから」と「どこへ」も一緒に捉えている。すなわちわれわれが鳥の「飛んでいること」を了解するときには、その了解は「現在」だけでなく、「過去」と「将来」にも関わっており、まさにそのことに基づいて、鳥が「飛んでいること」を「飛んでいること」と理解しているのだ。

一般化して言うと、存在の意味は存在者が現前することに尽きるのではなく、「過去」と「将来」も含んでいるということだ。存在を単なる「現在」だけではなく、それを越える「過去」と「将来」とに関係づけることによって、鳥やボールといった存在者の種類の違いに応じたそれらの存在様式の違いも了解できるようになる。よりかみ砕いて言えば、「ある」ということは何らかのコンテクスト性をもっており、「ある」の意味はそのコンテクストを把握することによってはじめて理解可能となるのだが、ハイデガーはこのコンテクストを「時間」として捉え直している、そう言ってもよいだろう。

以上の存在と時間の関係の説明はわかりにくいかもしれないが、のちにまた具体的に論じるので、今はこれだけにとどめておきたい。ここで最低限、確認しておきたいのは、

「ある」ということが単に「現在」だけに関わる現象ではなく、過去と将来という契機も何らかの形で含んでおり、さらに言うと、そうした過去と将来の契機によって可能になっているということだ。ハイデガーはこうした洞察に基づいて、西洋の伝統的存在論の限界を照らし出す。すなわち、彼は伝統的存在論が存在の意味を現前することとして、「現在」との関係においてしか理解しないことによって、存在の意味を狭く、貧しいものにしてしまったことを問題視しているのだ。

漢語の「存在」、和語の「ある」

これまで見てきたように、西洋存在論においては、"S ist P" で表現される「〜である」存在と、"S ist" で表現される「〜がある」存在という二種類の存在が主題化されてきた。このどちらの存在概念にも共通するのは、それらが主語として立てられた実体の規定をするということだ。ここで日本語を考えてみると、日本語はインド・ヨーロッパ語族の言語と違って、文に必ずしも主語が必要なわけではない。むしろ主語がないことのほうが多いだろう。

「私は〜する」とか、「あなたは〜である」などと言うと、いかにも翻訳調である。それに応じて、日本では西洋の存在論のようなものは発達しなかったし、われわれが存在論として知るものは西洋哲学とともに輸入されたものにすぎない。しかし、そのことは日本語に存在概念がないことを意味するわけではない。先ほど挙げた例文に現れていた「飛んでいる」とか「留まっている」といった動詞にも「ある（いる）」は含まれている。さらに「〜である」、「〜がある（がいる）」も普通に用いられているし、「あ、鳥だ」というときの「だ」も「である」の省略形である。このように「ある」という和語は、日常的にも幅広く使用されており、したがってわれわれは、当然その意味についての何らかの了解ももっている。

ここで今、日本語の「ある」の意味について、立ち入った検討はできないが、この「ある」＝「有る」は語源的には、「生る」、「現る」、つまり生まれたり、現れたりすることと関係があるとされている（『岩波古語辞典』などによる）。そしてそうした「ある」は、何かがおのずとそうなる、すなわち「おのずから然あり」（自然）といった意味合いをもつことがしばしば指摘されている。

そうした点からすれば、ハイデガーが西洋の存在論においては取り逃がされているとする真の「存在」は、実はこの日本語の「ある」が捉えている物事の自然の成行き、生動性と重なるところがある。彼が大変な苦労をして示そうとしているものを、われわれ日本語の話者はある意味、もうすでに手にしているとも言える。「存在の問い」などと言われると、何か大層なものを問うているように見えるが、そこでハイデガーが立ち返ろうとしているのは、われわれにとっては身近なこの「ある」だと言ってもよい。

だとすれば、そうした「ある」を忘却している西洋人にとっては「存在の問い」は必要なのかもしれないが、われわれにはまったく不要だということになるのだろうか。話はそれほど単純ではない。われわれ日本人も一九世紀以降の近代化＝西洋化によって、西洋の文明、すなわちその科学技術や政治制度を取り入れ、社会構成の基本原理としている以上、それらの基礎にある西洋的な存在概念、思考様式と無縁ではありえず、むしろそれに根本から規定されている。その意味では、われわれも「存在忘却」に陥っているのである。

ハイデガーがわれわれ日本人がもともと「ある」ということで理解している事柄を問題にしているにもかかわらず、われわれがなかなかそれを捉えられないのも「存在忘却」のためだった、そう言うこともできるだろう。そもそも“Sein”を「存在」などと漢語で訳したのがまずかったのかもしれない。しかし西洋哲学を輸入したとき、形而上学という学問が主題にしているものに「存在」という訳語を与えたことは、それまでそうした問題設定が日本になかった以上、むしろ致し方がなかったのかもしれない。しかしハイデガー自身が“Sein”という語を用いて彼独自の問いを表現したとき、それもこれまで通り「存在」と訳してしまったために、既存の存在論が意味していた「存在」と同じものであるかのような誤解を与えてしまったことは否めない。その点ではわれわれも、ハイデガーが真の「存在」を既存の「存在」と同じ言葉を用いて表すことによって両者の混同を招いてしまったのと同じ状況に置かれていると言えるだろう。

だからといって、「存在」の代わりに「ある」という和語を用いれば問題が解決するというわけでもないだろう。たとえ「ある」と言い換えたところで、それを哲学的に主題化するとなると、そのやり方としてわれわれがさしあたり手がかりにするのは西洋の伝統的存在論であり、結局、そちらの問題設定によって規定されてしまうからである。

われわれが仮に「ある」の根源的意味についての理解をなお持ち合わせているとしても、そうした存在了解を単にもっていることと、それを適切に主題化することとのあいだには大きな隔りがある。つまり、われわれが根源的な存在了解を持っているとしても、必ずしもその内容を適切に言い表すことができるとは限らない。むしろ存在の学問的考察のやり方としてとりあえず西洋の存在論に頼らざるをえないわれわれは、自分たち自身の存在了解を明確に分節化された形で示そうとするときも、結局、知らず知らずそうした存在論の問題設定のうちにはまり込んでしまうのだ。

例えば木田元(きだげん)なども、ハイデガーがニーチェの影響のもと、「存在」が「生成」、すなわち「なる」ことであるというソクラテス以前のギリシア思想家たちの自然観を復興させようとしたこと、またそれが古代日本人の自然理解に通じるものがあることを指摘している(木田元『ハイデガーの思想』岩波新書、一九九三年、一四〇頁、一五六頁)。しかし実際のところ、ハイデガーはこうした「存在＝生成」の立場を「形而上学の克服」ではなく、むしろ「形而上学の完成」の境地を示すものと見なしており、そうした見地からニーチェを批判しているのである(ここで「形而上学」と呼んでいるものは、西洋存在論と同じものを指すと考えていただいて構わない)。すでに右でも見たように、ハイデガーは「ある」において、単なる生成変化にとどまらず、言ってみればその生成変化そのものに含意されていて、またそれを可能にしている「世界」の分節構造全体を視野に収めている。「ある」が「おのずから然あり」だというときも、その指摘だけにとどまってはならず、むしろ今述べたような「世界」の分節構造を、「おのずから然あり」を可能にするものとして一緒に捉えなければならないのだ。まさにこのような次元を主題化することこそが、「実体」しか取り扱えない伝統的存在論、さらにはそこに由来する学問、科学全般には原理的に不可能なことなのだ。

　つまり、われわれが「ある」についてある根源的な理解をなお保持しているということと、それを適切に主題化できるということは、それぞれまったく次元の異なる事柄である。だから、“Sein”を生硬な「存在」という漢語で訳さず、あえて「有」や「ある」と訳したとしても、それだけではハイデガーが明らかにしようとしたものにアプローチしやすくなるわけではない。

もちろん「存在」が、ハイデガーが“Sein”という語によって捉えようとしている事象にいささかなりとも触れている和語の「ある」からかけ離れていることは、「存在」という語の使用に伴う大きなデメリットだ。しかし「存在」という語には、ハイデガーの「存在の問い」においても当然、前提とされている、西洋存在論における「存在」の伝統的探求とのつながりを表現できるという利点もある。やはり存在論を日本語で「有論」とか「ある論」というのはちょっと苦しいだろう。

結局、ハイデガーも、伝統的意味での「存在」と真の「存在」に、ともに“Sein”という同じ言葉を用いている。こうした“Sein”という語の両義性を表現するためにも、本書では“Sein”の訳語として、これまでの伝統にしたがって「存在」を用いることにする。そして文脈に応じて、「ある」、「あること」といったように訳しわけることにしたい。

2. 本来性と非本来性

もう一つのポイント

以上でハイデガーが「存在」ということで何を問題にしていたのか、また「存在の意味は時間である」という『存在と時間』の根本テーゼが何を意味するかを概略的に説明した。このテーゼに立脚して、伝統的存在論が「存在」をもっぱら現前性として、つまり現在だけに関わる現象として捉えてきたことがまずは明らかにされる。さらに「存在」はその根源的現象においては、現前性だけでは汲み尽くされるものではなく、過去と将来の次元にも基づいていることが示される。

ここまで論じてきた「存在の意味への問い」は『存在と時間』の根本問題であり、その解明が『存在と時間』の理解にとってもっとも重要なことは明らかだが、同書の理解に当たってもう一つのポイントとなるのが、そこで論じられている本来性と非本来性の区別が何を意味するのか、つまりそれぞれが現存在の様態としてはどのようなあり方を指すのかということだ。本来性と非本来性の区別に関しては、「はじめに」でも触れたように、（一）伝統的には宗教的な真正さと非真正さとして捉えられてきた人間のあり方の根本区別、（二）存在了解のあり方の違い、という二つの観点を指摘することができる。もっともこの二つの観点は相互に切り離されたものではなく、（一）が（二）によって基礎づけられるという形で、根本的には一つに重なり合うものである。二点それぞれについて、以下で簡単に説明しておこう。

（一）本来性と非本来性の区別には、宗教的な意味での真正なあり方と、そうでないあり方という区別が色濃く反映されている。より具体的に言うと、ハイデガーがキリスト教神学において、神に従順な態度と神に背く態度とされてきたものを、神に対する人間の関わりという神学的な要素は取り除き、現存在のあり方の基本的な二様態として、純粋に実存に内在的な水準で捉え直したのが、本来性と非本来性というカテゴリーなのである。

ハイデガーは南ドイツ出身のカトリック信徒として、もともと神学研究から出発し、途中で哲学に転向したが、一九二〇年代初頭の講義においてもなおパウロ（一〇?―六七?）やアウグスティヌス（三五四―四三〇）に即して宗教的経験の現象学的分析を展開しているので、その時期まではキリスト教教義学の強い影響のもとに立っていることは明白だった。しかしちょうどその頃から、アリストテレス研究に没頭しはじめ、それ以後、アリストテレス人間学に立脚し、表向きは宗教色を払拭した中立的な現存在分析を行うようになった。

私もそれを見て、ハイデガーがその頃からキリスト教からは完全に距離を取ったと解釈していたので、『存在と時間』の叙述に対するキリスト教教義学の影響は長い間、盲点になっていた。しかし本論でも示すように、ハイデガーの「恐れ」、「頽落」、「不安」、「気遣い」、「死」、「負い目」、「良心」などの分析は、完全にキリスト教教義学を下敷きにしており、またそのことについては、それぞれの現象を論じている箇所の脚注でそのつど言及されている。例えばハイデガーが現存在を「負い目ある存在」と規定するのも、明らかにキリスト教の原罪説を意識してのことである。また現存在の本質が他ならぬ自分自身の可能性への「気遣い」とされるのも、キリスト教が人間を、神を気遣う存在と特徴づけていたことに対応している。

（二）先ほどハイデガーの「存在の問い」が何を意味するのかを説明したが、そこでは伝統的存在論が存在を現前性として理解していたこと、それに対して、存在の根源的な現象には、単にある存在者が現前することだけではなく、周囲の存在者との関係、すなわちより厳密に言うと、周囲の存在者のただ中においてその存在者が取りうるさまざまな可能的様態も含まれていることを指摘した。このように存在者の現前の背後に退きつつ、しかもその現前を基礎づけてもいる、こうした周囲の存在者との関係が、時間的観点からは、将来と過去への関わりとして捉えられることにも簡単に触れておいた。

このように『存在と時間』では、存在了解に関して、存在を単に現前性として理解するか、それとも今述べた意味での将来と過去の次元も含んだ重層的な現象として捉えるかという二つの類型が対比されている。そしてこの存在了解の二種のあり方が、それぞれ現存在の非本来性と本来性に対応するのだ。つまり、本来性と非本来性は、存在了解の違いとして捉えられるのだ。現存在の非本来的なあり方とは、ある存在者をその存在にとって本質的なものである他のさまざまな存在者との関係から切り離し、それだけを現前させる態度を意味する。現存在の本来的なあり方は、それとは逆に、存在者を周囲の存在者との関係から捉える態度である。

今、存在の真正な了解が、「ある」ということを周囲のさまざまな存在者との関係において捉えるものだと述べた。このように存在者の存在を周囲の存在者との関係において理解することのうちには、存在者の存在が周囲の存在者との関係に規定されており、そうしたものとして、自分の意のままにはできないことを認めることが含まれている。存在をこのように了解することは、具体的な行為としては存在者の存在を周囲の存在者に委ね、そのうちであるがままに「あらしめる（Seinlassen）」態度として示されるだろう。

これに対して、存在者の存在を単に目の前に現前することとして捉える伝統的存在論は、存在者の存在が元来、そのうちであらしめられている周囲からその存在者を切り離してしまい、あたかもそれを自立した実体であるかのように見なすことを特徴とする。そのように周囲との連関から切り離され、実体化された存在者は、人間が意のままに操作できる対象であるかのように現象し、またそのようなものとして、人間の支配に委ねられる。ハイデガーは、非本来性の意味をこうした存在者の実体化のうちに見て取っているのだ。

今も見たように、存在者の存在は、元来、周囲の存在者との関係のうちにはめ込まれ、またそのようなものとして、周囲の状況に応じて刻一刻と変化する。しかし他方で、われわれは存在者をそうした関係性から切り離し、実体化して捉えてしまうという避けがたい傾向をもっている。これが存在了解という観点から捉えた場合の、本来性と非本来性それぞれの意味なのだが、この本来性と非本来性は、先ほども指摘したように『存在と時間』では宗教的な真正さと非真正さという意義も帯びている。

ただしハイデガー自身はそうした連関を自身の思想的遍歴の最初から明確に意識していたわけではなかった。思想の時代的展開という点から見れば、彼はキリスト教神学の強い影響のもと、まずは（一）の宗教的な意味での本来性／非本来性から出発し、その根拠を次第に掘り下げていくうちに（二）の存在論的意味での本来性／非本来性に到達したと言うことができる。キリスト教人間学から「神」や「来世」といった超越的な要素を取り去っていき、すなわちキリスト教人間学の実質をそうした超越的な実体を立てずに、現存在の実存にどこまでも内在的に、すなわち現象論的に捉えるという方向性を徹底していった結果、（二）に至ったのだ。

なぜ日本で好まれるのか

今述べたような宗教的自覚と存在論の結びつきを見て、仏教とよく似ていると思った読者もいるかもしれない。というのも、とりわけ大乗仏教は、すべてのものが相互に依存しあっているという空性（くうしょう）を強調し、他方で人間は本性上、事物をそうした関係から切り離して実体と捉え、そのように実体とされた事物に執着する存在であることを指摘するからだ。しかも仏教においては、こうした事態の洞察が「悟り」という宗教的な覚醒と位置づけられている。先ほど『存在と時間』の本来性と非本来性の区別においては、（一）の宗教的観点が（二）の存在論的観点に基づいていると述べたが、今見たような仏教の教えも（二）がそのまま（一）であるという構造をもつから、ハイデガーの立場と仏教のそれとの相似性は明らかだろう。

今も指摘したように、『存在と時間』では宗教的な真正さと非真正さの区別が、仏教と同じように、存在了解のあり方の違いとして捉えられている。まさにこうした点に、ハイデガーの思想がなぜこれほどまでに日本人に関心をもたれるのかを理解するヒントが示されているように思われる。日本人は「哲学」というと、立派な生き方、真正な生き方が提示されることを期待する。『存在と時間』で本来性が論じられており、それがまさにある種の真正なあり方を提示している点が、日本人の今述べたような哲学イメージに合致するのである。しかもハイデガーは当初、キリスト教神学から出発しながらも、その宗教性の根拠をどこまでも純化して捉えようとすることによって、ある種、より普遍的な宗教性の規定に到達し、それがまた期せずして、仏教の教えに通じるところがあったという点に、日本人がハイデガーの思想に惹かれる理由があるのだろう。

日本人とハイデガーの接触はきわめて早い時期からはじまり、すでに一九二七年に『存在と時間』が刊行される前から、有名なところでは田辺元（一八八五―一九六二）、九鬼周造（一八八八―一九四一）、また田辺の弟子でもあった三木清（一八九七―一九四五）などがハイデガーのもとで学んでいた。そして『存在と時間』も刊行直後から日本でも多くの注目を集めた。九鬼周造は日本に帰国後、その内容を京都帝国大学の講義でいち早く紹介した。「実存」という訳語は彼がそのとき「現実存在」という語を縮めて用いたものである。またドイツ留学中にこの書を繙いた和辻哲郎（一八八九―一九六〇）は、『存在と時間』における時間性の偏重に不満を覚え、帰国後、人間存在の空間的、風土的規定性を強調する『風土』を上梓したことはよく知られている。

当時の日本を代表する哲学者、西田幾多郎（一八七〇―一九四五）も、「主観的自己の立場を越えていない」とその内容に不満を示していたものの、『存在と時間』を読んでいた。田辺元、三木清の仕事にも『存在と時間』の直接的な影響、ならびにその内容に対する表だった批判を見出すことができる。日本人の『存在と時間』やハイデガー哲学全般に対する異様なまでの高い関心は今日に至るまで続いており、そのことは『存在と時間』の日本語訳が九種類、存在していることにも示されている。二〇一三年以降でも驚くことに三種類の翻訳（熊野純彦訳、高田珠樹訳、中山元訳）が刊行されているのである。

もちろん、私が序論で語ってきたような、ハイデガーの「存在の問い」の根本的意義を、今、名前を挙げた哲学者たちが理解していたわけではなく、基本的には捉え損ねていたといってよい。しかし、世界を関係論的に捉える存在論的立場と、そうした存在了解を基準とする現存在の本来性の規定は、明確に理論的に認識されていたわけでないにせよ、同じく関係論的な世界認識に基づいた悟りを追究する大乗仏教に慣れ親しんだ日本人の心の琴線に触れるところがあり、それゆえ『存在と時間』が今日に至るまで日本人にとって気になる書物であり続けてきたのだろう。

もちろん、ハイデガーの哲学を仏教と結びつけることそれ自体は、さほど珍しいことではない。しかしそうした関係づけは、彼の思想的境地をどこまでもつきつめた結果というよりは、自分たちにとってすでになじみの仏教思想をハイデガーのうちに読み込む形で行われ、多くの場合、ハイデガー独自の立場に対する理解を深めることにはあまり役立たない。したがって、本書ではハイデガーの思想と仏教的立場の親縁性は意識しつつも、とくに仏教の教えに依拠することなく、『存在と時間』の思想をあくまで内在的に捉えていくことにしたい。しかしこうした内在的な考察が、結果として、日本人の『存在と時間』に対する偏愛に潜むその思想内容に対する漠たる予感を明晰に言語化することになるはずである。

3．『存在と時間』に影響を与えた哲学者、思想家

ハイデガー自身の証言によれば

以上、『存在と時間』の根本問題を「存在の問い」の意味と、本来性と非本来性の区別という二つの視点から明らかにすることを試みた。そこでは現存在の本来性と非本来性の区別が、存在の了解様式の違いとして捉えられていることが確認され、そのことによって、『存在と時間』の議論の大枠が示された。

ここまで、『存在と時間』の根本問題をまずは概略的に示すことを試みてきたが、それ

とは別に同書の特徴として指摘しておきたい点は、『存在と時間』に見られる、実に多様な哲学者、思想家の影響である。

一般に、いかに独創的で偉大な哲学的著作であっても、過去や同時代の思想と無関係に成立することはありえない。『存在と時間』の場合もハイデガーのキリスト教神学や哲学史についての該博（がいはく）な知識を背景に、多くの哲学者、思想家の成果が取り込まれており、そうでありながら、それらがばらばらになることなく、独自の基盤において一つに融合させられている。少し名前を挙げるだけでも、ハイデガーの師エトムント・フッサール（一八五九—一九三八）の現象学、ディルタイ（一八三三—一九一一）、ベルクソン（一八五九—一九四一）などの生の哲学、キルケゴール（一八一三—一八五五）、ニーチェ（一八四四—一九〇〇）の実存哲学、さらにさかのぼればプラトン（前四二七—前三四七）、アリストテレスなどのギリシア哲学、アウグスティヌス、ルター（一四八三—一五四六）などのキリスト教教義学、デカルト（一五九六—一六五〇）、カント（一七二四—一八〇四）、ヘーゲル（一七七〇—一八三一）などの近代哲学に対する直接的な言及が『存在と時間』には見られ、またそれらが同書の思想内容に対して影響を与えていることを確認できる。

『存在と時間』がどのような哲学者や思想的立場の影響のもとで成立したかを知るには、次のハイデガー自身の証言を見るのが手っ取り早いだろう。

私の仕事は古代存在論をラディカルにし、古代存在論を歴史の領域へと普遍的に拡張することを目指しています。この問題の基礎をなすのが、「人間的現存在」という正しく理解された意味での「主観」からの出発であり、その結果、この出発点をラディカルにしていくことで、同時にドイツ観念論の真の動機もその正統性が認められるようになります。アウグスティヌス、ルター、キルケゴールはラディカルな現存在了解の形成にとって、またディルタイは「歴史的世界」の解釈にとって哲学的に重要です。アリストテレス－スコラ学はある種の存在論的問題の厳密な定式化にとって哲学的に重要です。これらすべてが、フッサールが基礎づけたような方法論のうちにあり、またそのような学問的哲学の理念を手がかりにしています。またハインリッヒ・リッカートとエミール・ラスクの論理的、学問論的探求もそれなりに影響がありました。／私の仕事は世界観的な目的や、ましてや神学的な目的はもっていません。しかし、私の仕事のうちでは、キリスト教神学を学問として存在論的に基礎づけることが助走的に試みられ、また目指されています。（HBu, 48）

これは当時、ハイデガーが在籍していたマールブルク大学の同僚で、著名なプロテスタント神学者だったルドルフ・ブルトマン（一八八四―一九七六）が、ある神学関係の事典に「ハイデガー」という項目を執筆することになった際に、ハイデガー本人にどのように書いたらよいかを手紙で相談したところ、それに対してハイデガーが案として書き送ったものである。ブルトマンはほとんどこの文章を踏襲（とうしゅう）して事典の項目を書き上げた。右の文案が記されたのが一九二七年一二月、すなわち『存在と時間』刊行の数ヵ月後である。ここにはハイデガー自身が自分の思想の由来をどのように理解していたのかが示されている。実際に『存在と時間』を読めば、われわれはそうした影響関係をはっきり読み取ることができる。さらに『存在と時間』以前の講義録や論文を参照すれば、ハイデガーが過去の思想から何をどのように取り入れたのかという事情をより明確に知ることができる。

四つの「源流」

したがって本書でも、『存在と時間』の根本問題の理解に役立つと思われる限りで、ハイデガーが過去や同時代の哲学者からどのような影響を受けたかについて、さまざまな形で言及されることになるだろう。右で名前が挙げられていたなかで、『存在と時間』執筆に至るまでのハイデガーの思想形成において、本書でとくに注目されるのは（一）アリストテレス哲学、（二）キリスト教的人間学、（三）現象学、（四）カント哲学の四者が果たした役割である。

（一）アリストテレスは周知のとおり、形而上学、自然学、倫理学、論理学などさまざまな分野において偉大な業績を残した古代ギリシアの哲学者である。ハイデガーの初期の思想形成において、アリストテレス哲学との取り組みが大きな役割を果たしたことは最近ではよく知られるようになっている。もともと彼は『存在と時間』執筆以前、一九二〇年代前半には『アリストテレスの現象学的解釈』というアリストテレス論の出版を目指していた。本書でもハイデガーのこの時期のアリストテレス解釈が『存在と時間』の内容にどのような痕跡を残しているかについて随所で触れられることになるだろう。

とくに現存在の本来的様態とされる「覚悟」の議論はその難解さのために、『存在と時間』の読者を悩ませるところだが、一面、それはアリストテレス倫理学の翻案という性格をもっている。われわれはその関係を意識することで、一見すると茫漠（ぼうばく）として具体的内容に乏しいと感じられる本来性の意義をより明確に理解することができる。その他の部分でも、「世界」や「情態」、「語り」の議論など、アリストテレス哲学の諸主題を現象学的に記述することをとおして形成された概念は多々存在するので、その点にも適宜触れることにしたい。

（二）この連関については、本来性と非本来性の宗教的含意について論じたところでもすでに触れたが、ハイデガーの学問的キャリアの出発点における問題意識は、保守的なカトリックの世界観を哲学的に基礎づけることに向けられていた。その後、彼はカトリック教会から離反したが、原始キリスト教の根源的な宗教体験へとさかのぼろうとする志向は一九二〇年代初頭までは依然としてはっきりと示されていた。

しかし『存在と時間』では、そうした志向はすでに背後に退き、宗教的には中立的であるという読みが一般的であり、私自身も長い間、そうした前提をもって『存在と時間』を読んでいた。だが本書の執筆にあたって『存在と時間』を読み直していくなかで、右のブルトマン宛ての書簡で述べられていた「キリスト教神学を学問として存在論的に基礎づける」という動機がやはり見過ごしえないことが次第に明らかになってきた。『存在と時間』は議論の構成から個別のトピックに至るまで、このキリスト教神学という背景を考慮に入れなければ、意味が理解できないところが意外に多い。恐れと不安、気遣い、死への先駆、良心、本来性と非本来性、これらすべてはキリスト教的人間学に由来するモチーフである。本書ではこうした連関についても、必要に応じて言及されることになるだろう。

(三) 右で述べたように、本書ではハイデガーが述べていた自身の哲学に対する既存の思想の影響のうちでも、とくにアリストテレスとキリスト教神学の影響が重視される。しかしそれ以外にも、言うまでもなく、ハイデガーの師フッサールが創始した現象学も重要でである。

『存在と時間』の「現存在」分析は、何よりもアリストテレスとキリスト教の人間学を現象学的方法に依拠して記述し直したという趣をもつ。西洋の哲学、ならびに学問一般は、理性こそが世界の真理を開示する唯一の特権的なあり方だと見なしてきた。そのような理性中心主義に対して、現象学は理性以外の感情、意志などといった情意の作用もそれなりに世界を開示することを認め、そこで開示された内容を、まさに「現象」として開示されているがままに記述しようと試みる。こうした現象学的方法のおかげで、ハイデガーは先ほど言及した恐れや不安といった宗教的感情において開示されている事柄を、あるがままに記述できるようになった。現象学がある種の感情によって開示される宗教的真理への接近を彼に可能にしたわけである。

ただし創始者フッサールの現象学は、感情をなお派生的な現象と位置づけており、その点で、彼の現象学はまだ理性中心主義を脱しきれていなかった。したがって、ハイデガーの宗教的感情の現象学はそれ自身が、フッサール現象学の批判的継承、深化として遂行される。こうして『存在と時間』の現存在分析は、現象学の内在的な発展という観点から捉えると、その論述の構造はかなり見通しやすくなる。本書では、とくにそうした連関を強く意識しながら、現存在分析の説明を進めていくことになるだろう。

（四）先ほど引用したブルトマン宛ての書簡では、ドイツ観念論についても言及されていたが、『存在と時間』に対する思想的影響という場合、とりわけカントが重要である。これもあとで見ることになるが、『存在と時間』を印刷する直前の段階におけるカント哲学との取り組みから、ハイデガーは「存在」と「時間」という二つの根本事象の関係についてのインスピレーションを得て、『存在と時間』をまさに「存在と時間」たらしめることができたのだ。

また『存在と時間』の印刷がはじまってからも、しばらくはカントの超越論的哲学に即した定式化によって諸事象を捉え直す努力が続いており、そのため、あとで見るような『存在と時間』印刷中の大幅な書き換えも行われることになった。このように、『存在と時間』の時期に固有の「存在の問い」の表現様式を理解するためには、カントとの関わりを考慮に入れないわけにはいかない。

こうして『存在と時間』に見られるさまざまな哲学、思想の影響について、本書ではとくに、今述べたアリストテレス、キリスト教神学、現象学、カントという四点が、『存在と時間』の現行の姿を形作っている重要な要素として繰り返し言及されることになるだろう。

もっとも、これら以外にもハイデガー自身が先ほど引用したブルトマン宛ての手紙で、おのれの仕事に対するさまざまな哲学的潮流の影響を認めている。また彼自身が言及しているもののほかにも、その気になればさらにさまざまな影響関係を指摘することは可能だろう。このように『存在と時間』の読者は各自の好みにしたがって、この書物のうちにさまざまな思想家によるさまざまな影響を読み取ることができ、またそのそれぞれがそれなりの正当性をもちうる。『存在と時間』のこのような性格が、彼の後期の思索には見られない、この時期の思索のある種のわかりやすさ、親しみやすさの印象を与えていることは否定できない。

ただしここで注意しなければならないのは、今述べたような『存在と時間』のわかりやすさという長所が、同時に『存在と時間』の理解を阻害する要因にもなりうるということだ。というのも、『存在と時間』のそうした性格は、多くの研究書、解説書に見られるように、ハイデガー独自の問いは正面から取り上げず、『存在と時間』に含まれた思想的モチーフのある特定のものをクローズアップして、それに対する他の哲学者の影響を指摘することで、その中身を何となく理解できたような気にさせてしまうからだ。

しかし、『存在と時間』に過去や同時代のさまざまな思想の影響が見て取れるからといって、あるいはそうした思想と何か似たような側面をもつからといって、同書の哲学的立場がそうした思想に還元できるわけではない。むしろ重要なことは、そうしたさまざまな思想的モチーフがハイデガー独自の「存在の問い」によってまとめ上げられ、究極的にはこの問いの解明に寄与すべきものとして、この「存在の問い」から意義を与えられている点である。つまりハイデガーの思想の固有性は「存在の問い」のうちに見出されるのであって、『存在と時間』の解釈に求められているのは、その書物の内容をまずは、この「存在の問い」との連関において把握することなのである。

4.『存在と時間』解釈の資料、ならびに本書の構成

更新されるハイデガー像

こうして本書では、『存在と時間』の根本問題、「存在の問い」の解明を最優先の課題とする。ここで本論に入る前に、『存在と時間』解釈をめぐる資料的な状況に触れておくことにしたい。一九二七年の『存在と時間』刊行から九〇年を経た現在では、その著作を解釈するための資料的な条件は刊行当時とはまったく異なっている。ハイデガーは『存在と時間』刊行後、一九七六年に亡くなるまで著書を何冊か出版しているが、それとてあまり多いとはいえず、しかもそれらは一九三〇年代以降の講義をもとにしたものが中心で、『存在と時間』の時期の彼の思想をうかがわせるものは生前、あまり刊行されていなかっ

た。

それに対して、今日のわれわれは一九一九年から一九二七年の『存在と時間』刊行に至るまでの大学での講義、また同じ時期の講演や論文、さらには友人や弟子とのあいだでやり取りされた書簡などを参照することができる。したがって、『存在と時間』を理解するための資料は以前とは比べものにならないぐらいに充実している。ハイデガーの死の直前の一九七四年に始まった全集刊行事業の進展、また書簡などその他の資料の公刊により、彼の思想や生涯に関する資料はここ二〇～三〇年で飛躍的に増えた（ヴィットリオ・クロスターマン社から刊行されているハイデガー全集は二〇一六年半ば時点で全一〇二巻のうち、すでに八〇巻以上が刊行され、未刊として残されているのはセミナー記録、覚え書き類のみである）。

ナチ協力と反ユダヤ主義

ハイデガー全集の刊行を中心とする資料の充実は、彼の思想の解釈にも影響を与えずにはいかなかった。まず指摘できるのは、生前刊行された限られた著作からはあまりはっきり読み取ることのできなかった彼の思想の政治的含意が、これまで未発表だった講義や論文、草稿などからはっきり見て取れるようになったことである。今でも事あるごとに非難される彼のナチスへの協力も、その時期の講義やその他の関係文書が公刊されるにつれ、彼なりの哲学的確信に基づいていたことが明らかになってきた。こうして彼の政治加担を一昔前のように「世事に疎い哲学者の一時の気の迷い」として、彼の哲学から切り離して処理することは今ではできなくなっている。そもそも「存在の問い」そのものが、その一面においては共同体を根拠づけるものへの問いであり、このことは『存在と時間』にも当てはまる。まさにハイデガーは自分自身の「政治哲学」を引っさげて、ナチスに関与したのである。

またニーチェに関する講義を含む一九三〇年代後半から四〇年代前半にかけての講義、さらに『哲学への寄与論稿』などに代表される同時期の草稿群は、その時代以降の「主体性の形而上学」に対する批判が、主体性の完成形態としての「技術」、またそれに基づいた近代国家の権力政治に対する批判であり、同時にそれ自身がナチズムとの思想的対決として遂行されたことを明かしている。よく知られた戦後の「技術への問い」も、すでにこの時期に、総力戦体制に対する批判としてその基本的な構図が形作られていた（以上の点については、加藤尚武編『ハイデガーの技術論』理想社、二〇〇三年所収の拙論「技術と国家――ハイデガー技術論の射程」を参照）。

二〇一四年春には、長らくその存在のみが知られていた「黒ノート」（この通称はノートのカバーの色に由来する）が、全集第九四巻〜九六巻として刊行された（二〇一五年には九七巻も刊行)。そこには数箇所の「反ユダヤ主義的」な言明が見られるというので、それ以来、ハイデガーは母国ドイツを中心として猛烈な政治的非難に晒されている。これが一種の政治的な致命傷となり、すでにドイツの大学界ではハイデガーの哲学をテーマに博士論文を書くこと自体が「学問的な自殺行為」とまで言われるようなありさまである(要するに大学教員のポストを得られないということだ)。

しかし、ハイデガーの「反ユダヤ主義的」と見なされている言明も、実は彼の「存在の問い」と、それに基づいた「主体性の形而上学」に対する批判を背景としている。したがって、反ユダヤ主義の哲学者などまじめに取り合う必要はないというのは各人の自由だとしても、彼の思想に立ち入ることなしには、「反ユダヤ主義的」だとされる言明の意味も理解できず、そうである以上、それに対する批判も根拠を欠いた、宙に浮いたものにならざるをえないだろう。本書ではこの問題については、これ以上深入りはしない(この問題については、ペーター・トラヴニー、中田光雄、齋藤元紀編『ハイデガー哲学は反ユダヤ主義か』水声社、二〇一五年所収の拙論「ハイデガー「黒ノート」における反ユダヤ主義は何を意味するのか」を参照)。ここではただ、「存在の問い」の解明が、ハイデガーの「ユダヤ的なもの」に対する態度を理解する前提にもなることを注意するだけにとどめておく。

なお『存在と時間』という書物の成立に直接関係することだけでも、一九一九年以降のフライブルク大学における私講師、助手の時代から『存在と時間』刊行前後までの講義や論文、講演が一九八〇年代から、全集版として次々に発表された。それ以降、『存在と時間』以前の初期思想についての研究が活発になり、『存在と時間』の成立に至る思想形成の過程もかなりはっきりと跡づけることができるようになってきた。さらに『存在と時間』刊行直後の講義などからは、『存在と時間』の未完部分で論じられるはずであった内容に対応するものを見出すことができる。またハイデガー自身が『存在と時間』への批判や誤解に対して、講義などで折に触れて補足説明を加えていることも多く、今日でも『存在と時間』にしばしば向けられる定型的な批判に対する応答は、ハイデガー自身のテクストの中にたいてい何らかの形で示されている。

書かれていない「外部」へ

以上、『存在と時間』を研究するにあたっての資料的状況について概観した。繰り返しになるが、本書の目標は、ハイデガーが『存在と時間』で「存在の問い」をどのように取り扱ったのかを明らかにすることである。以下ではこの目標をつねに見据えながら、『存在と時間』の内容を概観することにしたい。ただし本書ではこのことに取りかかる前に、これまで日本ではあまりきちんと紹介されてこなかった『存在と時間』という書物の成立過程にも触れておく。『存在と時間』をはじめて手に取ると、そのいかにも哲学書らしい重厚な外観とその内容の体系的な緻密さに圧倒されるだろう。しかし、以下で見るように、『存在と時間』はそれまで書物や論文という形で自分の思想を発表することに何度も失敗してきたハイデガーがようやく刊行にこぎつけた書物である。この書物は彼の思想がつねに発展し続けるなかで執筆されたため、彼の思想の異なった発展段階に属する諸要素が入り混じり、それらがかなり強引にまとめ上げられている。われわれは『存在と時間』の成立過程を詳しく知れば知るほど、それが暫定的で行き当たりばったりの仕事でしかないという印象を抱かざるをえなくなる。『存在と時間』の書き換えが印刷途中で行われたり、それが未完に終わったりしたことも、『存在と時間』の今述べたような行き当たりばったり的な性格を如実に示している。

『存在と時間』が未刊に終わったことにより、「存在の問い」に対する究極の答えは与えられないままになってしまった。そのため同書の既刊部分の論述は、つねに「書かれなかったもの」を予期し、そこからその意義を受け取るという構造をもっている。したがって、今われわれが手に取ることのできる「書かれたもの」を完結した著作として扱おうとすると、その書が本来そのために書かれた趣旨が理解されないことにもなってしまう。あくまでも『存在と時間』の根本問題の解明を目指すのであれば、『存在と時間』において

「書かれていないもの」、いわば『存在と時間』の「外部」を想定する作業を含まざるをえないのだ。

本書の構成

本書の第一章「『存在と時間』という書物の成立」では、まさに『存在と時間』の成立をめぐるそのような入り組んだ事情をまず概観しておきたい。『存在と時間』はフッサールが編集する『哲学と現象学的研究のための年報』（マックス・ニーマイヤー社刊、以下『年報』と略）第八巻に発表されたが、そもそもそれに先だって、ハイデガーは同誌に「アリストテレスの現象学的解釈」という論文を掲載する準備を進めていた。その後、アリストテレス論の出版計画と入れ替わるようにして、今度はもともと別の学術雑誌に掲載されることになっていた論文「時間の概念」を『年報』で発表する計画が浮上し、これが最終的に『存在と時間』の刊行として結実する。

本書第一章では『存在と時間』の成立に深く関係し、ある意味ではその前身とも言える、今述べた二つの論稿執筆の経緯にまでさかのぼり、そこから『存在と時間』成立に到るまでの過程を明らかにする。また同章では『存在と時間』の執筆プロセスそのものにも光を当てる。『存在と時間』はその執筆に至るまでと同様、執筆途中にもさまざまな紆余曲折があり、最終的には未完の著作となってしまう。こうしたことも含めて、第一章では現在のような姿での『存在と時間』がどのように成立したのかを示していくことにしたい。

このように第一章が『存在と時間』の成立に関わる歴史的、外面的な経緯を取り上げるのに対して、第二章以下では『存在と時間』で論じられている内容を順に検討する。第二章「「存在の問い」は何を問うのか」では『存在と時間』の序論に即して、「存在の意味への問い」をハイデガーがどのように導入し、またそれを問うことの必要性をどのように説明しているかを検討する。

その上で、本書第三章、第四章では『存在と時間』の本論の内容、すなわち「現存在の実存論的分析」の具体的な展開を取り上げる。第三章「現存在の存在の分析」では、『存在と時間』第一部第一篇で展開されている現存在の実存論的分析をフッサール現象学の深化という観点から、私なりに再構成することを試みたい（「実存論的」とは『存在と時間』の術語で、実存を存在論的に主題化し、分析することを意味する）。

第四章「本来性と非本来性は何を意味するか」では、『存在と時間』の現存在分析を特徴づけている、本来性と非本来性という区別の意味を明らかにしていきたい。この本来性と非本来性は『存在と時間』の読者を悩ませる概念だが、先ほども見たように、もともとはハイデガーがキリスト教人間学やアリストテレス倫理学から汲み取ってきた区別なので、とりあえずは素朴に宗教的、倫理的真正さと非真正さといった意味でおさえていただいておいて差し支えない。本章では非本来性に関しては、『存在と時間』第一部第一篇における「ひと」、「頽落」の議論を参照し、本来性については第一部第二篇の「先駆的覚悟」の議論を検討することにしたい。

現行の『存在と時間』は第一部第二篇で終わっているが、『存在と時間』の刊行は予定としてはここまでを上巻として、さらに第一部第三篇と第二部全体が下巻として刊行されることになっていた。つまりこの書物は二巻本として計画されていたが、一巻しか出ていない。本書の第五章「『存在と時間』はなぜ未完に終わったのか」では『存在と時間』の未完という問題、すなわち後半部の刊行が断念された理由を考えてみたい。

まず、この後半部で論じられるはずだった内容の推測を行う。それに基づいて、今度はなぜその刊行が断念されたのかについて考察を進める。実はすでに上巻の刊行の際にも、ハイデガーは印刷を中断させ、原稿の大幅な書き換えを行っていた。『存在と時間』の「存在の意味への問い」という問題設定は同書を執筆するなかで生成してきたものであり、それまでの彼の思想形成のなかではもっとも新しい要素である。これをすでに以前からあった人間学的な考察に整合する形でつなぎ合わせる作業が必要になったことが書き換えの原因である。『存在と時間』は執筆中から、「存在の意味への問い」と人間学という根本的には両立しえない二つの要素がきしみを見せていた。そして、それを何とかまとめようとする努力の破綻が、最終的にはその著作が未完に終わったことにつながった。

このように第五章では『存在と時間』の書き換えがなぜ行われたかについても考察し、そこから同書の未完の理由についてさらに洞察を深めたい。またこの作業によって、第一章で取り上げた『存在と時間』の成立史が完成されることにもなるだろう。そして最後に、こうした『存在と時間』の書き換えと未刊という事態をもたらした力が、ハイデガーの思索を最終的にどのような地点へと導いて行ったのかも検討したい。すなわち同章では、『存在と時間』以降の彼の思索がどのような性格をもつのかを簡単に特徴づけていくことになるだろう。

以上で本書の概要を示したが、本書は「入門書」という性格上、『存在と時間』(既刊部分)で扱われているすべての主題を網羅的に取り上げることはできない。本書では『存在と時間』の根本問題である「存在の問い」の意義を明らかにすることに焦点を絞りたいと思う。以下に一応、『存在と時間』の既刊部分の章立てを示しておく(本書でその内容を取り上げている場合は、該当箇所を(　)内に記載した)。なお『存在と時間』の未完部分も含めた全体の構成については、第五章1(a)にその梗概を載せたのでそちらを参照されたい。

『存在と時間』（既刊部分）の構成

序論　存在の意味への問いの提示

第一章　存在の問いの必要性、構造、および優先性（第二章1）

第二章　存在の問いの仕上げにおける二重の課題（第二章2）

第一部　時間性に向けた現存在の解釈、ならびに存在への問いの超越論的地平としての時間の解明

第一篇　現存在の準備的な基礎分析

第一章　現存在の準備的分析という課題の提示（第二章2）

第二章　現存在の根本構造としての世界-内-存在一般

第三章　世界の世界性（第三章1）

第四章　共存在と自己存在としての世界-内-存在。ひと（第四章1）

第五章　内-存在そのもの

A. 現の実存論的構成（第三章1）
B. 現の日常的存在と現存在の頽落（第四章1）
第六章 現存在の存在としての気遣い（第三章2）

第二篇 現存在と時間性
第一章 現存在の実現可能な全き存在と死へと関わる存在（第四章2）
第二章 本来的な存在能力の現存在に即した証言と覚悟（第四章3）
第三章 現存在の本来的に、全きものとして存在する能力と気遣いの存在論的意味としての時間性（第四章4）
第四章 時間性と日常性（第四章4）（第五章1）
第五章 時間性と歴史性
第六章 時間性と通俗的時間概念の根源としての内時間性

『存在と時間』では、まず序論において、「存在の問い」の意義とその概要、「存在の問い」を扱う方法などが示される。そして第一部第一篇で「存在の意味」の解明のための方法論的前提となる現存在の実存論的分析が行われ、現存在の存在の基本的構造が明らかにされる。さらに第一部第二篇で、現存在の本来的なあり方がどのようなものかが示され、この現存在の本来的なあり方に即して、第一篇で捉えられた現存在の基本構造が「時間性」という観点から記述されていく。

本書で取り上げられなかった目ぼしい主題としては、第一篇第三章「世界の世界性」で展開されているデカルトの世界解釈に対する批判や現存在の空間性の議論、さらに第六章の真理概念についての考察などがある。また第二篇第四章で展開されている、現存在のさまざまな構成契機に関する時間性の分析や第五章の現存在の「歴史性」の問題、さらに第六章で論じられている、現存在の根源的時間性から通俗的時間概念がどのように派生してくるかという問題も本書では扱うことができなかった。なお未完に終わった『存在と時間』の下巻に含まれる、第一部第三篇、第二部については、本書では第五章1でその基本的内容を明らかにする予定である。

さて、それでは次に章を改めて、『存在と時間』という書物が成立するまでの経緯を見ていくことにしよう。

第一章　『存在と時間』という書物の成立

1910年代のハイデガー

「やっつけ仕事」?

ハイデガーは『存在と時間』の執筆に至った事情について、刊行のおよそ四〇年後に次のように回想している(「現象学への私の道」、『思索の事柄へ』所収)。

「ハイデガー先生、今度、何か出版しないといけませんよ。適当な原稿がありますか」。このように言いながら、マールブルクの哲学部の学部長が一九二五／二六年冬学期のある日、私の研究室に入ってきた。「もちろんあります」と私は答えた。それに対して学部長は次のように返答した。「しかし、急いで印刷しないといけませんよ」。というのも、学部は私をニコライ・ハルトマンの後任として、第一哲学講座の正教授ポストに一位で提案していたからである。しかし、ベルリンの文部省は、私が一〇年間、何も刊行していなかったという理由でその提案をはねつけたのであった。／さて、そこで長くあたためられていた仕事を世間に晒さなければならなくなった。マックス・ニーマイヤー社はフッサールの仲介で、フッサールの『年報』に掲載される一五ボーゲンの原稿をただちに印刷する用意ができていた。(SD, 87)

マールブルク大学哲学部の学部長に正教授昇任のために何か業績を出すことを促されたとき、ハイデガーは出版できる原稿があると答えている。その時点で手元にあったのが、のちに『存在と時間』として刊行される書物の下書きである。ハイデガーはこのあと慌てて清書稿の作成に取り掛かり、一九二六年四月に『存在と時間』の最初の一一ボーゲン（ボーゲンとは印刷全紙を意味し、一ボーゲンは製本すると一六頁になる）に該当する清書稿を印刷所に送っている。

今の引用にも述べられているように、『存在と時間』はハイデガーにとって、一九一六年に刊行した教授資格論文『ドゥンス・スコトゥスの範疇論と意義論』以来、ほぼ一〇年ぶりの著作であった。このように言うと、『存在と時間』はこの一〇年以上にわたる沈黙期に着々と準備され、満を持して刊行された作品のように思われるかもしれない。しかし、以下で紹介する『存在と時間』刊行に到るまでの経緯を見るとわかるように、この書物は彼自身の思想が急速に変化しつつあるなかで、さらには急いで業績を出さねばならないという外的な事情も絡み合って、結果としてたまたま現在のような形を取ったにすぎないといったほうが実情に近い。この書は首尾一貫した完成度の高い著作というよりは、さまざまな異質なものをかろうじて一つにまとめ上げたといった体(てい)の書物である。

『存在と時間』が刊行される前、一九二二年頃にはアリストテレス論をフッサールが編集する『哲学と現象学的研究のための年報』に掲載する計画が存在したが、結局、この論稿は日の目を見なかった。それと入れ替わるようにして、一九二三年末にはのちに「時間の概念」と名づけられる別の論文をある学術雑誌に発表する計画が浮上したが、これも編集者とのいざこざから雑誌には掲載されずに終わった。ハイデガーはこの論文を『年報』に収録して発表することを試みるが、これが最終的に『存在と時間』の刊行として結実する。このように『存在と時間』にはその出版に至るまでにも、すでにさまざまな紆余曲折があった。しかもその書の刊行それ自身も必ずしも順調に進んだわけではなかった。すでに述べたように、『存在と時間』は上巻しか刊行されず、下巻は出版されないまま未完に終わってしまったのだ。

本章では、まず今述べた「アリストテレスの現象学的解釈」と「時間の概念」という二つの論文の刊行計画を、『存在と時間』成立の前史として順に見ていくことにしよう。まさにこれらの論文の刊行計画が『存在と時間』の出版に直接つながったというだけでなく、それらを準備する過程で彫琢（ちょうたく）されていった主題や概念が『存在と時間』に引き継がれていることからも、その二つの論稿の執筆経緯を検討することは『存在と時間』の内容そのものの理解にとってきわめて重要である。

以上の二つの論稿に触れたあとで、本章では次に『存在と時間』の執筆から刊行に到るまでの事情を明らかにしたい。『存在と時間』の成立過程をめぐっては、アメリカのセオドア・キジールが著した『ハイデガー『存在と時間』の生成』（一九九三年刊）という大部のきわめて詳細な研究が存在する（Theodore Kisiel, *The Genesis of Heidegger's Being and Time*, University of California Press, 1993. 以下、この書物を参照する場合には、GHという略号の後にページ数を記す）。また論文「アリストテレスの現象学的解釈」についてはハイデガー自身による要約（「ナトルプ報告」）がハイデガー全集第六二巻に、また論文「時間の概念」はその全体が第六四巻に収録されている。さらにそれぞれの全集版の巻末に付された編者によるあとがきでも、各テクストの成立の事情が説明されている。本章ではこうした資料に依拠しながら、『存在と時間』の成立に到るまでのハイデガーの論文出版計画の紆余曲折を見ていくことにしたい。

1. 『存在と時間』の成立前史

(a) 論文「アリストテレスの現象学的解釈」業績づくり

『存在と時間』は一九二七年に『哲学と現象学的研究のための年報』第八巻に収録されて

刊行された。しかしそれ以前、一九二〇年代前半には同じ雑誌に「アリストテレスの現象学的解釈」という論稿を掲載する計画が存在した。ハイデガーは一九二二年六月二七日に、当時親しく付き合っていた哲学者のカール・ヤスパース（一八八三―一九六九）に宛てた書簡で、自分はヤスパースの『世界観の心理学』の書評を最近書き直したが、その書評をこの秋に『年報』として印刷が始まる予定の「アリストテレスの解釈」とできる限り同時に公刊したいと述べている（HJ, 29）。また同年九月半ば、ハイデルベルクのヤスパース宅に滞在したときに、この原稿の一部をヤスパースの前で読み上げており、ヤスパースはもっと自然な表現にするように求めたという（GA62, 441）。

このように一九二二年の段階ですでにアリストテレス論が準備されていた。しかし、この論文は一九二三年刊行の『年報』第六巻には掲載されなかった。『年報』編集者のフッサールはポーランド人の現象学者、ローマン・インガルデン（一八九三―一九七〇）に宛てた書簡（一九二二年一二月一四日付け）で、「七巻でハイデガーによるアリストテレスに関する根本的で大部の論文が刊行されます」（フッサール『ローマン・インガルデンへの手紙』、マルティヌス・ナイホーフ社、一九六八年、二五頁）と述べている。このアリストテレス論は、当初の予定からは遅れて、一九二四年以降、『年報』第七巻、第八巻としてようやく刊行されることになったのである（GA62, 440）。ちなみに『年報』第七巻は一九二三年にドイツを襲ったハイパーインフレによる経済混乱のため刊行が延期され、一九二五年になってはじめて刊行されたが、そこにはハイデガーのアリストテレス論は掲載されていない（GH, 536）。

大学招聘へのうごき

そもそもアリストテレス論の刊行計画は、マールブルク大学とゲッティンゲン大学からほぼ同時にハイデガーを員外教授に招聘するという話が出たとき、そのために何か業績が必要とされたのがきっかけとなっている。『存在と時間』執筆のときもそうだったが、ここでも執筆の発端となったのは人事絡みでの業績の催促であった。

一九二二年に入ってマールブルク大学のパウル・ナトルプ（一八五四―一九二四）とゲッティンゲン大学のゲオルク・ミッシュというどちらも当代一流の哲学者からフッサールに対して、ハイデガーの講義能力や今後の刊行計画についての照会が相次いであった。ハイデガーの名前は彼の講義記録が人手を介して伝わっていくことで、「隠れた王のうわさのように全ドイツ中に」広まっていた（ハンナ・アーレントの言）とされ、その時期にはすでにドイツ中で名を知られていたという。

ただ招聘にあたって問題となったのは、彼が一九一六年の教授資格論文以来、業績をまったく刊行していないことだった。そこでハイデガーはフッサールの主宰する『年報』にアリストテレス論を発表することにしたのである(GH, 249)。

しかし、その後一九二二年の九月頃にナトルプからフッサールに対して、少なくとも何か「出版可能な原稿」のようなものを送ってほしいという要請があり、そのためハイデガーは急いで当時刊行の準備をしていたアリストテレス論の要約を一九二二年の九月から一〇月にかけての三週間で書き上げ、それをタイプ打ちしたものをフッサールを介してマールブルクのナトルプとゲッティンゲンのミッシュに送付した。これが論文「アリストテレスの現象学的解釈(解釈学的状況の提示)」である。この論文はその執筆の経緯から「ナトルプ報告」ないしは「序論」という名前で知られていたが、長い間失われたものと思われていた。しかし、ミッシュが一九六〇年代に弟子に譲ったものが、その弟子の遺稿のなかから発見され、一九八九年に『ディルタイ年報』第六号に掲載された。その後、ハイデガーの遺稿からもタイプ原稿が見つかり、現在ではこちらを基にしたテクストがハイデガー全集第六二巻(『存在論と論理学に関するアリストテレスの精選諸論文の現象学的解釈』)の付録に収録されている(邦訳は、ハイデガー『アリストテレスの現象学的解釈』高田珠樹訳、平凡社、二〇〇八年)。

ゲッティンゲン大学のミッシュのもとには、このアリストテレス論が「ヤスパース『世界観の心理学』の書評」(ハイデガー全集第九巻『道標』所収)とともに送られたが、一一月二日に発表された招聘リストでは、ハイデガーは現象学者のモーリッツ・ガイガー(一八八〇―一九三八）に次ぐ第二位にとどまった（GA62, 442）。ミッシュはハイデガーについての所見で、「生の哲学」の歴史性と体系性を結びつけようとするアリストテレス論の哲学的企図はそれなりに評価しつつも、「彼の表現様式は現象学派の概念装置にひきずられて、何かつねに無理したところがあり、そのために彼の哲学的姿勢のうちにも、つねに実り多くすばらしいというわけではない性質が表れており、それは解放するのではなく抑えつけるといったものである」（一九二二年一一月二日付け、ゲオルク・ミッシュによる哲学部の所見。『ディルタイ年報』第六号、一九八九年、二七二頁より引用）と評している。ここにはハイデガーに後々までつきまとうことになる、その独特の思想表現に対する拒否反応がすでに示されていることが興味深い。

マールブルク大学のナトルプのもとにはアリストテレス論のタイプ原稿とともに、一九二二年夏学期のアリストテレス講義の手稿の一部分も添えて送ったという（GA62, 443）。こちらのタイプ稿は当時ナトルプのもとで博士論文を準備しており、またのちにハイデガーの弟子となったガダマーの手に渡ったが、戦災で失われてしまった。ハイデガーのアリストテレス論はマールブルクでは、ナトルプやのちに同僚となるハルトマンから高い評価を受け、一二月一二日に発表された招聘リストでは一位に推挙された。こうして彼は「正教授の地位と権利をもった員外教授」のポストを獲得し、一九二三／二四年冬学期にマールブルク大学に着任することになった。ちなみにハイデガーがアーレントと出会い、「不倫」関係をもったのも、このマールブルク在任中の出来事である。

ハイパーインフレ

さて、アリストテレス論そのものは先ほども触れたように、一九二四年から『哲学と現象学的研究のための年報』第七巻、第八巻として刊行されることが予定されていた。しかし一九二四年の第七巻の刊行は、一九二三年にドイツを襲ったハイパーインフレのために延期された。ハイデガーは弟子のカール・レーヴィット（一八九七—一九七三）に宛てた一九二三年九月二七日付けの書簡で次のように述べている。「ニーマイヤー社はここ数週間、書物の刊行を差し止めています。同時に別刷りで刊行されることになっていた自分の『序論』がずっとうまくいっていないので、残念には思っていません」（HL, 105）。

一九二四年の段階でもハイデガーはアリストテレス論を刊行する努力を続けていた。一九二四年五月一日に始まった夏学期の講義は、講義予告ではアウグスティヌスを取り上げることになっていたにもかかわらず、実際はアリストテレスについての講義に変更された。これもアリストテレス論の刊行を進捗させるためだった（GA18, 405）。

この講義は今日では、ハイデガー全集第一八巻『アリストテレス哲学の根本諸概念』として刊行されている。当時マールブルクに滞在し、ハイデガーのもとで熱心に学んでいた三木清は四月二〇日に森（羽仁）五郎に宛てた書簡で次のように報告している。「一昨日ハイデッガー教授の話では、教授は今度愈、アリストテレスの研究を出版するらしい。その最初の二部が先づ出る。それで今学期はアウグスチヌスの講義はやめてアリストテレスを講義し、アウグスチヌスは『私に』講読する筈になっている」（『三木清全集　第一九巻』岩波書店、一九六八年、二六二頁以下）。

アウグスティヌスの講読をハイデガーから直接指導してもらうとは、今からするとずいぶんぜいたくな話に聞こえるが、周知のようにこの時期、多くの日本人学徒がドイツに留学し、三木や田辺元、九鬼周造のように『存在と時間』が刊行される前からハイデガーのもとで学んでいる日本人留学生もいた。トートナウベルクにあるハイデガーの山荘も日本人留学生からポンドで支払われた謝金を元手として一九二二年に建てられたものだという（茅野良男『ハイデガーにおける世界・時間・真理――付録』朝日出版社、一九八一年、四四八頁参照）。

当時、ドイツは第一次世界大戦の敗戦後、ヴェルサイユ条約により莫大な賠償金を課され、財政の窮迫を通貨供給で乗り切ろうとしたため、恒常的なインフレに見舞われており、したがって通貨マルクはつねに減価している状況だった。一九二三年には賠償金支払いの不履行を理由としてフランス軍とベルギー軍がルール地方を占領するが、そのことに起因する財政逼迫はインフレを加速させ、マルクの価値は劇的に下落することになった。それゆえ外貨を保有する留学生はこの時期、生活の苦しいドイツ人学者から個人指導を受けたり、学者が貧窮から手放した古書を安く買い入れたりといったように、ドイツで羽振りのいい生活ができたのだ。

日本招聘へのうごき

ところで、同時期に三木清はある日本人（北一輝の実弟、北昤吉）から、東京に新しく設立される研究所に招聘するドイツ人哲学者の選任を委嘱されている。彼はその第一候補としてまずハイデガーに白羽の矢を立て、招聘を受けるかどうかを直接打診している[註]。まさに今述べたようなドイツと日本の経済状況の格差を象徴するようなエピソードである。

この幻となったハイデガー招聘計画は、ハイデガーが一九二四年六月一八日のヤスパース宛ての書簡で報告しているものである。そこでハイデガーは「昨日、自分のもとですでに長い間学んでいる日本人が私のところに来て、正式に委嘱を受けて、ということですが、三年間日本に行くつもりはないかと尋ねてきました」と報告し、その破格の条件について記している。それによると、このとき提示された条件は、研究所で週一回の講義、季刊雑誌への寄稿、さらに東京帝国大学での講義の「権利」が与えられ、年俸が一万円（一万七〇〇〇マルク）、家族同伴の渡航代は招聘側の負担ということだった（ちなみに年俸一万円は、当時の日本で大卒エリートサラリーマンの初任給が一〇〇円弱、内閣総理大臣の月給が一〇〇〇円であったことを考えると破格の金額であることがわかるだろう。岩瀬彰『「月給百円」サラリーマン』講談社現代新書、二〇〇六年参照）。

その上で彼は、「そもそも私が行くことに決めるにしても、それはしっかりと調査して、私のアリストテレスを刊行してからのことですが」と述べている（HJ, 48）。ここには結局、ハイデガーの当時の最大の関心事がアリストテレス論の刊行だったことが示されている。ハイデガーが日本に行くことはなかったが、三木に対してこの話を断る際も、その理由として著作の刊行の件を挙げたという（『三木清全集　第一九巻』、二八五頁）。ハイデガーは同年八月二一日付けのレーヴィット宛ての書簡で、日本に行かない旨をはっきりと表明している（HL, 112）。

さて、ハイデガーは日本招聘を、アリストテレス論の執筆を理由に断ったが、結局、アリストテレス論は一九二五年になっても刊行されることはなかった。すでにパリに引っ越していた三木清は森五郎宛ての書簡（一九二五年八月一日付け）で次のように述べている。「現象学年報の新刊が来た。それには期待していたフッサールの論文もハイデッガーのアリストテレス研究も載っていない」（『三木清全集　第一九巻』、三〇九頁）。実は一九二四年の終わりには「アリストテレスの現象学的解釈」の刊行計画と入れかわる形で、「時間の概念」という、もともと別の雑誌に掲載するはずだった論文を『哲学と現象学的研究のための年報』に載せる話が浮上していた。このとき、実質的にアリストテレス論の刊行は立ち消えとなり、いわばこの「時間の概念」へと発展的に解消されていくことになったのだ。

アリストテレス論の内容

このように結局、刊行されずに終わったアリストテレス論だが、それがどのような内容をもつことになっていたかは、まさにその「序論」として執筆されたナトルプ報告と、さらには一九二一年以降、フライブルク大学で繰り返されたアリストテレスに関する講義からその基本的な構成を推測できる。ナトルプ報告の前半部は「解釈学的状況の提示」と題されており、そこでは「アリストテレスの現象学的解釈」の本論でアリストテレス解釈を行う際の基本的観点が示されており、いわゆる「事実性の解釈学」、すなわち『存在と時間』では現存在の実存論的分析と呼ばれるものに該当する議論がまだ荒削りな形ではあるが展開されている。

「事実性」とは、われわれ各自によって経験されている、その各自固有の「生」の現実を意味する用語である。ハイデガーによると、伝統的な人間学は古代ギリシア哲学に由来する存在概念によって、生の事実性を捉え損ねている。このような見立てに基づいて、ハイデガーはギリシア存在論が完成に至った決定的な段階としてアリストテレスに注目する。すなわち、アリストテレスが自身の存在論の諸概念をどのような存在領域についてのどのような根本経験から汲み取ったかを示し、そのことによってギリシア存在論の限界を明らかにしようと試みる。このような観点のもとでなされたアリストテレス哲学の具体的な解釈が「アリストテレスの現象学的解釈」の本論をなす第一部、第二部で展開される予定となっており、その概要がナトルプ報告の後半部に示されている（ナトルプ報告に示されている概要によれば、第一部では『ニコマコス倫理学』Z巻、『形而上学』A巻第一章、第二章、『自然学』A巻、B巻、Γ巻第一章〜第三章が扱われ、第二部では『形而上学』Z巻〜Θ巻が取り上げられる予定であった。それらの解釈の具体的内容についてはナトルプ報告にも簡潔に記されているが、一九二二年夏学期講義『存在論と論理学に関するアリストテレスの精選諸論文の現象学的解釈』には『形而上学』A巻と『自然学』A巻の、一九二四／二五年冬学期講義『ソピステス』には『ニコマコス倫理学』Z巻と『形而上学』A巻のより詳しい解釈を見出すことができる）。

ナトルプ報告に見られる、事実性の解釈学という「体系的」部分とアリストテレスの解釈という「歴史的」部分の二重の構成は、まさに『存在と時間』第一部の現存在分析、ならびに「存在一般の意味の解釈」と第二部の「存在論の歴史の破壊」という二部構成を先取りするものである。

先ほど、アリストテレスの存在論が人間的生に固有の事実性を捉えられず、むしろそれを覆い隠してしまっていることをハイデガーが問題視していることを指摘した。しかし、アリストテレス哲学はハイデガーにとって単に「破壊」すべき対象だったわけではない。ハイデガーはナトルプ報告や同時期の講義において、アリストテレスの形而上学、自然学、倫理学、魂論、弁論術などのさまざまなテクストに対して現象学的な解釈をほどこしている。このようにアリストテレス思想を現象学的に捉え直していく過程で、現存在の実存論的分析の多くの基本的カテゴリーが形作られていったことをわれわれは、一九二〇年代前半の講義などを手がかりにして今日、かなり具体的にたどることができる。ハイデガーによる現存在の実存論的分析は、とりわけアリストテレス人間学を現象学的に記述し直したという色彩が濃い。この点については、『存在と時間』の内容を具体的に検討する際に、また詳しく触れることになるだろう。

(b) 論文「時間の概念」

執筆の経緯

さて、今見てきたような「アリストテレスの現象学的解釈」の出版計画と並行する形で、一九二三年一二月頃から「時間の概念」という論文を刊行する計画がもちあがってくる。この論文は、ちょどその頃出版されたディルタイとパウル・ヨルク・フォン・ヴァルテンブルク伯（一八三五―一八九七）の往復書簡に刺激を受けて執筆されたものである（ヨルクは、今はポーランド領となったシレジア地方ブレスラウ近郊に領地をもつ貴族で、ディルタイがブレスラウ大学に一八七〇年初頭に招聘されたことを契機に親交を結んだ）。

しかし以下で見るように、この論文は編集者とのいざこざにより最初に掲載を予定していた雑誌には発表されなかった。その代わりにそれをフッサール編集の『哲学と現象学的研究のための年報』に掲載するという計画が、そのまま一九二七年に同年報で『存在と時間』を刊行することにつながった。その意味で、この論文はまさに『存在と時間』の直接の前身ということができる。現在ではこの論文は、同論文を基礎にした同じ題名の講演「時間の概念」（一九二四年七月二五日にマールブルク神学協会で行われた）とともに、ハイデガー全集第六四巻に収録されている。

ここで論文「時間の概念」執筆の経緯を見ることにしよう（この執筆経緯については、『ディルタイ年報』第八号、一九九二―九三年所収のヨアヒム・シュトルクとセオドア・キジールによる資料紹介に全面的に依拠している。以下、本誌を参照する場合は、DJ8という略号とともにページ数を記す）。そもそものきっかけは、哲学者エーリッヒ・ロータッカー（一八八八―一九六五）がハイデガーに、自分が編者を務める雑誌『文学と精神史のためのドイツ季刊』（以下『季刊』と略）に何か寄稿できないかと打診してきたことであった。この雑誌は題名を見てもわかるように、文学と精神史という二つの柱をもち、前者の文学をドイツ文学者で雑誌のもうひとりの編者であるパウル・クルックホーン（一八八六―一九五七）が担当し、ロータッカー自身によるハイデガーへの説明によると、ロータッカーは「雑誌を精神史的かつ哲学史的な方面へと拡充する」という使命を帯びて編集に参加しているという（DJ8, 190f.）。ただ実際のところは文学史関係の論稿が中心の雑誌であり、哲学史の比重は実はそれほど大きいものではなかった（DJ8, 182ff.）。

さて、ハイデガーの評判を聞きつけたロータッカーが、ハイデガーこそ雑誌を精神史の方面で充実させるにふさわしい存在と目したのだろう、一九二三年に雑誌が創刊されるのに先だって、すでに一九二二年一〇月にハイデガーに論文の寄稿を依頼している（DJ8, 190f.）。それに対して、ハイデガーは今のところ他の仕事にかかりきりだが（これはアリストテレス論を指す）、一年後には中世に関する研究、具体的には「後期中世の人間学の存在論的基礎とルターの初期神学」ならば寄稿できそうだと返答している。ハイデガーはその際、「この探求は体系的であるのと同様に歴史的である」と断っている。それがだめというのであれば、研究展望をときどき寄稿したいと述べている（DJ8, 192）。

このようにハイデガーは、いったんは執筆を承諾したが、その後、一一月になって、やはり雑誌は文学史が中心のようだからと論文寄稿を断った（DJ8, 193）。しかし、ロータッカーはハイデガーに寄稿の依頼を繰り返し、ハイデガーも一九二三年三月三〇日の手紙では、雑誌の重心を哲学のほうに移すということであれば協力しようと約束した。ただアリストテレス論の刊行が遅れているので、それが片付いてから仕事に取りかかると述べている（DJ8, 199）。

ハイデガーはこのように執筆を承諾してからしばらくして、一九二三年一二月一五日付けのロータッカー宛ての手紙で、『ディルタイ／ヨルク伯往復書簡』（以下『往復書簡』と略）の刊行に合わせて、『季刊』にディルタイの業績についての論文を発表したいと要望している。つまり、すでに寄稿を約束していた後期中世とルターに関する論文とは別に、ディルタイについての論文を掲載したいというのである。そもそも『季刊』自体がディルタイ学派の精神史の影響を受けていること、しかも『往復書簡』が、『季刊』を補完するものとしてロータッカーが創刊した「哲学と精神史」叢書として刊行された最初の書物でもあったため、『往復書簡』と絡めてディルタイについて論じるのは、『季刊』がふさわしい場だという判断がハイデガーにはあったのだろう。

さて、こうして他の仕事を差し置いていささか唐突に論文「時間の概念」の執筆が始まった。一九二四年九月二一日のロータッカー宛の手紙では、一〇月末までに必ず論文を送ること、その題名が「時間の概念（ディルタイ／ヨルク往復書簡への注釈）」であることを告げ、この論文が「体系的‐歴史的」性格をもつこと、論文の分量がおよそ四ボーゲン（約六四頁分）になることを告げている（DJ8, 207）。そして同年一一月にはロータッカーのもとに原稿が送られた。

ごたごた

この論文を受け取ったロータッカーは事実的生の記述に用いられているその論文特有の術語に違和感を覚え、ハイデガーに対して論文の用語法について若干の照会を行ったようである。ハイデガーはロータッカーに対する返信で次のように述べている（一一月八日付け）。「論文の用語については固有の事情があります。『配慮』は『気遣い』によって規定されています。全般として用語の面では多くのことが『気に障る』ことでしょう。重要なことは諸現象が目に見えるものになることなのです」（DJ8, 215）。このハイデガー独特の「用語」に対しては、かつてミッシュも抵抗感を示していたが、このような批判は『存在と時間』はもちろん、彼の後期の思索に到るまでずっと向けられることになるだろう。

さらにもう一点、ここで問題として浮上してきたのが、ハイデガーの論文が長すぎることだった。実はハイデガーが論文「時間の概念」をロータッカーに発送する直前に、新カント学派の巨頭であり、ハイデガーの博士論文と教授資格論文の指導教官でもあったハインリッヒ・リッカート（一八六三―一九三六）が、ロータッカーに電話で直接、自分の論文「ファウストの死と浄化」を『季刊』に掲載したいと売り込んできたのである。もとより大御所の論文であり、雑誌の販売部数を増やすことにも貢献するだろうという判断から、雑誌の編者たちはそれをできる限り早く掲載したいと考えた。しかし、そうするとハイデガーの論文とぶつかってしまい、掲載ページが足りなくなることが懸念されるようになった。

その後のロータッカーとクルックホーンの書簡でのやり取りを見ると、両者はリッカートの論文のほうが気に入り、ハイデガーのものはとくに文学畑のクルックホーンがあまり評価しなかったようだ。ロータッカーはハイデガーをそれなりに擁護はしているものの、右でも見たように、実は彼自身もハイデガーの表現様式には違和感をもっており、いささか歯切れが悪い。そして、どうやらその後、ロータッカーはハイデガーに論文の短縮を依頼したようである。

しかし、それに対してハイデガーは激しく反発した（一一月一八日付け、ロータッカー宛書簡）。「どのように短くしたらよいか、私にはわかりません。私は最後の章を書いたときにすでに、デカルトについて決定的な解釈を行う主要部分とすべての典拠を削除したのですから。多くの語は校正の際に削られるでしょうが、同様におそらく必然的に文章の彫琢も必要となるでしょう。私が論文を最終校のときにそうする形で発表することが自由にできないならば、論文を撤回せざるをえません。それは論文が雑誌の読者の読むに堪えないものになるだろうからです」(DJ8, 217f.)。

ハイデガーは同じ手紙で、最初に約束した中世についての論文のほうは、同年の『季刊』の中世特集号（第四号）にその予告が出てしまっているから、寄稿はするつもりだと述べている（もっともこの中世に関する論文も発表されることはなかった）。しかし、論文「時間の概念」については以下のような「提案」をする。「私のほうに原稿を送り返していただければ、私はディルタイをより具体的に扱うとともにデカルトの分析の取り下げられた部分を補って、それとともにヨルクとも関連づけて、一月に『年報』第八巻でフッサールと共同で刊行することができます――『季刊』への指示も付けて。〔『季刊』の〕この号に貴殿は、論文はもともと『季刊』のために執筆されたが、分量の都合で『年報』に掲載される旨の注記を記していただけます」(DJ8, 218)。このようにして、結局ハイデガーの論文「時間の概念」は雑誌には掲載されないことになった。なおこの論文が掲載される予定であった『季刊』の一九二五年第一号を確認してみると、そこにはリッカートの論文が巻頭に君臨している。またハイデガーが提案した注記は記されていない。

『存在と時間』の「最初の草稿」

こうして論文「時間の概念」は、今度は『年報』に掲載されることになった。レーヴィットに宛てた一九二四年一二月一七日付けの書簡でハイデガーは、「時間の概念」論文が五ボーゲン（約八〇頁）でロータッカーにとっては長すぎたこと、この論文をいくぶんか増量して『年報』に掲載すること、印刷は一九二五年一月の終わりに始まることを報告している（HL, 122）。しかしその印刷はどうやら行われなかったようで、一九二五年三月二七日のレーヴィット宛ての手紙ではふたたび論文「時間の概念」が『年報』の次巻（すなわち第八巻）で刊行されることが予告されている。「『時間』論文は『年報』の次巻で刊行されます。しかもそれは、その論文がもともと仕上げられたような連関で、つまりギリシア的存在論と論理学の破壊の基礎としてです」（HL, 123）。

ハイデガーは一九二四年半ばまでは、まだアリストテレス論の執筆について語っていたが、今も見たように、同年一二月には論文「時間の概念」の『年報』への掲載について語っている。そしてこの「時間」論文は、今引いたレーヴィット宛ての書簡で述べられているように、「ギリシア的存在論と論理学の破壊の基礎」として仕上げられるということだから、内容的にはアリストテレス論の「序論」を引き継ぐ形になっている。したがって、ちょうど一九二四年終わりごろに、『年報』にアリストテレス論を掲載する計画が、「時間の概念」論文の掲載に入れ替わったということができるだろう。しかしその論文「時間の概念」の印刷も、ハイデガーは当初、一九二五年一月終わりに始まると述べていたが、大幅に遅れ、一九二六年四月になってようやく、この「時間」論文を拡張した『存在と時間』の印刷が始まった。

論文「時間の概念」は先ほども述べたように、今では全集第六四巻に収録されて、われわれも読むことができる。論文の構成は、序論に続いて第一部が「ディルタイの問題設定とヨルクの根本傾向」と題され、ここが『往復書簡』への注釈となっている。この節はそのまま『存在と時間』の第七七節に取り込まれ、同節の六段落目から一二段落目を構成している。ドイツのマールバッハ文書館に現存する『存在と時間』の清書原稿を確認すると、第七七節の部分には「時間の概念」論文から切り取ってきた原稿（ハイデガーの妻エルフリーデによる清書稿）がそのまま挿入されており（GA64, 128）、清書でも素人には判読できない『存在と時間』の手稿のこの部分だけは用紙と筆跡が異なり、また書字も大きく比較的読みやすい。同論文の残りの箇所はその後に刊行される『存在と時間』の構成におおむね対応する内容になっており、そうした意味で論文「時間の概念」は『存在と時間』の原型となっている。キジールが論文「時間の概念」を『存在と時間』の「最初の草稿」と呼ぶのも（DJ8, 226）、以上からすればもっともである。

2.『存在と時間』の執筆と印刷

「五月雨式」の執筆

以上で見てきたように、論文「時間の概念」を『年報』に掲載するという話が、最終的に今日われわれが『存在と時間』として知る書物の刊行につながった。当初、論文「時間の概念」は『年報』第八巻に収録される予定で、その印刷は一九二五年一月終わりに始まると述べられていた。しかし、『年報』第八巻は一九二六年になっても刊行されず、ようやく一九二七年四月になって『存在と時間』を収録した『年報』第八巻が刊行された。

このように『存在と時間』の執筆に到るまでにも、すでにさまざまな紆余曲折があった。しかも以下で見るように、実際に執筆に取りかかって刊行にこぎつけるまでにも行き当たりばったりとしか言いようがない過程をたどっている。この著作は当初は一冊の書物として刊行されるはずだったが、印刷途中で書き換えが行われて分量が増えたため、全二巻に変更され、しかもその第二巻目は刊行されないままに終わってしまったのだ。以下で

『存在と時間』の執筆から刊行に至るまでの事情を具体的に見ていくことにしよう。

先ほど引いたレーヴィット宛ての手紙では、『年報』に収録される「時間の概念」の印刷は一九二五年一月終わりに始まるとされていた。しかし、実際に印刷が始まったのはそれからさらに一年以上経ってからである。ハイデガーはヤスパース宛て一九二六年四月二四日付けの書簡で、「四月一日に拙論『存在と時間』の印刷を始めました」（HJ, 62）と述べ、それがおよそ三四ボーゲン（約五四四頁分）になる予定だと告げている。

『季刊』に掲載できなかった論文「時間の概念」がおよそ五ボーゲンといわれていたから、論文はそのときから分量的には六倍以上に膨張したことになる。そして一九二六年四月八日のフッサールの誕生日に、ハイデガーはトートナウベルクの山荘で、フッサールに『存在と時間』の献辞を記した、花で飾られた巻物を贈ったという。この献辞は現行の『存在と時間』の巻頭に見られるものである。

『存在と時間』の執筆は、一九二五年中はずっと続けられていた。同年の七月末まで行われていた一九二五年夏学期講義『時間概念の歴史への序説』（以下『序説』と略）では、現行の『存在と時間』第一部第一篇の内容にかなり近いものが論じられている。またこの講義では『存在と時間』でいうと、第一部第二篇の最初で扱われている「死への先駆」や「良心」についても、『存在と時間』に比べるとはるかに簡素な形ではあるが、その最後の部分で扱われている。

一九二五年八月二四日にレーヴィットに宛てた書簡では、「私の『時間』の死に関わる章を書き終えた」という記述が見られる（HL, 127）。死の問題は現行の『存在と時間』では第一部第二篇第一章で扱われているので、すでにこの時期に現在の『存在と時間』第一部第二篇に該当する内容の執筆が始まっていたことがわかる。つまりここまでの執筆は、学期中は『序説』講義にほぼ沿う形で、さらに学期終了後はそれを継続する形で行われていたのだと考えられる。

ところで『存在と時間』の実際に刊行された版は四三七頁である。当初見込まれていた三四ボーゲン、すなわち五四四頁からは分量が少なくなっている。『存在と時間』がこのような形になった理由は、これから具体的に説明するが、あらかじめ要点だけを述べると次のとおりである。

一九二六年夏ごろに第一部第一篇の終わりまで印刷が進んだあと、ハイデガーが印刷をいったん中止させて残りの部分の原稿を書き換えた結果、当初見込まれていた三四ボーゲンが五〇ボーゲンを越える分量となり、それを半分ずつ上巻と下巻にわけて出版することにした。しかし、その下巻の出版が断念されることになり、結果的に上巻、つまり現行の四三七頁の『存在と時間』だけが刊行されることになったのだ。

ハイデガーは一九二六年四月一日、マックス・ニーマイヤー社に『存在と時間』の第三七節までの清書原稿をそこまでの脚注とともに送付している（脚注は三七節までのものがまとめて別紙に書かれている）。これは分量としては一一ボーゲンである（GH, 482）。ハイデガーはすでに書き上げた下書き草稿をもとに清書稿を作成し、できあがったものから逐次、印刷所に送っていた。彼はその後、自分のもとに戻ってきた一一ボーゲンのゲラ刷りを校正して五月一五日に印刷所に送り返している。そのゲラ刷りには、レーヴィットやヴィルヘルム・シラジ（一八八九―一九六六）、ヘレーネ・ヴァイス（一八九八―一九五一）、さらにはフッサールによる修正も加えられていたという（GH, 482）。

この最初の一一ボーゲンの最終校を五月末か六月に受け取ってから、ハイデガーは一二～一五ボーゲンの清書稿を印刷所に送付した（GH, 483）。これは三八節から四四節（二三〇頁まで）に当たるが、第四四節は『存在と時間』第一部第一篇の最終節であり、ここまでで『存在と時間』の既刊部分（第一部第二篇まで）のほぼ半分の分量にあたる。この第三八節以降の清書稿を見ると、そのときすでにゲラ刷りが出ていた第三八節以前の本文参照を求める注には、刊行された『存在と時間』と同じ頁数が記されており、このことから清書稿の一二ボーゲン以降は最初の一一ボーゲンの校正刷りを手元に置きながら執筆されていたことがわかる。

このように『存在と時間』の印刷は、原稿を清書した部分から印刷所に回し、印刷所から戻ってきたゲラの校正を行いながら、その先の部分の清書も行うという五月雨式のやり方で進められている。今日でも遅筆の作家が配本予定日に合わせるためにそのような状態に陥ることはあるようだ。ただそれにしてもハイデガーの場合は清書執筆が印刷スピードに追いつかなくなって、結局、残り部分を下書きから書き換えることまで行っているのだから、そのようなリスクを考慮に入れれば、全体ができあがってから印刷所に出したほうが作業的には望ましかったことは否定できない。それでも彼が無理をして急いだのは、本章の冒頭で引いたハイデガーの回想にも示されているとおり、彼がそのころマールブルク大学の正教授ポストへの昇任の第一位の候補になっており、そのために印刷された業績ができる限り早く必要だという事情があったからだろう。

正教授昇任に再度失敗

ハイデガーは一九二三年からすでに同大学の員外教授であった。しかし、同僚のニコライ・ハルトマン（一八八二—一九五〇）がケルン大学に転出し、正教授ポストが空席になったことから、マールブルク大学の哲学部は一九二五年八月にハイデガーをそのポストの第一位の候補としてベルリンの文部省に提案していた。その提案の文書には次のように記されていた。「それ〔アリストテレス論〕に加えて、『時間と存在』に関する最近成立した体系的作品――印刷中のもの――がありますが、この作品はわれわれに対してハイデガーをさらに別の側面から、すなわち独自に構築する哲学的な思索家として示すものです。この作品はまさしく究極の存在論的根本問題の新たな展開であり、したがって、現象学的な――これによりはじめてあらゆる主観主義から切り離された――研究様式を、古代、中世、近代の形而上学の偉大で伝統的なよきものの評価と結びつけるものです」(GH, 479)。

その内容から、おそらくもともとはハイデガー自身によって起草されたのであろうこの推薦書にも見られるように、一九二五年八月の段階で論文の題名は「時間と存在」とされており、この時点で時間と「存在への問い」の結びつきが明確に打ち出されるようになっている。

ところが一九二六年二月に、ベルリンの文部省はハイデガーの業績不足を理由に候補者リストを突き返した。それでもハイデガーを第一位の候補にしようとした学部は、彼に何かを早急に出版するよう促した。本章の冒頭に引いたハイデガーの後年の回想では、このときのことが語られていたのである。右に引いた一九二五年八月の正教授昇任の推薦書では「印刷中」と述べられているから、今回は公刊された業績を添えることが以前にも増して必要とされたのだろう。こうして『存在と時間』の印刷は、できあがった原稿をとりあえず印刷所に送り、その著作の一部分だけでもよいから、できる限り早く印刷された形の業績を作るという方針にしたのだろう。

実際に大学側はベルリンの文部省に対して、一九二六年六月一八日に再度、ハイデガーを正教授候補の第一位として推薦しているが、その際に『存在と時間』の一一〜一五ボーゲンのゲラ刷りを添えている。しかし、この提案に対しても結局、一一月には却下の知らせが届くことになった。正教授への就任が認められたのは『存在と時間』が出版されたあと、一九二七年一〇月のことであった（ただこのように苦労してマールブルク大学の正教授になったにもかかわらず、その一年後、一九二八年冬学期にはフッサールの講座の後任としてフライブルク大学に転出することになった）。

書き換え、そして続行断念へ

今述べたように『存在と時間』の印刷は一九二六年四月にはじまり、六月いっぱいは順調に進んでいた。つまり『存在と時間』の第一部第一篇、すなわち既刊部分の半分は比較的スムーズに印刷が進んでいた。ところがハイデガーはここで突然、印刷を中断させ、書き換えを始めたのである。一〇月四日のヤスパース宛ての手紙ではその間の消息について次のように語っている。

「私は非常に短い休息ののち、ふたたび仕事に向かった際、夏学期の半ばに印刷を一時中断させ、書き換えを始めました。作品は自分が考えていたよりも大部になったので、今やおよそ二五ボーゲンごとに分けなければなりません。第一巻の残りを一一月一日までに引き渡さなければなりません」(HJ, 67)。「夏学期半ば」、つまり七月以降に印刷を中断させ、作品の書き換えを行った結果、『存在と時間』の分量が当初予定していた三四ボーゲンから、五〇ボーゲン以上に増え、そのため『存在と時間』は二巻の書物として刊行されることになったのである。

ハイデガーがこの時点で印刷を中断して「書き換え」を行ったのは、六月中に一五ボーゲンまでのゲラ刷りを文部省に送り、ひとまず正教授昇任のための業績作りという目標は達成できて安心したからだろう。しかし、それはあくまで外面的な理由であって、書き換えを行うという以上、ハイデガーに書き換えを必要だと思わせるような、『存在と時間』の内容に関わる事情が存在していたはずである。ハイデガーがどの部分を書き換えたのか、またなぜそのような書き換えが必要となったのかについては、『存在と時間』の未完の問題を論じる第五章で再度立ち返って詳しく論じることにしたい。ここではとりあえず、『存在と時間』の刊行に至るまでの外面的な経緯を簡単に記しておくことにする。

キジールによると、ハイデガーは一一月初頭に『存在と時間』の第一部第二篇、つまり四五節から八三節までを印刷所に送付した（GH, 484f.）。一二月二六日のヤスパース宛て書簡では、予定されたヤスパース宅への訪問時に一緒に検討できるように別便でボーゲン一七と一八（およそ二八八頁まで）を送ること、残りのボーゲン二三まで（およそ三六八頁まで）は一九二七年一月一日に予定された訪問時に持参すること、しかしなお四ボーゲンが残っていることが告げられている。そして三月一日付けヤスパース宛て書簡で、最後のボーゲン二七、二八の初校ゲラを印刷所に返送したことを知らせ、四月一八日付けの書簡では、出版社に『存在と時間』一冊をヤスパースに送るように指示したことが述べられている。五月一日にはヤスパースからハイデガーに宛てて、『存在と時間』を受け取ったことに対する謝辞を述べる書簡が送られた。つまり『存在と時間』は一九二七年四月終わり頃によ うやく刊行されたのだ。

以上で見てきたように『存在と時間』の印刷は、原稿すべてが一括して印刷所に送られたわけではなく、清書した部分から順次、印刷所に送付され、そちらに原稿が回っているあいだに次の部分の清書と戻ってきたゲラの校正を続けるといったずいぶん慌ただしいやり方で行われている。このことからも、『存在と時間』の印刷が見切り発車的に始められたことがわかる。しかもハイデガーは途中で印刷を中断させて、原稿を最初予定した分量から大幅に増やすことまでしている。すでに序論では全体の概要が示されているにもかかわらず、それを変更することなく原稿を書き換え、しかも大幅に増量するというかなり無理のある作業を行ったわけである。このような行き当たりばったりの印刷の経緯、さらには印刷以前の過程も考慮に入れると、『存在と時間』はハイデガーの思想がなお発展途上にあるなかで、強引にまとめられたきわめて暫定的な性格をもった書物であることがわかる。その無理が、『存在と時間』の後半部が刊行されずに未完に終わってしまったという結果にも表れているのである。

ハイデガーは『存在と時間』の前半部を刊行したあと、ただちに後半部を刊行することはしなかったが、後半部の出版そのものを諦めたわけではなかった。しかし、おそらく一九三〇年頃には完全に刊行を断念してしまったようである。一九三二年九月一八日に女友達のエリーザベト・ブロッホマン（一八九二―一九七二）に宛てた手紙では、彼は下巻をもう今では書くことはないと告げている。「人々はすでに、私が今『存在と時間』下巻を書いていると思っており、そのように語っています。そうするのは勝手です。しかし、かつては『存在と時間』上巻は私にとって、私をどこかに連れて行ってくれるひとつの道でしたが、この道は今となってはもはや歩まれておらず、すでに草で覆われてしまっているので、私は『存在と時間』下巻をもはや書くことはできません。私はそもそもいかなる本も書きません」（HB, 54）。

つねに変わりゆく思索

さて、以上で『存在と時間』が現状のような形の書物として成立する経緯を、最初の出版計画だったアリストテレス論の時期から跡づけた。そこから浮かび上がってくるのは、『存在と時間』は長い沈黙期間ののち、満を持して刊行された作品といったものではなく、そのつどさまざまな外的要因に左右され、とくに「業績作り」のためにあわててまとめられた急ごしらえの書物だということである。このような、この書の行き当たりばったりで急造的な性格は最終的にはこの著作が未完に終わったという事実とも無関係ではない。こうした『存在と時間』刊行の経緯を見ると、なるほどハイデガーが自分の思索を「道」と特徴づけている意味もよくわかる気がする。ハイデガーの思想はつねに生成途上にあり、彼自身、それを何か完結した「作品」にまとめ上げることに非常に苦しんでいる。私が『存在と時間』刊行に至るまでの過程をこれまで詳しく追ってきたのには、彼の思索形成の今述べたような特長を浮かび上がらせるという狙いもあった。

すでに見たように、ハイデガーはアリストテレス論の刊行を準備していたときから、自分の研究を「体系的－歴史的」という二重の性格をもつものと意識していた。このアリストテレス論から論文「時間の概念」を経て、『存在と時間』出版へと至る「道」のひとつの大きな傾向としていえることは、この「体系的－歴史的」な研究においても、しだいに「歴史的」な部分から「体系的」部分へとその重点が移行していることである。

ナトルプ報告でも、すでにその序論「解釈学的状況の呈示」は、『存在と時間』では現存在の実存論的分析と呼ばれる内容を展開しており、これが彼の哲学の「体系的」側面をなしていることは明らかだ。このように最初は「序論」という位置づけだった「体系的」側面が、論文「時間の概念」の執筆を経て、やがて『存在と時間』を見てもわかるように、「歴史的」側面（『存在と時間』では第二部の「存在論の歴史の破壊」）を大きく凌駕するようになっていく。そして現行の『存在と時間』はこの第二部を含んだ下巻が刊行されなかったため、もっぱら上巻の「体系的」側面だけから成っている。ただその体系的側面にしても、その内容の一部（第一部第三篇）は未完にとどまった下巻に含まれることになっていたので、既刊部分ですべてが論じ尽くされたわけではない。

ここまでで『存在と時間』刊行の経緯についての話はひとまず終わりにして、章を改めて、今度は『存在と時間』の内容を具体的に見ていくことにしよう。

註

ハイデガーの日本招聘の話は『ハイデガー／ヤスパース往復書簡』が翻訳されているので、日本でも比較的よく知られていると思うが、その背景事情についてはまだ詳しい説明を見たことがないので、ここで少し立ち入って紹介しておきたい。この経緯については、『三木清全集　第一九巻』に収録された森（羽仁）五郎宛ての三木の書簡から窺うことができる。次に引くのは一九二四年六月一九日付けの手紙である。「私はまた北氏から長い手紙を貰った。文面は私に凡てを一任するから研究所のために独逸の学者を一人採って欲しいと云うのである。ヘリゲルは三年の後には研究所へ這入りたいと云っているが、これは断りたいと書いてある。年俸は教授一万円、講師八千円。私は永い間考えさせられた。殊にヘリゲルの運命のために考えた。色々可能な道を思うとき、私は外国人招聘の意味を疑いもする。然しながら私が断ったにしても、北氏はどうせ、協会の幹部との関係上、誰かを呼ぶに相違ないと考えた。そこで私は遂に自分が進んで人選に当ることを決心した。私は私の行為の間違っていないことを祈る。／協会の人々や北氏は『有名な』人を採りたいようであるが、私はそれに繋られずに人選をしたいと思う。一体に『有名』と云う概念はそれほど明瞭ではない。私は第一候補者として、Heidegger、第二に来るのはフライブルヒの Ebbinghaus、ブレスラウの Stenzel、ゲッチンゲンの Misch、キールの Scholz であろう。私は何よりも特色のある学者、特殊科学に明るい人を選ぶ。ここに挙げた人達はこちらの学者仲間ではとにかく期待されておるらしい。早速交渉を始める。そして決れば北氏へ電報を打つと旅費が来ることになっているから、或はこの手紙の著く頃には日本でもその名が分っているかも知らぬ。私は私の人選の誤っていないことを祈る」（『三木清全集　第一九巻』、二七八頁、旧漢字、旧かな、ルビは適宜、現代のものに改めた）。ハイデガーがヤスパースに日本招聘の件を相談した手紙で、帰国したら家を建てることができると述べているのもうなずける。三木はハイデルベルク滞在中に現地で面識があった北昤吉の委任を受けて、新しく設立される研究所に招聘するドイツの学者の選定と交渉に当たっている。この北昤吉は北一輝の弟で新カント学派やベルクソンの影響を受けた哲学徒だが、同時に評論、政治活動なども行い、一九三〇年代半ばから戦後にかけて衆議院議員を務めた人物でもあった。北は一九二四年、平沼騏一郎（ひらぬまきいちろう）をはじめとする貴族院議員らによって、漢学振興による儒教道徳の宣揚、東西文化の融合を目指すという趣旨で創立された大東文化協会に入り、それが設立する研究所の研究員の人選に当たっていた（なお大東文化協会が設立した大東文化学院は現在の大東文化大学の前身である）。先ほど引いた書簡で興味深いのは、東北大学講師として日本に滞在している際の弓道修行の経験について記した『弓と禅』（オイゲン・ヘリゲル『弓と禅』魚住孝至訳、角川ソフィア文庫、二〇一五年）で知られるオイゲン・ヘリゲル（一八八四―一九五五）もこの研究所のポストに色気を見せていたということである。エミール・ラスク（一八七五―一九一五）に学んだヘリゲルはハイデルベルクで多くの日本人留学生に哲学を教えており、その関係で三木とも付き合いがあった。ヘリゲルは東北帝国大学に招聘されるが、その際、北から研究所への誘いも受けており、東北帝国大学と研究所とのあいだでヘリゲルの争奪戦が行われたようで、そのことが三木の森宛ての書簡に記されている（『三木清全集　第一九巻』、二四〇頁、二四五頁以下、二五一頁）。そのときのヘリゲルの両者を天秤にかけるような態度に三木はずいぶん憤っているが、ヘリゲルはそのときは結局、東北帝国大学を選んだ。ただその任期後には研究所に行きたいといったようなことも述べていたのであろう。このことを顧慮して三木は自分がドイツ人学者を選定するとヘリゲルを押しのけることにはならないかという躊躇も示しているが、自分がやらなくてもどのみちヘリゲル以外の誰かを招聘することは決まっているのだから、それならば自分がしっかりとした人物を選んだほうがよいだろうということで一肌脱ぐ決意をしている。ただ周知のように、ハイデガーは日本に来ることはなかった。右の書簡で候補者として挙げていたハイデガー以外の哲学者も日本には渡航していない。その後、八月に三木はパリに移るので、この件は三木の手から離れたのであろう。

第二章　「存在の問い」は何を問うのか

1928年頃のハイデガー

あくまで根本問題にこだわる

これまで本書では、『存在と時間』という書物の成立事情を明らかにしてきた。これからはいよいよ『存在と時間』の内容を具体的に見ていくことにしたい。

『存在と時間』の根本問題が「存在の問い」であることはよく知られている。しかし、『存在と時間』が刊行されてすでに九〇年が経とうとするのに、彼が「存在」ということで何を考えていたのかは一向に明らかとなっていないし、それを解明しようという情熱をもつ人もあまりいない。ハイデガーの研究者たちも「存在の問い」など、まともに受け取るだけ無駄と言わんばかりに（実際にそう公言する人も多いが）、彼の思索のそれ以外のさまざまな要素に注目して、無数の論文や著作を生み出している。それに対して、本書はハイデガーの思索をハイデガーの思索たらしめている根本問題、「存在の問い」の究明にあくまでこだわろうと思う。

『存在と時間』の冒頭では「存在の意味への問い」の必要性が高らかに謳（うた）われている。しかしハイデガーは同時に、「存在の問い」はギリシア哲学以来、西洋哲学史のなかではもはや問われなくなってしまった問いだとも述べている。『存在と時間』序論で、彼はそのように問われなくなって久しい問いをなぜ問うべきかを読者に示し、その必要性を理解させようと試みている。本章では、ハイデガーが『存在と時間』序論で「存在の問い」の意義をどのように説明しているかを紹介し、そのことをとおして、『存在と時間』の本論の解説に先だって、彼の言う「存在の問い」がいかなるものかについての当たりを付けておくことにしたい。

1．「存在の意味への問い」の必要性

(a)「存在」に対する偏見
「存在」とは「時間」である

ハイデガーは『存在と時間』巻頭のプロローグで、プラトンの対話篇『ソピステス』から次の一節を引用している。「なぜなら明らかに、あなた方のほうはこうした事柄〔〈ある〉ということ〕を口にするとき、そもそも何を指し示そうと望んでいるのか〕を、とっくのむかしから知っておられるのに対して、われわれは、以前には知っていると思っていたのに、いまはまったく困惑に行き詰っているのですから」（『ソピステス』244a。訳は『プラトン全集3』岩波書店、藤沢令夫訳を使用。〔　〕内はハイデガーによる補足）。

これを受けて、われわれは今日、「ある」という言葉が何を意味しているかという問い

への答えをもっているだろうか、こうハイデガーは問いかける（SZ, 1）。われわれは答えをもっていない、これが彼の結論である。それゆえ、今日われわれは「存在の意味への問い」をあらためて問わなければならない。にもかかわらず、われわれは「存在」を問うどころか、「存在」という表現が何を意味しているのかを理解していないことに戸惑いさえしない。したがって「存在の意味への問い」を問う以前に、「この問いの意味に対する理解をまずまっさきに、今一度呼び覚ます必要がある」。こうしてハイデガーは『存在と時間』という著作の目標を次のように設定する。

> 「存在」の意味への問いを具体的に仕上げることが以下の論究のねらいである。時間をあらゆる存在了解の可能的地平として解釈することが以下の論究のさしあたりの目標である。（SZ, 1）

ハイデガーはここで『存在と時間』という論考の目的を「存在の意味への問い」を仕上げることと規定する。この「存在の意味」――ここでは「存在了解の可能的地平」とも表現されている――が「時間」である。「存在の意味」を「時間」として明らかにすること、これが『存在と時間』という題名にも示されたこの書物の目的である。

西洋哲学の「盲点」

さて、ハイデガーによると、今日われわれは「存在の意味への問い」に対する答えをもっていないだけではなく、それを問う必要性さえも感じていない。ハイデガーはプローグの次頁から始まる序論「存在の意味への問いの提示」の第一節「存在への問いを表だって反復する必要性」で、この問いはプラトンやアリストテレスの探求を突き動かしていたが、その後は「現実的な探求における主題的問い」としては取り上げられず、ただ二人の獲得したものがいろいろ変化したり書き加えられたりしながら、ヘーゲルの『論理学』に至るまで生き延びてきたと述べている(SZ, 2)。つまり古代ギリシアのプラトンやアリストテレスによる存在探求の試み以来、二千数百年のあいだ、「存在の問い」という観点からは基本的に新しいことは何も起こっていないというのだ。すなわちこれから『存在と時間』で展開される「存在の問い」は、西洋哲学史においては古代ギリシア以来、まったく問われなかった前代未聞の問いだというのである。

単に「存在の問い」が問われなかったというだけならまだしも、ハイデガーがより由々しい問題と見なしているのは、「存在の問い」を問わないことを当たり前だと思わせ、またそのことを正当化するような「先入見」が西洋哲学史において支配的になっていることである。ハイデガーがそうした先入見として挙げているのが、「存在はもっとも普遍的で空虚な概念である」という見解である。「存在」はそもそも定義することができず、自明な概念なのだから、それについて問うことは不要だというわけだ。

伝統的に「定義」とは、普遍的なものを限定することによって行われると考えられてきた。例えば人間を「二足歩行の動物」と定義する場合、「動物」という類を「二足歩行の」という種差によって限定しているわけである。ところが「存在する」、「ある」ということは、それこそ「ありとあらゆるもの」について語りうる以上、存在はもっとも普遍的な概念であり、いかなる仕方においても限定できないことになる。それゆえに定義も本質上、不可能だというのである（SZ, 3f.）。

存在とはもっとも普遍的で空虚な概念であり、したがってあえて問う必要がないと主張されると、われわれもなるほどその通りだと説得されてしまう。しかしハイデガーからすれば、われわれが当たり前として受け入れてきたこうした考え方自体が西洋哲学史のなかで生み出された偏見であり、実はそれほど自明というわけではないのだ。そうだとすると、存在とは本当のところ何を意味するのか。まさにハイデガーは『存在と時間』という著作によって、この問いに答えようとするのである。

(b) 「存在の問い」の学問論的な意義
「存在論的」と「存在的」

「存在の問い」は単にそれが問われていないだけならまだしも、それを問うことが不要であることを正当化するような先入見が西洋哲学においてはずっと支配的だった。そこで『存在と時間』の序論では、まず「存在の問い」がなぜ問われるべきかの説明に全力が注がれる。ハイデガーは「存在の問い」の必要性を「存在の問いの存在論的優先性」と「存在の問いの存在的優先性」という二つの観点から論じているので（SZ, 8ff.）、これからその議論を見ていくことにしよう。

ここで「存在論的（ontologisch）」と「存在的（ontisch）」という『存在と時間』で頻出する術語について簡単に説明しておこう。すでに本書の序論で、存在者と存在の区別について述べた。われわれは存在者と関わっているとき、その存在を何らかの仕方で了解している。例えば鳥に関しては、それが「飛んでいること」、「えさを採っていること」などを了解している。しかし、通常われわれはそうした存在了解の内容を表だって意識することはない。

序論の例をふたたび活用すると、「鳥が飛んでいる」、「ボールが飛んでいる」というとき、同じように「飛んでいる」といっても、それぞれの「飛ぶこと」の意味は異なっている。しかしそれらに対する日常的な関わりにおいて、われわれはそうした「飛び方」の違いをあえて反省することはないだろう。そうしたことを反省したりすれば、その時点で存在者との円滑な関わりが中断されてしまうからだ。このように存在了解をもちながらも、それをとくに主題化せず、存在者との関わりに没頭している状態をハイデガーは「存在的」と呼んでいる。

それに対して、われわれは自分が関わっている存在者の存在様式をあえて反省し、それを表立たせることもできる。これが「存在」を主題化することであり、存在論を遂行することにほかならない。こうした態度が「存在論的」と呼ばれる。またハイデガーは「実存論的（existenzial）」と「実存的（existenziell）」という術語も用いるが、これも「存在論的」と「存在的」に準じて、現存在の存在である「実存」を表立って主題化する態度とそうでない態度を指している。

なぜ「存在の問い」はすべての問いに優先するのか？

そこで「存在の問いの存在論的優先性」だが、これは「存在の問い」が自然科学を含んだあらゆる実証的学問を究極的に根拠づける問いであるため、実証的学問の遂行に先だって問われねばならないことを意味している。要するに「存在の問い」こそが学問論的観点からもっとも優先されるべき問いだということだ。これに対して、「存在の問いの存在的優先性」は、「存在の問い」がわれわれの生の根拠をもっとも根本から照らし出す問いであること、したがってその問いを問うことは単に学問論的に重要だというだけではなく、われわれの生のあり方を規定する問いとして、もっとも優先されるべき課題であるということだ。

それではまず、「存在の問いの存在論的優先性」をハイデガーがどのように説明しているかを見ることにしよう。この議論でハイデガーは「存在の問い」の必要性を学問論的な見地から示そうと試みている。

あらゆる実証的学問は、それぞれ何らかの存在領域に関わっている。物理学なら物理的自然、生物学なら生物、歴史学なら歴史、言語学なら言語といったように。このようにそれぞれ自分固有の領域をもつ実証的学問は、ハイデガーによると、おのれの扱う事象が「何であるか」をあらかじめ規定しておかなければならない。このように、ある特定の領域に属する事象の「何であるか」を考察し、規定する営みが「領域的存在論」と呼ばれる。

例えば近代自然科学は、ガリレオ・ガリレイ(一五六四―一六四二)やデカルトによって自然の数量化を可能にするような仕方で自然の本質規定がなされたことに基づいている。近代自然科学は、時間、空間、運動、質量などといった根本概念についての独自の規定をもち、そうした根本概念によって、近代自然科学にとって自然がそもそも何を意味するかが画定されている。

ハイデガーは近代自然科学におけるこのような自然の本質規定について、あるところ（一九三八年の講演「世界像の時代」、『杣道』所収）では次のように述べている。「運動は場所の変化を意味する。いかなる運動や運動方向も他のそれに対して際立つといったことはない。あらゆる場所はあらゆる他の場所に等しい。いかなる時間点も他の時間点に対して優位を持たない。いかなる力もそれが運動、すなわち時間単位における場所の変化においてもたらした結果によって規定され、ということは、ただもっぱらその結果そのものである」(GA5, 78f.)。自然の本質をこのように均質な時間－空間内における質点の運動としてあらかじめ規定し、こうした本質規定に即して自然を捉えることによって、近代自然科学ははじめて可能になったのだ。

このことは、自然科学以外の学問にも当てはまる。あらゆる学問分野は自分自身の基礎として、自分が対象とする事象に関する根本概念を備えており、またその根本概念によって形作られた領域的存在論をもっている。逆にそのような領域的存在論がなければ、学問は自分が何を探求するのかも決定できず、そもそも学問として成り立つことはない。

このようにあらゆる実証的学問が領域的存在論を前提にしていることを確認した上で、

ハイデガーは個別的学問の基礎にあるこうした領域的存在論も、存在一般の意味が明らかにされない限り、素朴で不透明なものにとどまらざるを得ないと指摘する（SZ, 11）。実証的学問が取り扱う事象の本質を規定する領域的存在論は、さらに「存在一般の意味」への問いを前提するというのである。「存在の問い」は、このように各学問が依拠する領域的存在論そのものが、さらにその解明を前提にするという意味において「存在論的な」優先性をもつわけだ。簡単に言うと、「存在の問い」があらゆる学問探究に先だって問われなければならない。というのも、すべての実証的学問は、その問いに対する答えを前提としているからだ。

学問のあり方さえも変更する問い

以上の説明で、実証的学問が領域的存在論に基づいていることはとりあえず理解できたとしても、その領域的存在論のためにはさらに存在一般の意味の解明を必要とするというのは、いささか形式的で、抽象的な議論のように思われるかもしれない。ハイデガーはここではあまり具体的なことを述べていないが、彼が考えているのは、存在一般の意味をどのように理解するかが、科学的・学問的探求一般のあり方、その方向性を規定するということである。

本書の序論でも簡単に述べたように、西洋存在論は存在一般の意味を「現前性」と捉えている。言い換えれば、西洋存在論において「存在」とは何かが「眼の前に見出されること」、つまり「対象的に存在すること」と理解されている。そしてこのような存在の意味を前提とすることにより、各学問領域において扱われる存在者の存在も、対象的存在であることがすでに自明とされている。

しかし、存在者の存在は必ずしもつねに対象的存在であるわけではない。そのわかりやすい例として、ハイデガーがかつて「事実的生」と呼んでいた人間の存在、「実存」を挙げることができる。「実存」についてはすぐあとで詳しく論じるが、それはわれわれ自身の存在であり、眼前に存在する事物の存在とは違って、対象的存在ではありえない。このことからもわかるように、対象的存在という存在理解はけっして普遍的なものではない。それを前提とすることによって、むしろ固有のあり方が取り逃がされてしまうような、そうした存在者があるからだ。このような存在者の存在を捉えるためには、「存在の意味」そのものが別の仕方で理解される必要があるということだ。

このように、「存在の問い」の存在論的優先性という論点によってハイデガーが主張しているのは、「存在一般の意味」をどのように理解するかによって、学問のあり方がまったく変わってくるということだ。このように「存在の意味への問い」は学問の変革までをも視野に入れたものだが、この側面がハイデガーの後年の学問の刷新をめぐる言説、さらにはそれに基づいた大学改革論につながっていく。

ハイデガーの思索におけるこの側面がもっともはっきりした形で現れたのが、一九三三年の彼の学長就任演説「ドイツ大学の自己主張」で語られた大学改革論である。ハイデガーはナチスが政権を獲得した直後、フライブルク大学の学長に選出された。就任演説は一般には彼の時流迎合の産物としてその内容はこれまで過小評価されてきたが、そこでは基本的には右で見た『存在と時間』の学問論に基づいた大学改革の構想が示されている（この大学改革構想については、秋富克哉、安部浩、古荘真敬、森一郎編『ハイデガー読本』法政大学出版局、二〇一四年所収の拙論「学長ハイデガーの大学改革構想――『ドイツ大学の自己主張』」を参照）。

(c) 実存の根本的自覚としての「存在の問い」
人間の生き方にとってもっとも重要な問い

以上が「存在の問いの存在論的優先性」の議論だが、ハイデガーは「存在の問いの存在的優先性」についても語っている。今度はこの「存在的優先性」についての説明を見ることにしよう。

現存在（この語の意味は後に詳しく解説するが、とりあえずここでは、いわゆる「人間」のことと考えてよい）は存在者に関わっているとき、つねに何らかの仕方でその存在者の存在を了解している。この存在了解によって、存在者に対する現存在の関わり方も規定されている。そして存在了解は存在を了解することである以上、そのあり方は根本的には「存在一般の意味」をどう理解するかに依存する。

つまり、現存在が自分自身の実存について根本から自覚的であろうと欲すれば、それは究極的には「存在一般の意味」の解明に到らざるをえないのである。これが「存在の問い」が「存在的優先性」をもつということである。「存在論的優先性」が、実証諸科学にとって「存在一般の意味」の解明が必要不可欠であることを述べているとすれば、この「存在的優先性」は「存在一般の意味」を問うことが、われわれの生き方そのものを左右する重要な課題だということを言おうとするものである。

「存在の問いの存在的優先性」で問題になっているのは、「存在の問い」がその問いを問う存在者である現存在にとって、いかなる意義をもつのかということである。ハイデガーによると、現存在は存在を了解しているという点で、そうした存在了解をもたない他の存在者に対して卓越している（動物や石ころなどは存在了解をもたない）。

彼は「現存在は他の存在者と並んで現れるだけの存在者ではない」として、現存在の固有性を「自分の存在において自分の存在そのものが問題であるということ」に見て取っている。言い換えると、現存在は存在するにあたって、自分自身の存在を気に懸けており、つまりそのような仕方で自分の存在に関わっているということだ。このことは取りも直さず、現存在が自分自身の存在を何らかの仕方で理解していることを意味する。現存在は「自己をおのれの存在において了解している」のである（SZ, 12）。

現存在の本質は「実存」のうちにある

ハイデガーは現存在がつねに何らかの仕方で関わっているおのれ自身の存在を「実存（Existenz）」と呼ぶ。現存在の現存在たるゆえんは、まさにこの、おのれの存在に関わっている点にある。現存在とは異なる他の存在者については、その本質の規定はそれが「何（Was）」であるか、つまりその存在者がもつ主要な属性を挙げることによってなされる。そして伝統的な哲学も、存在者の「何であるか」をそのものの「本質」と捉えてきた。

今、私の目の前に机があるとすると、机の本質はそれが「何であるか」という規定によって示される。それに対して、現存在は各自がおのれ自身の存在に関わっており、さらに言えば、そのつどそのつどおのれの何らかのあり方を選び取り、決定していかなければならない。このように現存在は、そのつどそのつど「いかに（Wie）」存在するかを選択することによってそれ自身のあり方が規定されるという特徴をもっている（SZ, 12）。したがって、現存在の本質は事物の本質を規定するように、それを客観的な対象物として扱い、その「何であるか」を規定することによって捉えるわけにはいかないのだ。

もちろん、そのような仕方で現存在を扱うことも、そうしようと思えば可能である（例えば「二足歩行の動物」として定義できる）。もっともそうした場合には、私も私ではない他者も、みな「人間」として同じ本質をもち、その限りにおいては何の違いもないことになってしまう。ところが、人間の存在にとって最も重要なことは、まさに私とあなた、彼、彼女がそれぞれ違う存在だということ、すなわちそれぞれの個体性、個別性である。人間にとって他者と違うこと、その個別的性格はどうでもよいことではなく、むしろその存在の核心をなしている。そしてこの個別性は各自の「いかに」生きるかという生き方の選択に基づいている。ハイデガーはこのことを「現存在の『本質』は、現存在の実存のうちにある」（SZ, 42）と表現する。

なぜ「人間」ではなく「現存在」なのか

実は今見てきたような点に、ハイデガーが通常、「人間」と呼ばれる存在者に言及する際に、「人間」という言葉をあえて用いず、「現存在」という言葉を使う理由もある。現存在、「ダーザイン（Dasein）」はドイツ語元来の意味としては、「現にある」とか「生存する」を意味する。「神の存在証明」というときの「存在」も、ドイツ語では“Dasein”である。この“Dasein”の“da”は「そこ」を意味し、日常でも普通に使用されるドイツ語だが、『存在と時間』ではこの語も術語としてしばしば現れ、訳語としては「現存在」に対応する形で「現」が使用される。この「現」は各自にとって開かれた状況、つまり各自固有の状況、そうした意味での「そこ」を指している。

現存在という術語には、まさにわれわれ各自がそれぞれ固有の状況のうちに置かれており、その状況の中で対処を迫られているという意味が込められている。われわれは困難な状況に陥った他人に、「ああすればよい」とか「こうすればよい」とアドバイスすることがあるかもしれない。しかしわれわれが何を言おうと、結局すべては彼の問題でしかないのも事実である。各自はそれぞれ異なった状況で、異なった課題に直面し、それを自分自身で責任をもって処理していかなければならないのだ。

先ほど「存在の意味への問い」の導入に当たって、ハイデガーが「存在とは普遍的で定義不能で空虚である」という西洋存在論の先入見を問題視していたことを見た。「存在の問い」におけるハイデガーのひとつの強調点は、この現存在についての説明に示されているように、現存在は存在するときには各自の状況へと個別化されており、その意味でその存在は普遍的なものには解消されず、「私のもの」として個別的な性格を帯びているということにある。人間の本質について、例えば「二足歩行の動物」というように一般的な規定を行っても、各自はそれぞれ自分にとっての個別的現実、「現」と向き合い、そのなかで自分のあり方を決定しなければならないという事実はつねに残る。人間についての一般的な規定はこのような、現存在にとって最も本質的なものであるはずの個別性を汲み取ることができないのだ。

このように、現存在の存在（実存）を捉えられないことを西洋の伝統的存在論の限界と見なすのは、一九二〇年代前半の「事実性の解釈学」以来の問題意識である。こうした実存の構造、すなわち「実存性」を具体的に分析していくことが、『存在と時間』では「実存論的分析」と呼ばれている。『存在と時間』の公刊された部分、すなわち第一部第一篇、第二篇では、まさにこの実存論的分析が行われている。

「実存」のさらなる根拠へ

だが、話がこれだけであれば、『存在と時間』の議論は、伝統的存在論が現存在の存在を捉えられないことを指摘し、実存論的分析（かつての「事実性の解釈学」）によって、モノ、事物のあり方とは区別される現存在に固有のあり方を際立たせるという比較的単純な構図に収まるだろう。実際に論文「時間の概念」や一九二五年夏学期講義『時間概念の歴史への序説』あたりまでは、そのような構図で議論が進められている。しかし『存在と時間』では、事物の存在を基準とした伝統的存在論に現存在の分析を対置するという以前からの構図に、「存在一般の意味への問い」という別の問題設定が加わることによって、議論がさらに重層化していく。

先ほど見たように、『存在と時間』において、現存在はおのれ自身の存在に関わり、言い換えれば、おのれの存在を了解している存在者と規定される。ところで、この「おのれの存在」が、これも右で述べたことだが、何らかの仕方でおのれの「現」のうちにあることだとすれば、おのれの存在の了解とは、自分自身がそのうちに置かれている「現」、すなわち自分固有の状況の了解を含んでいることになるだろう。そしてこの、「現」のうちにあるということは、実際上は、そうした状況のうちで出会うさまざまな存在者、例えば道具や他者などに何らかの仕方で対処することを意味するだろう。つまり現存在がおのれの存在に関わるというときの「おのれの存在」とは、今述べたように、実質的には自分以外の存在者に関わっているというあり方を取っているのである。

そもそも現存在が自分以外の存在者と関わることは、これもすでに述べたことだが、現存在がその存在者の存在を了解していることに基づいている。この存在了解によって、現存在が存在者と関わることが可能となり、またその関わりのあり方も規定されてくる。したがって現存在の存在を明らかにしようとする際、自分ではない存在者に関する存在了解が、おのれの存在を規定するものとして、おのずから視野に入ってくる。つまり現存在の存在論は、必然的に現存在が他の存在者についてもつ存在了解の解明を必要とするのだ。

現存在の存在は、それを問うていくと、自分以外の存在者の存在を問うことへと底が抜けていくというような事態がここにはある。こうして現存在の実存論的分析そのもののうちには、現存在が関わりをもちうる他のあらゆる存在者の存在の解明が含まれることになる。こうした意味で、ハイデガーは現存在の実存論的分析を「そこからほかのすべての存在論がはじめて生まれ出てくる」ものとして「基礎存在論」と名づけるのだ（SZ, 13）。

ほんとうに個別性を捉えるには

先ほど現存在の存在、すなわち実存が、本質上、個別的なものであり、「各自のもの」という性格をもつことを指摘した。この実存の個別性は、繰り返しになるが、突き詰めると各自が直面している「現」、状況の個別性に由来する。そしてその状況がそのうちに出来する数々の存在者によって形作られているとすれば、状況の個別性は、その内部にあるさまざまな存在者の布置の一回性に帰着する。したがって実存の個別性は、それを突き詰めれば、われわれがそのつどそのつど関わっている存在者が他の存在者とともに形作っているその状況の個別性、一回性に由来することになるだろう。

　私が飛んでいる鳥を見るとしよう。そのように鳥が飛んでいることは、ある特定の周囲の環境における一回限りの出来事だ。このように、飛ぶことにおいて鳥が周囲の存在者と形作っている一回的な状況が、その状況の内部におのれを見出す私の存在を一回的なものとして規定する。すなわち私の存在の個別性は、根本的には私が関わっているさまざまな存在者の存在が形作っている状況の個別性に基づいているのだ。

　さて、われわれはこのように飛ぶものとして現象する鳥について、「鳥は〜である」といった形で、さまざまな観点から述語的規定を行うことができる。こうした述定を行うとき、われわれは鳥をある固有の環境の中で飛んでいるという一回的な出来事からは切り離し、その鳥をある一般的な述語のもとに包摂している。つまり「〜である」による存在規定は、「実体」として捉えられた存在者について一般的規定を行うにすぎない。「〜がある」も同じである。というのも、「〜がある」は、眼前に現れている限りでのいかなる存在者についても無差別に語ることができるからだ。つまり伝統的存在論で問題とされてきた「〜である」と「〜がある」は、どちらも存在者をその個別性においては捉えることができず、単に一般性において捉えるものでしかなかったのだ。

　ちなみにハイデガーが「頽落（Verfallen）」と呼んでいる現存在のあり方は、ある存在者を他のさまざまな存在者との関係から切り離された「実体」と捉えることにより、その存在者が周囲の存在者との関係において存在するという、出来事の一回性を見失った様態を指している。おのれ固有の状況を見失い、そのことによって、おのれの実存の固有性、個別性を喪失している状態のことである。

以上で確認したのは、「存在一般の意味」をどのように理解するかが、現存在のあり方を左右するということだ。つまり「存在一般の意味への問い」は、現存在のあり方そのものを規定する問いであるということだ。その問いはわれわれの生の意味を照らし出す問いだと言ってもよい。ハイデガーが「存在の問いの存在的優先性」について語るときには、まさにこのような連関を念頭に置いているのである。

われわれはここまでで、ハイデガーが『存在と時間』序論において「存在の意味への問い」を問うことの意義について、どのように語っているのかを見てきた。プラトン、アリストテレスによる存在の探求以来、「存在の問い」は西洋哲学史において忘却されてしまった。しかもそれと軌を一にして、「存在はもっとも一般的で空虚な概念である」という見解が支配的になった、こうハイデガーは主張する。

「存在の問い」において、この支配的な存在概念が疑問視されていることはいうまでもない。そしてこうした伝統的な存在概念では現存在の実存の固有性を把握できない点がまずは問題とされる。現存在のそのような存在性格は、現存在がそのつどそのつど関わっている存在者の存在の個別性、一回性に基づいている。したがって「存在」を一般的なものとしか捉えられない在来の存在論は、今述べたような、現存在ではない存在者の存在性格も実は同じように取り逃がしているのである。

純然たる事物を基準に取る伝統的な存在概念に対して、現存在の実存の固有性を対置すること自体は、すでに一九二〇年前後から「事実性の解釈学」という形で行われてきた。また現存在ではない存在者の存在、例えば道具の存在を伝統的存在論の存在概念には依拠せずに規定することも、『存在と時間』以前のすでに早い時期から遂行されていた。そうした問題設定が「存在一般の意味への問い」という包括的視点のもとに位置づけられるのが『存在と時間』の新しさである。

しかし『存在と時間』には、現存在の存在の固有性を捉えようとする「事実性の解釈学」という旧来の問題設定もまだ根強く残っており、こうした「存在一般の意味への問い」と「事実性の解釈学」という新旧の課題が緊張関係をはらみつつ併存しているのが、『存在と時間』における存在問題の定式化の特徴である。このように「事実性の解釈学」という古い問題設定から「存在一般の意味への問い」という、より新しく包括的な問題設定へと移行していく過程が、ちょうど『存在と時間』の執筆時期と重なっている。本書第五章で見ることになるが、『存在と時間』の書き換えも、まさに存在問題の旧来の課題に新しい課題を接合していく努力の一環として行われた。またそうした新旧の問題設定をひとつの著作にまとめ上げるという試みが破綻したために、『存在と時間』は最終的には未刊に終わることになったのだ。

2.「存在の問い」の二つの課題

(a)「存在一般の意味の解釈」と現存在の実存論的分析

「問い方」の難しさ

以上、「存在の意味」を問う必要性をハイデガー自身がどのように説明しているかを概観した。そうすると、「存在の意味への問い」は、実際にはどのように遂行されるのだろうか。

ハイデガーは『存在と時間』序論第二章「存在の問いの仕上げにおける二重の課題　探求の方法とその概要」で、同書において「存在の問い」が実際にどのように展開されるのかを概略的に示している。第二章の最初の二つの節は、第五節「存在一般の意味の解釈のための地平をあらわにすることとしての現存在の存在論的分析」、第六節「存在論の歴史の破壊という課題」と題されている。そしてこのそれぞれが、第二章の章題で述べられている「存在の問いの仕上げにおける二重の課題」に対応している。本書では以下で、この二つの課題についてのハイデガーの説明を順に取り上げ、そのことをとおして『存在と時間』が「存在の意味への問い」を具体的にどのような形で展開する予定だったかを確認しておきたい。

すでに『存在と時間』の第一章で、現存在が「存在の問い」において特別な地位を占めており、「存在の問い」は現存在の存在を主題とする実存論的分析から出発しなければならないとされていた。しかしハイデガーによると、現存在の存在を探求することにはある独特の難しさがある。なぜなら、現存在は自分の存在について、あらかじめ何の前提ももたないというわけではなく、実はすでにある特定の存在論によって規定されているからだ。しかもそれが本質的に不適切なものであるために、現存在の存在にふさわしい存在論を確立するためには、自分たちが暗黙のうちに受け入れている存在論の不適切さをまずは自覚することから出発しなければならない。

現存在がさしあたり自分の存在に関する不適切な解釈によって規定されているのは、ハイデガーによるとけっして偶然のことではなく、むしろ現存在のあり方そのものに根ざしたことである。現存在は自分の存在を解釈するときに、自分がもっとも身近に出会う存在者、すなわち事物を基準にして、自分自身の存在を解釈するという本質的な傾向をもつからだ。簡単に言うと、自分自身をも目の前に見出されるさまざまな事物と同じように捉え、自分の存在を事物の存在に準じた仕方で規定してしまうということだ。

しかしもちろん、現存在は事物ではないし、その存在も眼前に見出される事物の存在と同じように規定することはできない。

現存在は、それに対して事物が現れてきて、そのようにしておのれに対して現れてきた事物に対して関わるというあり方をもつ点において、事物とはまったく異なったあり方をしている。現存在とはそこにおいて事物が現れてくる「場所」であり、そうした意味で事物に開かれている。先ほど「現」と呼ばれていたものも、まさにそのうちでさまざまな存在者が現象するこの「場所」のことを意味している。

こうした現存在の性格は、伝統的には「意識」などと表現されてきた。しかし意識という語を使うと、意識の内部と外部という区分とともに、意識の内部が外部にどのように関係しうるのかという認識論の問題設定に引き込まれてしまうため、ハイデガーは意識という伝統的術語からはあえて距離を取る。そして現存在は「現」、つまり「世界」のうちに存在すること、その意味でつねに「外」にあることを強調する。ハイデガーが、現存在は「世界－内－存在（In-der-Welt-sein）」という根本構造をもつというのは、まさに今述べた点を明示するためである(SZ, 41)。

先ほども述べたように、現存在は事物ではなく、むしろそうした事物が現れてくる「場所」であり、そうした意味で「現」である。このように他の存在者が現れてくる「現」を担い、より正確に言うと、そうした存在者が現れる場所である「現」そのものとして存在するということが、現存在が単なる事物の存在からは区別される点であり、それゆえに、またそのことが現存在の本質をなす。しかし現存在はさしあたり、自分がそうした存在者の現れの場であることを意識せず、むしろ自分自身も「現」のうちに現れてくる他の事物と同じものであるかのように捉えている(ここで先ほど言及した現存在の「頽落」が生じている)。

このように、現存在の自己理解が、自分に対して現れてくる事物のあり方にひきずられてしまうという避けがたい傾向をもつとすれば、この現存在の実存論的分析はどのように行われるべきなのだろうか。もちろん出来合いの存在概念、例えば事物の存在に適用されるカテゴリーを現存在に適用することは論外だ。そうではなく、現存在解釈は「この存在者がおのれ自身に即して、おのれ自身の方からおのれを示すような」やり方でなされなければならない、こうハイデガーは注意する。

こうして実存論的分析の基本的な方針が示された。この実存論的分析が実際にどのように遂行されるかは、本書第三章以下で見ていくことになるだろう。しかし『存在と時間』

の課題はこのような、現存在の存在の分析に尽きるわけではない。すでに述べたように、『存在と時間』の目標は「存在の意味への問い」を仕上げることにあった。すなわち現存在の実存論的分析は、現存在が存在了解をもつ限りにおいて、つまり現存在が自分の存在、ならびに自分以外の存在者の存在の了解をもつ限りにおいて、こうした存在了解を手がかりとして「存在一般の意味」を解明するために行われるのだった。現存在の分析は、あくまでも「存在の意味への問い」の予備的考察としてなされるものにすぎないのだ。

「存在の意味」としての「時間」

このことは序論第二章第五節の「存在一般の意味の解釈のための地平をあらわにすることとしての現存在の存在論的分析」という題名にも明確に示されている。この「存在一般の意味の解釈のための地平」が、本書の序論でもすでに触れたように「時間」である（なお「地平」とは現象学の用語である。ある事物の現れは、今、注視されているその現れが予期させる背景、周囲などを伴っている。この背景、周囲が現象学的には「地平」と呼ばれている）。現存在の実存論的分析は、今述べた意味での「時間」を、はっきりと表立たせるために行われる。そうだとすると、現存在とこのような時間とは、どのような関係にあるのだろうか。

すでに前節で述べたように、現存在は存在を了解するという仕方で存在している。そして本書の序論でも述べたように、存在は時間に基づいて理解されているというのが『存在と時間』の根本テーゼである。

例えば伝統的な存在論においても、存在は「現前性」、つまり「今、目の前にありありと現れていること」であることが暗黙のうちに前提とされ、そのようにして、時間が存在の意味を規定する観点として機能していた。こうした存在了解における時間の役割を指して、ハイデガーは時間を「存在一般の意味の解釈のための地平」と呼んでいる。

ところでその際、存在を時間に基づいて了解しているのはまさに現存在である以上、現存在は存在を了解するにあたって、了解の地平としての時間につねに関わっていることになる。存在了解のうちに潜む、時間に対する現存在の関わりを明らかにすること、これが実存論的分析の究極的な目標とされる (SZ, 17)。

「存在の意味が時間である」というとき、そこで「時間」と呼ばれているものは、存在了解の地平という意味で理解されている。しかしハイデガーは、このような時間理解はアリストテレスからベルクソンに至るまでの既存の時間論における時間理解とはまったく異質なものであることに注意を促す。このような、「通俗的時間理解」から区別された、存在の意味としての時間を理解することが、『存在と時間』全体を理解する鍵となる。しかし、この「存在了解の地平」が時間であるとは、いったいどのようなことを意味するのだろうか。この点については、右でも簡単に触れたが、ここでは問題の所在をより明確にするために、さらに『存在と時間』序論のハイデガーの説明を見ることにしよう。

彼はまず、既存の哲学においても存在者の領域を区別するために、時間が暗黙のうちに基準とされてきたことに注意を促す。例えば「時間的」存在者（自然、歴史現象）と「非時間的」存在者（空間的、数的関係——要は数学的存在）を対比するというようにである。フッサールの現象学などでも、意識によって志向された命題の意味が「無時間的」であるのに対して、命題を言明するという志向作用そのものは「時間的」だと規定されている。しかし、時間が存在者の領域を区分する際の基準として利用されてきたことはこれまでもたしかにあったとしても、時間がなぜそのような存在論的機能をもつのか、いかなる権利をもって時間がそのような基準として使用されるのかは問われたことはなかった。むしろそうした時間の機能は、無条件に自明のものとして扱われてきた、こうハイデガーは指摘する。それに対して、彼は「存在の意味への問い」においては、「すべての存在論の中心的な問題が、正しく見て取られ、正しく解釈された、時間という現象に根を下ろしているということ、またどのように根を下ろしているかということ」が示されなければならないと主張する（SZ, 18）。

「存在のテンポラリテート」

ハイデガーは、存在は時間という観点から規定されているという点において、「時間的(zeitlich)」であるという。しかし通常「時間的」という言葉は、存在者が「時間のうちにある」ことだと理解される。つまり、そこでの「時間」は、事物がそのうちに存在する容れ物や箱のようなものとして表象される。そこで従来の「時間的」という語とは異なる意味をもつことを示すために、ハイデガーは「存在の意味が時間によって規定されていること」をラテン語で「時間」を意味する"tempus"から派生した語を用いて、存在の「テンポラールな(temporal)」規定、すなわち「存在のテンポラリテート(Temporalität des Seins)」と呼ぶことにするという。「存在のテンポラリテート」とは要するに「存在が時間によって規定されていること」を意味するのだ。こうして「存在の意味への問い」に対する答えは、「存在の意味」が時間であること、すなわち「存在のテンポラリテート」を明らかにすることだとされる。

ハイデガーの「時間」に向けられた関心は、「事実性の解釈学」の枠内で、事実的生を「時間的な」、すなわち「歴史的な」存在として捉えるのがもっとも初期の姿である。伝統的存在論はプラトンのイデアの規定にもみられるように、存在を「つねに現前していること」、すなわち「恒常的な現前性」として理解し、生成変化を存在とは対立するものと捉えてきた。このような伝統的存在論を基盤にしていては、本質上、時間的性格をもった事実的生を捉えられないというのが、「事実性の解釈学」におけるハイデガーの基本的立場だった。こうした議論を引き継いで、『存在と時間』の実存論的分析で最初に遂行されるのも、現存在の存在を「時間性」としてあらわにしていくという作業になる。

しかし先ほども述べたように、現存在とは各自固有の状況という意味においての「現」のうちにおのれを見出すものだとすると、現存在の時間性はその「現」の時間的性格と何らかの形で結びついていることが予想されるだろう。現存在はこの「現」のうちで現れてくる存在者にそのつどそのつど何らかの仕方で関わっており、その関わりはそうした存在者の存在の了解に基づいている。

そして右で指摘したように、一般に存在了解とは存在を時間という観点から理解することだった。これは別の言い方をすれば、現存在がそこで関わっている存在者の存在そのものが、何らかの時間的性格によって特徴づけられるということだ。このように現存在の時間性は、それを突き詰めていくと、現存在がそのうちにおのれを見出す「現」の時間的性格、より具体的にはその「現」に現れる存在者の存在の時間的性格に基づくことが明らかとなる。

こうして現存在の時間性の探求は、おのずと「存在一般」の時間的性格の解明へと導かれていく。このとき「事実性の解釈学」、すなわち現存在の存在論という従来からの問題設定に対して、「存在一般の意味の解釈」という問題設定が表に出てくるようになり、さらにこの「存在一般の意味の解釈」が現存在の存在そのものを根拠づけるものとして、現存在の存在論に対して優位を占めるようになるのである。

あとで詳しく見ていくが(第五章)、現存在の存在の究明が存在一般の意味の解明を必要とすることが明確に自覚されるようになったのは、一九二五年終わり頃から一九二六年初頭にかけてのカントの超越論的哲学との取り組みをその契機とする。そしてそうした洞察が、ちょうどその直後に始まる『存在と時間』の清書稿の執筆の際に、同書の問題設定のなかに取り込まれていく。この新たな問題設定に対する理解は『存在と時間』執筆中にもさらに深まっていき、現存在を時間的-歴史的存在とする古くからの問題意識に基づいた定式化と齟齬(そご)を来すようになってきた。そこで『存在と時間』の論述の一貫性を何とか保つために、印刷途中で書き換えが行われた。そしてまさに、この書き換えの試みが失敗に終わったことが、最終的には同書の後半部の刊行の断念につながるのである。

(b) 存在論の歴史の破壊

伝統的存在論を批判する

以上で『存在と時間』の第一部の課題である「存在一般の意味の解釈」でどのようなことがなされるかに関する、ハイデガー自身による予告を概観した。この第一部はまさに「存在の意味への問い」に対する回答がなされるはずだった箇所で、その意味では『存在と時間』という書物の中心部分をなしている。『存在と時間』の「体系的」部分の内容がこのようにして、序論の第五節「存在一般の意味の解釈のための地平をあらわにすることとしての現存在の存在論的分析」で予告されているわけだ。

この序論第五節に続く、次の第六節「存在論の歴史の破壊という課題」では、『存在と時間』の第二部、いわゆる「歴史的」部分の内容予告がなされている。「存在論の歴史の破壊という課題」では、第一部の「存在の問い」において達成された成果を踏まえて、伝統的存在論の吟味が行われる。これは伝統的存在論がどのような存在者を自身の主題として想定し、またそうした存在者についてのどのような根本経験に基づいているのかを明らかにすることによって、伝統的存在論の本来の適用範囲とその限界を明確にしようとする試みである。

この「歴史的」考察は、「存在の問い」において既存の存在論を無自覚に踏襲することを予防するという意味があり、その点では第一部の「存在の問い」の「体系的」考察の前提となるべきものである。しかし、この「存在の問い」によって明らかになった根源的な存在了解の可能性に立脚して、はじめて既存の存在論の限界も十分に示すことができるのだとすれば、第二部の「歴史的」考察は、第一部の「存在の問い」を前提にしているとも言える。このような「存在の問い」における「体系的」部分と「歴史的」部分が相互にお互いを前提しあう関係をハイデガーは、アリストテレス論の執筆の頃にはすでに意識していた。そして、こうした関係についての意識は、『存在と時間』、さらにはそれ以降の彼の思索の根本的特徴であり続けるだろう。

今、既存の存在論の限界と述べたが、それはいったいどういうことなのだろうか。

現存在の存在を捉えることの難しさを説いていた箇所では、現存在が自分自身をおのれ固有の存在に即してではなく、さしあたりは「世界」のほうから解釈し、つまりおのれもまた世界に出来するさまざまな存在者の一つであるかのように解釈する傾向をもつことが指摘されていた。これは単に現存在がその日常において、このような傾向をもつという意味だけではない。この傾向は、存在論のあり方をも規定するようになり、伝統的な存在論は存在者の存在を問題にするとき、まずは眼前に見出される存在者を基準にして、そこから存在概念を汲み取ることになった。そうした存在者こそが、何といってもわれわれにとってはもっとも身近な存在者だからである。

のみならず、現存在を学問的に取り扱う際にも、現存在を世界のうちで出会う存在者であるかのように扱って考察を行う。しかし現存在はわれわれが目の前に見出す事物とはまったく異なった存在様式をもつのだから、それと同一視していては、現存在をそれ固有のあり方で捉えることは絶対にできない。こうして今日、われわれは、今述べたような性格をもつ既存の存在論や現存在解釈に支配されているために、現存在の固有の存在を取り逃がしてしまっているのである。

このように、「存在の意味への問い」は何のしがらみもないところから出発するわけでなく、自明となった伝統的存在論によって、さしあたりその方向性を定められている。その意味では「過去」によって規定され、すなわちそれ固有の歴史性を背負っている。それゆえ「存在の問い」を具体的に問うためには、われわれ自身が伝統的存在論によって規定されていることを自覚し、そうした存在論的伝統の限界をまずは意識する必要がある(SZ, 21)。伝統的存在論の限界を自覚できれば、われわれがそのつど取り上げる事象の存在に即した存在論を独自に構築する可能性も開かれてくるのである。

しかし、「存在の問い」の歴史性はこれまでには十分に意識されるには至らなかった。それどころか、伝統的な存在論的概念がどのような存在者についてのどのような経験から汲み取られてきたかが忘れ去られてしまい、そのようにして自明とされてしまっている、そうハイデガーは批判する。

このことがなぜ問題なのかといえば、元来、眼前に存在する事物だけにしか適用できない存在論がおのれ自身の由来を忘却し、単なる事物とは異なる存在様式をもつ現存在に対しても無自覚に適用されてきたからだ。もちろん西洋哲学史上、現存在も、デカルト的な「われ思う」、「主観」、「私」、「理性」、「精神」、「人格」といったさまざまな形で主題化されてきたことも事実である。しかし、結局それらの存在がいかなるものかについては深く掘り下げられないまま、伝統的存在論のカテゴリーが無自覚に適用されてきた、こうハイデガーは批判する（SZ, 22）。

ハイデガーによればこのように、西洋の伝統的な存在論はギリシア以来、存在一般を「世界」のほうから了解している、すなわちわれわれの目の前に見出される事物から存在概念を汲み取っている。彼はこう述べることで、そうした存在論がそれ自体として誤りだと主張しているわけではない。存在論が自分の限界をわきまえて、自分自身がそこから汲み取られてきた領域、すなわち事物的な存在者に限定して適用されている限りでは、とくに問題はない。しかし存在論がそれ自身の限界を越えて、現存在の存在にまで無自覚に適用されると、その存在論は現存在の存在を明らかにするどころか、むしろ誤認させてしまうのだ。

「破壊」の意味するもの

このように西洋の存在論が、現存在ではない存在者の存在経験からすくい取られたものであり、それゆえ現存在の存在に適用すべきでないことは、実存論的分析を行うにあたって十分に意識されなければならない点である。そのことに加えてハイデガーは、伝統的存在論は世界のうちに現れる存在者についての存在論としても特殊で限定的であるために、「存在一般の意味への問い」は西洋の伝統的な存在論に依拠すべきではないとする。

例えばわれわれが日常的に使用している道具、さらには動物、植物といった生物なども、伝統的存在論はそれ固有の存在において捉えることはできない（だからこそ、ハイデガーは『存在と時間』で「道具存在」の分析を行うのだ）。こうして「存在の問い」を遂行するに当たっては、これまで存在論として自明視されてきたものの限界を意識すること、すなわち「硬直化した伝統を解きほぐし、伝統によってもたらされた数々の隠蔽をひきはがしていくこと」がまずは必要だとされる（SZ, 22）。ハイデガーはこのような手続きを「存在の問いを手引きとして、（……）古代存在論の伝統的在庫を破壊すること」として、「存在論の歴史の破壊」と名づけている（SZ, 22）。

こうした「存在論の歴史の破壊」は、先ほども述べたように、単に伝統的存在論を無効だと退けることではない。その「破壊」は、伝統的存在論がどのような種類の存在者に関する、存在のいかなる根本経験から生じてきたのかを明らかにすることにより、その可能性と限界とを共に示し、そのことによって伝統的存在論を無自覚に一般化することを避けようとするものなのである。つまりこの「破壊」は、伝統的存在論そのものを破壊するというよりは、その無自覚な自明視を破壊することだと言えるだろう。

この「存在論の歴史の破壊」は、序論第八節で示された同書の梗概によると、『存在と時間』第二部で行われることになっていた（梗概については、本書三五四頁に示しておいたので、そちらを参照）。しかしながら、これまで繰り返し述べてきたように、この第二部を含んだ『存在と時間』の後半部は刊行されなかった。もっともその内容については、先ほど取り上げた序論第六節で概要が示されており、同時期の講義、著作などでもその内容に関係する議論が展開されているので、ハイデガーが論じようとしていた事柄を知るのはさほど難しいことではない。本書でも『存在と時間』の未完部分の内容について論じる第五章で、その骨子を示すことになるだろう。

『存在と時間』の成立までに到る歴史的経緯を扱った本書第一章では、ハイデガーがすでに早い時期から、自身の哲学的企図を体系的－歴史的なものとして捉えていたことを指摘した。『存在と時間』も基本的にこの構図を引き継いでおり、第一部で体系的側面が、第二部で歴史的側面が扱われることになっていた。ハイデガーは『存在と時間』序論の第五節と第六節で同書の第一部と第二部、それぞれについての内容予告を行っているが、本章ではそのあらましを紹介し、そのことをとおして『存在と時間』全体の枠組みをあらかじめ把握することを試みた。

こうして本章では、『存在と時間』の序論の説明に沿った形で、まず「存在の問い」を問うことの必要性を示し、次に「存在のテンポラリテートの解明」と「存在論の歴史の破壊」という『存在と時間』の二つの課題が意味するものについて概観した。そこで以下では章を改めて、いよいよ『存在と時間』本論の具体的内容を見ていくことにしたい。すでに述べたように、『存在と時間』の既刊部分で議論されているのは、現存在の存在論、つまり実存論的分析だけなので、以下でも基本的にその内容が取り上げられることになるだろう。

第三章　現存在の存在の分析

1920年代のハイデガー

第一部第一篇

前章では『存在と時間』序論の内容に沿って、「存在の問い」を問うことの必要性、またその問いが実際にどのような形で展開されるかについてのハイデガーの説明を見た。そこでは「存在の問い」においては、まず現存在の分析が優先されるべきことが強調されていた。つまり現存在は存在了解をもつ存在者であるため、存在を問う場合には、あらかじめ現存在の存在が解明されていなければならないというのである。

現存在は自分以外の存在者が現れてくる「場」なのだから、現存在の存在の探求は、「現」のうちに現れる存在者の存在の探求を含むことになる。つまり現存在の存在論のうちには、現存在以外の存在者の存在論も原理上、含まれている。だからこそ現存在の実存論的分析はあらゆる存在論の基礎にもなるとされ、そうした意味で、「基礎存在論」と名づけられたのだった。

この現存在の実存論的分析は、『存在と時間』ではその第一部第一篇「現存在の準備的な基礎分析」と第二篇「現存在と時間性」でなされている。『存在と時間』はこの第一部第二篇までしか刊行されなかったので、現行の『存在と時間』は、序論を除くその全体がこの現存在の実存論的分析に割り当てられていることになる。

『存在と時間』第一部第一篇第一章「現存在の準備的分析という課題の提示」では、現存在の存在、すなわち実存についての準備的な分析が行われる。そこでハイデガーは、自分が実存と呼んでいるものが、人間学や心理学、生物学といった既存の学問においてはこれまでまったく主題化されたことがなかったことを指摘する。続く第二章「現存在の根本構造としての世界‐内‐存在一般」で、現存在の存在を「世界‐内‐存在」と規定する（SZ, 54)。そして第三章「世界の世界性」では、「道具」と、その存在を可能にする「世界」の分析がなされる。

この現存在という術語には、そう名づけられた存在者が各自固有の状況、すなわち「現」のうちにおのれ自身を見出しているという意味が込められていることを指摘したが、第一篇第三章の「世界」の分析では、この「現」を、分節化された構造として捉えようとする。ハイデガーは世界の構造を、その世界のうちでわれわれがもっとも身近に出会う存在者である「道具」の存在を糸口として明らかにしようと試みる。

西洋の伝統的存在論では、道具を道具たらしめている固有の存在様式を捉えることができない。『存在と時間』の道具分析は、伝統的存在論のそうした限界を浮き彫りにするとともに、道具という具体的な存在者に即して、存在の分析が現象学の手法を用いて行われる。この道具と世界性の分析は、『存在と時間』の中でも人々にもっともよく知られた箇所だろう。しかしそのこともあって、これまでの『存在と時間』解釈は、この道具分析にあまりに囚われすぎていた嫌いがある。そうした解釈は、現存在の分析が『存在と時間』全体のうちで占める位置、すなわちそれが「存在一般の意味への問い」に答えるための前段階でしかないことをまったく無視してしまっている点において問題である。したがって本書では、『存在と時間』における実存論的分析の基本構造を捉えることを優先し、道具と世界性の分析はその議論に必要な範囲で後ほど簡単に取り上げるにとどめたい。

その次の『存在と時間』第一篇第四章「共存在と自己存在としての世界-内-存在。ひと」では、現存在の自己とは何であるかが問われている。しかしその章は、一般にはむしろ、ハイデガーが「他者」や「ひと」について論じている箇所としてよく知られているだろう。現存在の世界-内-存在には、本質的に他者と「ともに存在する」ことが含まれている。そして現存在の自己のあり方は他者との関係のもち方に規定されるため、その章では他者との「共-存在」が主題化されることになり、ハイデガーの他者論が展開されることになる。他者との関係性によって定まってくる自己のあり方の二つの様態が、本来性と非本来性である。したがって、本書ではこのハイデガーの自己論と他者論を含む第一篇第四章の内容については、本来性と非本来性を扱う次章で取り上げることにする。

「内‐存在」を現象学によって分析する

『存在と時間』では自己存在と他者の存在について論じられたあとで、今度は第一篇第五章「内‐存在そのもの」で、世界‐内‐存在としての現存在がいかなる仕方で世界のうちに存在するかという点が、「内‐存在」として考察される。現存在は世界のうちに存在するといっても、事物が箱に入っているような仕方で世界のうちにあるわけではない。本章でこれから取り上げるのは、現存在の実存論的分析の主要部分をなす、この現存在固有の「うちにある」こと、すなわち「内‐存在」の分析である。

ただしその際、『存在と時間』の議論の流れからは少し離れて、内‐存在をフッサール現象学における「志向性」概念の深化と捉えることによって、その哲学的意義を明確にするという方法を取ることにしたい。こうすると、ハイデガーの内‐存在という規定の特色がはっきりしてくるし、さらに彼が存在論の方法を現象学と規定することの意味も明らかになる。本書ではこうした作業のあとで、ふたたび『存在と時間』の内容に立ち返り、内‐存在を構成する諸要素、すなわち「情態」、「了解」、「語り」についてのハイデガーの説明を見ていくことにしたい。

ハイデガーは内‐存在の分析によって、現存在の世界‐内‐存在を構成する契機すべて（世界、自己、内‐存在）の解明を終えてから、『存在と時間』第一篇第六章「現存在の存在としての気遣い」で、現存在の存在を「気遣い」と定義する。そして現存在の存在を気遣いとする際に手がかりとするのが、現存在の存在を根源的に開示するとされる「不安」という情態である。つまり不安において、現存在の存在する意味がおのれの（よき）あり方を気遣うこととしてあらわになるというのだ。本章ではハイデガーの議論の流れにしたがって、まず「不安」の分析を紹介し、その上で「気遣い」が何を意味するのかを見ていくことにしたい。その際、『存在と時間』における不安や気遣いの概念が、キリスト教人間学に由来することがとくに強調されるだろう。

1．開示性の構造

(a)　志向性から開示性へ
現象学とは

ハイデガーは「存在の意味への問い」を現象学的方法を用いて行うと述べている（SZ, 27）。現象学は、彼の師であるフッサールによって始められたものである。しかし現象学と存在論という組み合わせはハイデガー独自のものである。現象学と存在論を結びつけたことにより、ハイデガーは現象学と存在論それぞれに深化をもたらした。すなわち、彼が

「存在」と呼んでいる事象に対するアプローチは、現象学によってはじめて可能になるのである。しかし他方、現象学が扱う事象を新たに「存在」と規定し直すことには、フッサール現象学の批判的な克服という意味もある。このようにハイデガーの「存在の問い」は、フッサール現象学に対しては、依拠と離反というアンビバレントな関係をもっている。

今も述べたように、ハイデガーは現象学が記述する事象を「存在」とした。フッサールの始めた現象学を存在論の方法として捉え直した点にハイデガーの現象学理解の独自性がある。現象学とはその名のとおり、「現象」を記述する学である。もともとフッサールの現象学とは、意識の基本構造としての「志向性（Intentionalität）」を、そのさまざまな様態において記述するものだった。

「志向性」とは、「意識はつねに何かについての意識である」ということ、すなわち意識は何かに向けられているという性格をもつことを指している。例えば知覚、想像、想起は意識の異なった様態だが、それらはいずれもある志向する対象をもっている。それは、そうしたさまざまな意識様態が志向的性格をもつことを示すものである。

現象学はこのような志向性を記述することを目ざすが、志向性を記述することとは、志向性が必ずその対象をもつ以上、その対象が志向的意識に対してどのように現象しているかの記述を含むことになる。先ほどの例では、知覚、想像、想起はそれぞれ異なった性格をもつ志向性だが、それぞれに対して、その対象も異なった仕方で現れる。それらの志向性の区別は、それぞれの志向性に対して対象がどのように現れているかの違いでもある。以上をまとめると、現象学とはそのつどそのつどの異なった意識の様態に対して、世界がどのように現れているかを記述する学だと言えるだろう。

現象学の哲学的意義

では、現象学が意識の諸様態に対する世界の現れ方を記述する学だということには、どのような意味があるのだろうか。ここで現象学の哲学的意義について簡単に説明しておこう。

われわれは通常、この世界には唯一の客観的実在が存在すると想定している。そして、そのような客観的実在は、ある特権的なアプローチによって、すなわち自然科学によって「客観的」に捉えられると考えている。そしてそれ以外にも世界の表象があるとすれば、それらはすべて「主観的」なもの、すなわち各主観の内側にしかないものだと見なされる。現象学はこのような、唯一の客観的実在が存在し、それ以外の世界の表象は主観的でしかないという考え方に異を唱える。意識に現れるものが実際に実在するかしないかは「かっこに入れて」、その現象をそれ固有のあり方において記述しようとするのが現象学の基本的態度である。現象学とは、多様な実在の「あり方」を認める態度と言ってよいだろう。

例えば目の前に何か道具があるとする。われわれは普通、自然科学的方法によって捉えられた道具の姿こそが、そのものの真理を明らかにすると考える。しかしそうした科学的探求によって捉えられる道具とは、実はそれ固有の姿を示しているわけではない。そこでは道具は他の事物と区別されることのない単なる「物体」でしかないからだ。もちろん、それはそれでそのあり方を記述することはできる。しかしそのような分析では、その道具がその道具であることは問題にされない。

だがわれわれには、その道具をまさにそれが道具として使用されている場面に即して記述することもできる。これこそが道具をその道具固有の姿において明らかにする道具の現象学である。単なる理論的態度に対しては絶対に示されることのない道具の道具としての現象が、このようにしてはじめて記述可能になる。『存在と時間』におけるハイデガーの道具存在の分析が遂行しようとしているのも、まさにこうした道具の現象学である。

すでに述べたように、フッサール現象学において現象学の扱う「事象」は意識、より正確に言えば、意識の本質をなしている志向性だった。一方、ハイデガーによる現象学の定義では、現象学が扱わなければならない「事象」は「存在」である。この現象学の二様の捉え方はどのように関係しているのだろうか。本節の冒頭で、ハイデガーの現象学はフッサールの現象学を深化させたものだと述べた。だがこのことは、何を意味するのだろうか。

ハイデガーがフッサールの現象学をどのように内在的に発展させていったのかは、『存在と時間』とは別の講義などでその舞台裏の事情がはっきりと示されているので、われわれもまずそちらを参照することにしたい。そのことによって、現象学に関する右の一般的説明を補足するとともに、ハイデガー現象学に固有の「存在」という事象の所在を浮き彫りにできればと思う。

志向性の基本構造

ここではハイデガーが第二次世界大戦後に、精神医学者メダルト・ボス（一九〇三―一九九〇）を中心とするグループとのゼミナールで提示した志向性の現象学的分析を見ることにしよう（『ツォリコーン・ゼミナール』所収）。ハイデガーはこのゼミナールのある回で、「想像（再現前）」という現象について、きわめてオーソドックスな現象学的記述を展開している。

志向性とは、「つねに何ものかについての意識である」という意識の構造のことである。つまり意識とはつねに「何ものかに向けられている」という構造をもつことが、意識が志向的であるということの意味である。この観点からすると、想像も「何ものかに向かっている」という志向的構造をもっている。

ハイデガーはゼミの参加者にチューリッヒの中央駅を想像するように求める。そして第一に、この想像において自分は何に向けられているのか、第二に、そうした想像はそれを遂行している限りにおいていかなる性格をもっているのかと問いかける。これはフッサール流に言えば、それぞれ（一）「志向的対象」と（二）「志向的作用」という志向性を構成する二つの契機に関わる問いである。

（一）さて、想像において自分は何へと向けられているのかという第一番目の問いに対して、現象学的には「チューリッヒに存在する駅そのものに対して」と答えられる。それは駅の「像」ではないし、「表象」でもない。そうではなく、そこにある「中央駅そのもの」を思惟(しい)している（ZS, 87）。これは想像の志向的対象が何であるかという問いに対する現象学の模範的な回答である。たとえチューリッヒの中央駅が目の前にないとしても、想像はその中央駅そのものに向けられているのであって、けっして頭の中の「像」や「表象」に向けられているわけではない。ハイデガーはここで駅に向かって車を走らせるという例を挙げている。そのときわれわれは、頭の中の像に向かっているのではなく、実際の駅そのものに向かっているのだ。

ここでハイデガーはさらに、想像における駅の現れ方、すなわち駅がさまざまな側面からおのれを示してくることに注意を促す。一般に知覚、想像などにおいて思惟されているものは、必ずある側面において現れてくるということも、現象学の記述が示すもっとも基本的な事柄である（フッサール現象学では、このそのつど与えられている側面は「射影」と呼ばれる）。

知覚や想像は、対象全体を丸ごとすべて一気に捉えることができないという特徴をもっている。逆に言うと、駅そのものはつねに射影を通してしか与えられない。ただし、われわれが事物に向かうときには、単にある特定の射影のもとにだけとどまっているわけではない。例えば目の前にある本はつねにその一側面しか示さないが、それでもわれわれは、普通、その本の見えない側面に穴があいているとは思わない。つまりわれわれは本の現在の射影をとおして、今見えていない側面も予期しているのだ。

「〜のもとでの存在」

（二）ハイデガーは志向的対象に関する現象学のこうした基本的な所見を示したあとで、第二の問い、すなわち想像という志向的作用がいかなる性格をもつかという問いに移る。ハイデガーの答えは、「想像において、われわれはチューリッヒの中央駅そのもののもとにいる」である。すなわち、想像は「〜のもとでの存在（Sein-bei）」という性格をもつ（ZS,

89f.)。われわれは駅を想像しているとき、まさにその駅「のもとにある（いる）」。知覚や想起だけではなく、言葉をとおして眼前に存在しないものを志向することをフッサールは「空虚な意味志向」と呼ぶが、これも自分が向かっているもの「のもとでの存在」である。

こうした「〜のもとでの存在」は、フッサール現象学においてもっとも根本的な現象とされる志向性をハイデガーなりに捉え直したものである。フッサールの志向性が「何ものかに向かっている」というとき、その「何ものか」はけっして意識内の像ではなく、まさに対象そのものだということは、先ほども見たとおりである。しかし志向性は意識作用と位置づけられているので、どうしても伝統的な主観主義に陥ってしまい、すべては意識内の出来事であるかのような誤解をされやすい。また志向性は意識作用として捉えられるため、その考察で取り上げられるのは、知覚や想像、想起といったように、おのずと表象的な作用が中心となってしまう。しかしハイデガーは、世界に対する現存在の関わりとして、表象作用だけでなく、例えば道具を使用することなどのように、行為、実践を含めたより広い活動を想定しているので、「〜のもとでの存在」という、より一般的で、意識作用のニュアンスからは切り離された表現を用いるのだ。

こうしてハイデガー流の現象学は、「〜のもとでの存在」のさまざまな様態に対して、存在者がどのように現象しているかを記述するものとなる。「〜のもとでの存在」に対して存在者がどのように現れてくるかが「存在者の存在」として捉え直されるのだ。ハイデガーの「存在」が現象学における現象の捉え直しであることは、一九二五年のカッセルにおける講演「ヴィルヘルム・ディルタイの研究と歴史的世界観を得るための現在の戦い」（『ディルタイ年報』第八号所収）における現象学の簡潔な特徴づけにわかりやすい形で示されている（ただしここではまだ志向性概念を用いて説明がなされている）。この講演でハイデガーは、フッサールの重要な業績として志向性、すなわち「あらゆる思考は何ものかについての思考である、あらゆる意志は何ものかについての意志である等々、あらゆる体験は何ものかについての体験である」ということの発見を挙げて、その積極的意義を次のように説明している。

まずハイデガーは、現象学的な分析において何らかの志向性、すなわちわれわれが何ものかに向かっていることを思い浮かべるときには、同時に、その志向性によって志向されているものが、そこで志向されている仕方に則って一緒に思い浮かべられていることを指摘する。つまり、ある志向的体験の現象学的分析を行うためにその体験を思い浮かべるとき、同時にその体験において志向されているもの自体も、それがまさに志向的体験において思惟されているとおりの仕方でともに思い浮かべられているというのだ。彼はこのことを「経験された世界をその現存在という観点から問題にすること」、「存在者をその存在において見ること」と言い換えている。つまりそのつど異なった志向的作用に対して、存在者がどのように現れているかが、「世界の現存在」、「存在者の存在」と言われている。ここで現象学は、そうした「存在者の存在」を主題化する学として再定義されるわけだ(DJ8, 160)。

なおここでは「世界をその現存在という観点から問題にする」といったように、「現存在」という術語が世界に対して用いられているが、人間存在を指す『存在と時間』の時期の用法とは微妙にずれていることは興味深い。アリストテレス形而上学における「トデ・ティ」、すなわち「個物」、「このもの」をハイデガーがドイツ語で「そこにあるこれ」といった意味で“dies da”と訳していることも考慮に入れると、彼が「世界の現存在を問題にする」と言うときには、世界を「そこ(da)」で、まさに私に対して現れている個々の様相において捉えるというニュアンスをもっている。

すでに説明したように、人間存在としての現存在の「現」は、そこで世界(状況)が個別化された姿で立ち現れてくる「場」である。さらに言うと、この立ち現れている世界の個別性が、現存在をある個別の現存在たらしめている。「現存在」が人間存在と世界の両方について語られるのは、世界が「現」にあるということは、そのこと自身がまさに現存在(人間存在としての)があることを意味するからである。つまりそれは、世界と現存在の本質的連関を反映しているのである。

以上の説明からもわかるように、「〜のもとでの存在」に注目するということは、その「〜のもとでの存在」のその時々の様態とともに、そのときに現れているさまざまな存在者を、まさにそこで現れているままの姿で把握することを含んでいる。ハイデガーが存在者をその「存在」において捉えると述べているのはこのことだ。つまり、「〜のもとでの存在」という存在者に対する関わりにおいて生起している存在了解の内容を明らかにすること、それが現象学の課題なのである。

たとえ同じ事物であっても、われわれがその事物にどのように「向かっているか」、すなわちわれわれの志向的作用のあり方によって、その現れ方は異なってくる。同じ道具でも、理論的に規定する際と、日常での実際の道具使用の際にその道具がどのような姿で現れるかは異なっている。前者では道具は単なる「物体」に過ぎないが、後者においてはまさにその道具そのものとして現れている。このように、同一の存在者であっても、その現れ方、すなわち「存在」は、現存在の態度に応じて異なってくる。

このことが意味するのは、存在者の現象様式としての存在は、その存在者そのもののうちに根拠があるのではなく、むしろ現存在の態度に相関しているということだ。つまり存在者の存在は、現存在のその時々の関わり方に相関するものとして、存在者には還元されない独自の次元を形作っている。そしてこのような存在者と存在の区別をハイデガーは

「存在論的差異」と呼ぶ。

以上のことから、ハイデガー流の現象学では基本的に、（一）おのれのふるまいと（二）それに相関した事物の現れ方（存在）の二つの方向での記述がなされる。これは現象学の方法に関する主張だが、同時に現存在の存在が本質上、そうした二側面から成り立っていること、すなわち現存在の本質構造に関する主張と理解することもできる。つまり現存在のあるふるまいに対して、存在者がそれに応じた仕方で現れているというその事態の全体が、現存在の存在と捉えられるのだ。したがって現存在の存在の分析も、基本的には今述べたような二つの方向に沿って、現存在の存在を分節化していく形で行われることになるだろう。

「開示性」＝「明るくされていること」

以上で、ハイデガーがフッサールの志向性を現存在の「～のもとでの存在」として捉え直し、さらに存在者との関係として捉えられた「～のもとでの存在」の根底に、おのれのふるまいとそれに応じた存在者の現れ（存在）を見て取っていることを確認した。その観点から見ると、現‐存在の「現」とは、まさにおのれ自身と存在者の存在がともに開示されている場ということになるだろう。おのれ自身と存在者の存在が明らかになっているという意味で、ハイデガーは「現」を「開示性（Erschlossenheit）」とも呼んでいる（SZ, 132）。

彼は現存在のこのような開示性を、現存在が「明るくされている」ことだと述べ、「明るみ（Lichtung）」とも呼んでいる（SZ, 133）。この「明るみ」はドイツ語では、森の中でそこだけ木が伐採されて日が差し込んでいるところ、間伐地を意味する。このように明るくなっているところでこそ、われわれは事物を見ることができる。現存在が「明るみ」、「開示性」だということは、現存在とはおのれ自身、ならびにおのれ以外の存在者の存在が開示される「場」であることを示している。私が存在するということは、そこに私という「実体」があるということではなく、このような意味での明るみが、そのつどそのつど生起していることに他ならないのだ。

以上のように、「〜のもとでの存在」という現存在のあり方が、『存在と時間』では現存在の開示性、明るみと捉え直される。ハイデガーは開示性、明るみという現象をこのように大枠として捉えた上で、今度はさらにその現象の構造をより詳細に分節化していく。

このように、開示性がどのような構造をもつかを具体的に記述していくことが、同書第一篇の実存論的分析の基本的内容である。彼は開示性を構成する契機として「情態」、「了解」、「語り」の三つを挙げている（SZ, 133）。簡単に言うと、自己と世界の開示はある特定の気分として成立し（情態）、また開示という以上、それは何らかの了解内容をもっており

（了解）、またその開示は言語的な分節化として起こっている（語り）ということだ。本章では以下、これら三つの契機を順に検討し、現存在の明るみの構造をより具体的に明らかにしていきたい。

(b) 情態——理性主義に対する批判
われわれは「気分づけられている」

『存在と時間』第一篇第五章の「A. 現の実存論的構成」で、「現」としての開示性の一般的構造が解明されるが、ここでは情態と了解と語りが主題として取り上げられている。以下ではその説明の順序に沿って、最初に情態を検討することにしたい。

ところでハイデガーは、情態と了解が「等根源的に」現を構成しているという。これは情態と了解のどちらかが他方から一方的に導出されるのではなく、現とは情態であり、かつ了解であることを意味している。言い換えると、現は必ず情態と了解という二側面をもつのである。そのうちで情態は一般に気分、感情と呼ばれる現象を捉えたものである。西洋の哲学では、感情、感覚は理論的認識よりも劣るものと見なされてきた。ハイデガーはキリスト教教義学の伝統を背景にしつつ、そうした見方に反対して、むしろある特定の感情においてこそ、自己と世界についての真の知が成立していることを強調する。以下、彼の議論を具体的に見ていくことにしよう。

現存在がある存在者「のもとで存在し」、その存在者に開かれているということの事態は、つねにある一定の気分、調子を伴っている。つまり「～のもとでの存在」は、そのつどそのつどある「気分（Stimmung）」として立ち現れているのである。別の観点から表現すれば、現存在に現れる存在者は、つねに何らかの気分のうちで現れているということである。存在者は例えば恐れ、怒り、喜び、退屈といった気分のうちで現象する。すなわち気分においては、つねに何らかの存在者が現象している。逆に言えば、存在者はつねに何らかの気分のうちで、その気分に相関した現れ方をする。

しかし、気分が開示するのは世界の内部で現れてくる存在者だけではない。先ほど、現存在自身の存在は何らかの仕方で開示されていることが指摘されたが、より具体的に言うと、そこでおのれの存在をあらわにしているのは気分である。

例えば現存在はその時々で高揚していたり、意気消沈していたりするが、そのことのうちには「現存在が世界とのあらゆる交渉においてつねにこれこれの情態にある（so oder so sich befinden）という現象」が示されている（GA20, 351）。現存在はそのつどそのつど、すでに何らかの仕方で気分づけられている。現存在はこうした気分として存在すると言ってもよい。この「気分づけられていること」をハイデガーは「情態（Befindlichkeit）」と名づける

(SZ, 134)。

"befinden"は"sich befinden"という再帰動詞として、「〜である」、「〜にいる」を意味するが、気分や体調を表現する語と結びついて「〜の状態にある」という意味にもなる（英語の、"find oneself"の感じに近い）。"sich befinden"で語られる状態が、心の状態から身体の状態までを含むことが可能であるように、"Befindlichkeit"、「情態」も単に心的状態だけにはとどまらない、身体の状態までをも包括した「気分」、「調子」を意味している。ハイデガーが通常は「気分」として語られているものに対して、あえて"Befindlichkeit"という語を用いるのは、「おのれを見出している」という自己知の側面を強調したかったからだろう。

先ほど、情態は心の状態と身体の状態の両者に関わることを指摘した。例えばわれわれが「気分がよい／悪い」、「調子がよい／悪い」というとき、それは心の状態と身体の状態の両方を包括して語っているのであって、どちらか一方の状態だけを問題にしているわけではない。そもそも心の状態と身体の状態はそれほど截然（せつぜん）と区別できるようなものではなく、われわれは気分や調子といったとき、基本的に心的であると同時に身体的でもある状態を想定している。情態は単なる心的状態ではなく、根源的な身体性をも包括するものなのだ。メルロ＝ポンティの現象学的身体論などと対比して、ハイデガーの『存在と時間』

には身体論が欠けているという批判がしばしばなされるが、彼の情態論の真意を理解できていないだけである。

ハイデガーによると、気分は現存在の存在を自分自身に対してあらわにする。『存在と時間』では、例えば「不機嫌」について、「現の存在がこうした不機嫌において重荷としてあらわになる」と言われている(SZ, 134)。簡単に言えば、不機嫌は何かがうまくいっていないために自分の存在も含めた状況全体が重荷と感じられること、ないしは特定の何かがうまくいっていないというわけではないにせよ、とにかく生きることが面倒だと思われるような気分であるということだ。このように気分は現存在を自分固有の状況、すなわち「おのれの現」に直面させる。つまり気分は現存在がそうした現を担っていかなければならないこと、「存在し、存在せねばならないという事実」を開示するのである(SZ, 134)。

しかし現存在はさしあたり、気分が開示するこの「存在し、存在せねばならないという事実」を避けている(例えばさまざまな娯楽による気散じを考えてみよう)。しかしこの避けるということ自体も原理上は、すでに「現」が開示されていることを前提としている(SZ, 135)。この重荷としての現からの回避というモチーフは、「不安」という根本情態を分析するところでふたたび現れることになるだろう。

被投性

こうして明らかになったように、気分において開示される自己の存在は、自分の意志によって引き起こされたり、生み出されたりしたものではない。現存在は気分のうちで、自分がすでにそのようにあること、つまりある固有の状況のうちに置かれていることを、おのれの意のままにならない事態として見出すだけである。

ハイデガーはこのことを、現存在がおのれの「現」へと投げ入れられていると表現し、現存在の「おのれの現への被投性(Geworfenheit)」と呼んでいる(SZ, 135)。ハイデガーによると、情態とは根本的には、現存在がおのれの「現」へと投げ込まれているという、現存在の被投性を露呈させるものである。

しかし他方このことは、「さしあたりたいていは回避しつつ背を向けるという仕方によって起こっている」(SZ, 136)。情態の説明では、現存在が、おのれの「現」に投げ込まれているという事実を直視せず、それに背を向けていることが繰り返し強調される。そして、この「背を向ける」ということ自体が、ある固有の情態として成立しているとされる。逆に言えば、逃避の可能性が語られるということは、おのれの被投性から逃避せず、それを引き受けるという可能性もあるということでもある。つまりここでは、『存在と時間』で本来性と非本来性と呼ばれている現存在の二つの可能性が、情態という観点からすでに暗示されているのだ。

　現存在は情態というあり方のもと、つねにおのれの現に直面させられている――そのことを引き受けるという仕方であれ、そこから背を向けるという仕方であれ。このように情態は、自分の存在がどのようにあるかを示すという意味において、ある種の「自己知」である。しかし、それは伝統的哲学に見られる「自己反省」や「内的知覚」のように自己へと意識的に振り返り、それを注視するものではない。それらとは異なり、情態は「襲ってくる」という性格をもつ。そしてそのような情態においてこそ、むしろ意識的反省よりも根源的な自己開示が起こっているのだ。

　先ほど例に挙げた「不機嫌」な気分を考えてみよう。有無を言わさずに襲ってくるそうした気分は、生きていくことが重荷であることをこの上なく明確に現存在に示している。また逆に「今日は気分がいい」というとき、そのことはまさに自分が「うまくいっていること」、状況と調和していることを表している。こうした例からもわかるように、おのれの「現」、状況は、現存在が自分の気が向いたときに、そこに注意を向けて開示するといったものではない。現存在はつねに、すでに、気分というあり方でこのような「現」に晒（さら）され、それに対して何らかの応答を迫られているのだ。

　ハイデガーの議論からは離れて、別の例を挙げておこう。現代の高度に合理化された社会は、まさに自己への意識的反省以前の根源的な自己開示を徹底して隠蔽することをその特徴としている。「調子」や「気分」という自己開示の契機が、産業社会の合理的に組織された諸機構を円滑に作動させるために抑圧されてしまうのだ。こうして自分にとってもっとも身近で自分が一番よくわかっているはずの自分自身の体調や気分の変調が見過ごされ、過労死やうつ病、その他さまざまな「ストレス疾患」が引き起こされる。

たしかに現代では、人々には十分な余暇が与えられ、その余暇を楽しむ手段としての娯楽も無数に与えられている。しかしそうした娯楽こそが、皮相な「笑い」や「涙」、ときには「怒り」を生みだし、また「夢」や「希望」、「勇気」や「感動」を惹起（じゃっき）することによって、気分の根源的な自己開示からむしろわれわれを遠ざける。このように現存在は根源的な気分を抑圧するために別の気分を調達してくるわけだが、こうしたことにも現存在が徹頭徹尾、気分的な存在であることが示されている。

「気分」は「世界」に関わる

ここでハイデガーは、情態が単に自己の存在を開示するだけではないこと、つまり情態による開示が世界にも関わることを示している。情態は、世界の内部においてさまざまな存在者が、ある一定の様態において現れ出ることを可能にする。例えば道具の使用中にイライラするのは、その道具の調子が悪いとか、あるものが作業の邪魔になっているとかいった事態が生じているということだ。つまりこのようにして、存在者の特定の存在様態が、ある固有の気分において開示されているわけだ。あとで取り上げる恐れの例でも、恐れという気分は自分に迫ってくる存在者を、「脅かす」という存在性格をもつものとして現わす。まずその存在者が自分に脅威を与えるものであることが理論的に認識されて、その後で、それに対して恐れを抱くわけではない。恐ろしいものは恐れの気分において、また恐れの気分に対して、直接的に恐ろしいものとして現れてくるのである。

フッサール現象学を乗り越える

ところで本章では最初に、ハイデガーがフッサールの現象学をどのように継承したのかを検討した。その観点から言うと、とくにこの情態の取り扱いのうちに、ハイデガーが既存の現象学、さらにはそれが根ざしている西洋の伝統的人間学の限界をどのように乗り越えようとしたかが明確に示されている。

ハイデガーはこれまでの哲学的人間学において、理性的認識と比べて感情、情動が軽視されてきたという（GA20, 353）。感情は従来の哲学では、「ひょうが雷雨に随伴するように、認識と意志に随伴するもの」としか見なされていなかった。例えばカントも「感情は思慮分別を邪魔したり損なったりするもの」だとし、それゆえ「感情は人間におけるメー・オン〔非存在〕である感性に属する」と考えている。しかし「このような考えによって、ひとはあらかじめこうした現象が〔現存在の〕存在構造そのものに対してもつ意味を理解できなくしてしまった」、そうハイデガーは批判する (GA20, 353f.)。

以上のような批判は、フッサールの現象学にも向けられる。すでに説明したように、現象学は現存在の理論的、学問的態度だけではなく、それ以外のさまざまなふるまいに対しても存在者がどのように現れているかを、まさにそこで現れているがままの姿で記述しようとするものだった。つまり現象学は単なる理論的志向性だけではなく、非理論的な志向性、例えば感情的志向性において事物がどのように現れているかも、まさにそれ固有のあり方において記述するものでなければならないのだ。

しかしハイデガーが指摘するように、フッサールは情意的志向性を含むあらゆる志向的体験は、必ず理論的表象をその基礎にもつと考えていた。つまり存在者との第一次的で基礎的な関わりとしてまず理論的表象があって、それに情意作用が加わることによって、はじめて情意的志向性が成立すると捉えていた。したがってフッサール現象学は、情意的志向性が単独で存在者を開示する可能性を認めていない。このことは志向的対象の側からいえば、情意的志向性に対して現れている存在者とは、理論的作用によって開示された「事物的なもの」を基盤として、そこに情意的な価値が加わったものにすぎないということだ。ハイデガーは以上のことから、フッサールも西洋哲学における表象的理性の優位という呪縛から脱しきれていない点を問題視する。

ハイデガーは西洋の伝統的人間学におけるこのような理性の偏重に異を唱えるとともに、そうした理性重視の伝統によってこれまで十分に展開しきれていなかった現象学の可能性を引き出そうとする。彼はすべての志向的作用は、情意的志向性も含めて、表象的志向性に基づけられなくても、それ単独で志向的対象を開示できると主張する。

感情が認識に優越する

これまで感情は、世界についての正確な認識を与えることのできないもの、事物それ自体を開示することのできないもの、つまり「誤謬」と捉えられてきた。それに対してハイデガーは、情意的志向性のほうがむしろ、通常の認識作用よりも根源的な仕方で世界と自己を開示すると見なす。その観点からすると、認識作用とは情意的志向性においてすでに開示されていたものを、特定の観点からあらためて捉え直すものにすぎない。つまりハイデガーの位置づけでは、認識作用は情意的志向性に依存し、そこから派生した二次的な現象にすぎないのだ。

ここでハイデガーは、自分が今述べたような事態を見て取っていた先駆者としてアウグスティヌスやパスカル（一六二三―一六六二）の名前を挙げ、「彼らは本来的に認識するものを認識とは名づけずに愛と憎しみと名づけた」と述べている（GA20, 222）。ハイデガーはこのように、「愛」や「憎しみ」などの非認識的ふるまいは非‐認識的であるどころか、それこそ本来的に認識するものだとする。アウグスティヌスやパスカルにとって、通常の意味での認識は「すでに別の第一次的なふるまいによって発見されたものの単なる捉え直し」にすぎない。それどころか、認識とは「根源的に非認識的ふるまいにおいて発見されたものを単に隠蔽する可能性にすぎない」のだ（GA20, 222）。

われわれは普通、認識と感情を区別する。しかし根本的には、あらゆる志向性は存在者を何らかの形で開示するという意味において認識的であり、と同時にそれらはすべて感情の様態でもある。認識作用、客観化作用としての志向性は、志向性のある特定の様態にすぎず、存在者を開示する唯一の、そして第一次的なあり方であるわけではない。また感情が認識的性格を欠いていることにもならない。感情はむしろ物事を開示する独自の能力をもっている。感情が認識を曇らせることもあるが、逆に感情がより深い認識を実現することもある。こうした観点から、ハイデガーは『存在と時間』では、「ふたたびこの現象〔情動や感情〕へのより自由な眼差しを生み出したこと」を現象学的研究の功績とするのである（SZ, 139）。

「恐れ」の構造

ハイデガーは『存在と時間』の第三〇節「情態の一様態としての恐れ」で、とくに「恐れ」の感情を例に取って情態一般の構造を明らかにする。この恐れの分析は、ハイデガー自身が参照を促しているように、基本的にはアリストテレスの『弁論術』B（ベータ）巻五章の恐れの感情の分析を踏襲したものである。弁論においては語り手が、聴き手にある種の感情を引き起こすことを配慮しなければならないことから、『弁論術』では感情、すなわちさまざまな種類のパトスの分析が行われる。

アリストテレスは『弁論術』で、恐れを「まさに来ようとしている、破滅を結果するような、もしくは苦痛をもたらすような悪を、心に思い描くことによって生ずる一種の苦痛、または心の乱れ」（1382a20）（アリストテレス『弁論術』戸塚七郎訳、岩波文庫、一八五頁以下）と定義する。一九二四年夏学期のアリストテレス講義では、恐れのパトスの解釈はほぼ『弁論術』の議論をなぞる形で行われている。それが『存在と時間』では、現象学的により整理された形で、（一）恐れの「直面しているもの（Wovor）」、（二）「恐れること」、（三）恐れの「案じているもの（Worum）」という三つの観点からなされている。以下、その三つの契機についてのハイデガーの説明を簡単に見ていくことにしよう。
（一）恐れの「直面しているもの」とは、恐れにおいて現象しているもののことである。現象学的分析の観点からすると、ここでは恐れという志向性のうち、志向的対象が問題とされている。現存在が出会うさまざまな存在者、すなわち道具的なもの、事物的なもの、生物、他者が志向性の対象となりうるが、これらは恐れにおいては「脅かす」という性質をもつものとして現れている（SZ, 140）。例えば、増水した川の氾濫を恐れる場合、あふれそうな川が、恐れの「直面しているもの」として、脅威を与える性格において現象している。
（二）次に「恐れること」そのものについてだが、ここでは恐れという志向性のうちの「恐れること」、すなわち志向的作用が問題とされている。恐れることそのものは、（一）で取り上げた恐れの「直面しているもの」、すなわち「脅かすもの」を「おのれに関わらせつつ解放することである」（SZ, 141）。すなわち恐れにおいては、まず何らかの「将来の悪」というようなものが確認され、次にそれを恐れることが生じるのではない。恐ろしいものは恐れることに対してのみ、恐ろしいものとして現れてくる。恐れることにおいて、恐ろしいものがはじめて恐ろしいものとしてあらわになるのだ。
（三）次に恐れの「案じているもの」を見てみよう。「恐れがそれを案じて恐れているもの」は、ハイデガーによると、「恐れを抱いている存在者そのもの」、すなわち現存在である（SZ, 141）。先ほどの川の氾濫の例で言えば、そこでは自宅での安寧な生活が案じられており、つまり現存在のそうした可能性が案じられている。このように恐れは現存在を危険に晒されている存在としてあらわにする（SZ, 141）。

しかし家屋が川の氾濫の危険に脅かされているような状況において、家屋を案じて恐れる場合はどうだろう。ハイデガーによれば、それも「案じているもの」が現存在の存在であることの反証にはならない。家屋が脅かされているということは、結局、自分がそのもとで存在することが脅かされていることなのだから、そこでも脅かされているのは他ならぬ自分の存在である。このように恐れは、現存在がおのれ自身を気遣う存在であることをあらわにする。おのれを何らかの仕方で気遣っているからこそ、恐れが存在するのである。

ところで、すでに見た恐れの「直面しているもの」と「恐れることそのもの」とは違って、この恐れの「案じているもの」だけは、フッサール的な現象学の志向性分析ではそれに対応するものを見出すことができない。逆に言うと、この契機を新たに見出したことが、ハイデガーによる現象学の発展的継承のポイントとなる。ハイデガーは志向性の根底に、おのれ自身の存在への気遣い、すなわち実存を見出し、それを現象学的分析のうちに取り込んだのだ。

以上の三点をまとめれば、「恐れること」において、「恐ろしいもの」と「脅かされている自己の存在」が開示されていることになる（SZ, 141）。こうした恐れの例からもわかるように、気分は認識的意義をもたないどころか、むしろある一定の仕方で分節化された独自の内容を有している。それゆえわれわれは、情態に含まれたこのような内容を、先ほど恐れについて行ったように、現象学的記述によって明らかにすることができるわけだ。

キリスト教の強い影響

もっともハイデガーにとって恐れは、単に情態の構造を示すために任意に選ばれた感情という以上の意味をもっている。恐れは『存在と時間』第一篇第六章で論じられる「不安」という情態とともに、キリスト教神学においてとりわけ重視された感情である。彼が強調する恐れや不安という情態の実存開示における重要性も、実はそこから継承したものである。

先ほど情態の議論がアリストテレスに範を取っていることに触れたが、ハイデガーはそれとともに一九二四年夏学期講義では、その神学的背景にも直接、言及している。「そもそもパテー［パトス（感情）の複数形］は神学の根本問題である。まさに感情論は中世の神学や哲学の根本問題のうちで、ルターにとっても重要だったので、私はそれに言及している。中世において特別な役割を果たしていたのは何よりも恐れであった。というのも、恐れという現象は罪と特別な関係をもっているが、罪とは信仰の反対概念だからである」(GA18, 177〔 〕内は轟による補足)。

ハイデガーの情態に関する議論がキリスト教神学を背景にしている点については、『存在と時間』で情態が論じられる第二九節で、アウグスティヌスやパスカルが引用されていたことにも示されていた。またそこでは「不機嫌」という情態において、現の存在が「重荷」であることが開示されると述べられていたが、この現存在が現存在自身にとって「重荷」だという規定も、実はアウグスティヌスの『告白』第一〇巻の解釈に由来するものである(一九二一年夏学期講義『アウグスティヌスと新プラトン主義』参照、GA60, 250)。このようにハイデガーの情態の議論は、アリストテレスとキリスト教神学のパトス論を現象学的に記述し直したものという性格をもっている。この点については以下の不安や良心の分析のところでふたたび触れることになるだろう。

現存在は世界と自己に開かれている。それが現存在には世界と自己が開示されているということである。これまで見てきたのは、こうした現存在の開示性を担っているのは情態だということである。この情態は認識的志向性、表象的志向性を感情によって色付けする

「随伴現象」などではなく、また単に混乱した認識というわけでもない。情態は自己と世界のあり方を独自の仕方で、しかも場合によってはより根源的な仕方であらわにする。

現象学が志向性を主題として取り出したとき、その記述は認識作用であれ、情意的作用であれ、本来はあくまでもそれぞれの作用に即して行われるべきだった。しかしフッサールの現象学は、理論的態度こそが存在者との関わりにおいては第一次的だとする伝統的な見方に引きずられたため、情意的作用の方は認識作用によって基礎づけられたものにすぎないとされてしまった。そのため情意的作用にはそれ独自の開示機能が認められなかったのだ。

ハイデガーの功績は、現象学に原理的可能性としては含まれていながら、理性中心主義の呪縛によって完全には引き出しきれていなかった帰結、すなわち情意的作用もそれ固有の開示内容をもつことを示した点にある。このことによって、彼は「理性的動物」という伝統的な本質規定に囚われることなく、人間存在をより幅広く、かつ根源的な様態において捉えることができた。またこうした情意の意義の見直しが、アリストテレスから中世のキリスト教神学を経て、ルターにまで至る伝統的なパトス論の復興として行われていることも見落とすべきではないだろう。つまり、ハイデガーによる情意、感情の復権は、ある種の宗教性への通路を開くものとして遂行されているのである。

(c) 了解——現存在の活動空間の企投

情態の「認知」の側面を分析する

情態とともに現存在の開示性を構成しているのが「了解」である。実は情態の記述においても、この了解という現象が暗黙のうちにすでに前提とされていた。というのも、情態はつねに何らかの「了解」内容を伴っているからだ。例えば恐れの気分にしても、そこで現象している存在者を「有害なもの」として了解し、自分自身をそれによって脅かされている存在として了解している。了解という契機は情態がもつそうした「認知的」側面に光を当てたものである。逆に言えば、了解の議論においても、つねに何らかの情態が問題となっているのであって、われわれは了解と情態をつねに表裏一体のものとして捉えなければならないのだ。情態と了解が「現」であることの「等根源的な」様式と言われるのもそのためだ。

すでに述べたように、「現」においては、世界、ならびに世界内に存在する自己が同時に開示されている。両者が開示されているということは、了解という観点から言えば、世界と自己が了解されていることに他ならない。こうした了解はすでに、『存在と時間』第一篇第三章「世界の世界性」で「世界」について論じられているところでも問題にされていた。その世界論では、現存在の世界－内－存在という規定に含まれる「世界」が何を意味するかが明らかにされる。ただし、本書ではハイデガーの世界論はまだ取り上げていないので、了解の説明に必要な限りで、その世界論の内容を簡単に紹介しておきたい。

現存在がおのれ自身を何らかの「現」、状況のうちにあるものとして見出していることはすでに何度も述べたが、世界とはその「現」を、分節構造という観点から捉えようとするものだ。世界とはしたがって、そこにおいて存在者の現象が可能になる「場」である。

例えばハンマーがハンマーとしてあるのは、何かを制作する仕事場においてである。ハンマーの存在はその仕事場でどのように使用されるのかという観点から了解されている。また序論でも見たように、鳥が飛んでいるとき、その「飛ぶこと」とともに鳥の活動空間が開かれている。ということはつまり、鳥を飛ぶものとして見ることは鳥の活動空間の了解が伴っており、そうした了解と切り離すことはできないということだ。このようにある存在者の存在を了解することとは、その存在者の活動空間を了解することに他ならない。こうした活動空間が世界だと言うことができるだろう。

「気に懸けているもの」

『存在と時間』ではこの世界について、とくに道具という存在者を手引きとして、その存在が前提にしている世界の構造を明らかにしようとする。では、道具が現れてくる世界とは、どのような構造をもっているのだろうか。

この世界は、現存在が自分の何らかの可能性をその究極目的として、その実現のために必要とされる一連の手段の連関として構成されている。このことをハイデガーが『存在と時間』で挙げている具体例によって見ることにしよう。

ハンマーが手元に存在する。そのハンマーは釘を打つためのものである。釘を打つことは屋根を固定するために行われ、屋根を固定することは風雨からの防護のために行われ、風雨からの防護は人間が居住することのために行われる。このハンマーがいったい何のためのハンマーなのかということは、究極的には人間の居住にまで行き着くこうした目的-手段連関のうちで規定されている。現存在はこのような目的-手段連関を、自分の「居住する」という可能性を成り立たせるために熟知している。

今述べたような目的-手段連関は、現存在の存在を究極目的としているが（今の例だと「居住すること」）、この究極目的をハイデガーは「気に懸けているもの（Worumwillen）」と呼ぶ。この究極目的としての「気に懸けているもの」が、そのための手段を指示し、その手段がさらにそれを実現するための手段を指示し、最終的にはこの手元のハンマーが必要となるというように、「気に懸けているもの」から諸手段が、連鎖的に意義を与えられてくるという構造をもっている。このように「気に懸けているもの」が諸手段に対して意義を与えていく連鎖構造の全体をハイデガーは「有意義性連関（Bedeutsamkeit）」と呼んでいる（SZ, 87）（ちなみに『存在と時間』で展開されているこのような世界の分析は、「あらゆる技術、あらゆる行為は何らかの善を目指している」ことの確認から出発し、その目的連鎖の終着点、すなわち人間にとっての善、究極目的が何であるかを探求するアリストテレス『ニコマコス倫理学』冒頭の議論を下敷きにしている。ここにもアリストテレス哲学と現象学の融合という『存在と時間』の特徴がわかりやすい形で示されている）。

このように『存在と時間』第一篇第三章の世界論において、「気に懸けているもの」と「有意義性連関」が現存在に対して開示されていることが、すでに視野の中に入っていた。こうした「気に懸けているもの」と「有意義性連関」の開示が、『存在と時間』の第三一節「了解としての現-存在」で、それらの「了解」としてあらためて捉え直されるわけである（SZ, 143）。現存在が世界のうちにあることとは、世界を一定の仕方で了解していることに他ならず、またそれは、今述べたような分節構造について熟知していることなのである。日本語では了解することを「分かる」というが、むしろこの表現に、了解することは分節化を本質とすることがはっきりと示されている。

なおここで注意しておきたいのは、世界の意味は、単に道具の存在を可能にする有意義性連関に尽きるわけではないことだ。先ほどの例では、家屋は風雨を顧慮して修繕されるわけだが、家屋は風雨だけでなく、日差し、暑熱、寒さ、鳥獣、昆虫、植物といったさまざまな自然現象や生物などとの関係のうちにあるものとして了解されている。そしてその周囲の存在者、例えば鳥なら鳥もある固有の周囲環境、すなわち活動空間をもち、道具とは異なった仕方で周囲の存在者との関係を形作っている。つまりさまざまな種類の存在者は、その存在において、それぞれが異なった仕方で世界を形成しているのだ。したがって以下の議論でも、世界をこのような一般的な意味で理解していただければと思う。

「了解」＝「存在能力」

ハイデガーは「何かを理解している（etwas verstehen）」という表現が、日常的場面では「ある事柄を司ることができる」、「それを解決できる」、「何かをなしうる」という意味で使用されることに注意を促す（SZ, 143）。ある現存在が自分の置かれた状況をよく理解しているということは、彼がその状況の中で適切にふるまうことができるということである。このことから、ハイデガーは了解が何らかの仕方で「可能性」に関わっていると指摘する。自分の状況、世界を了解しているとは、そのうちで適切に行動できることに他ならない。つまり「了解のうちには存在－能力（Sein-können）という現存在の存在様式が含まれて」いるのだ（SZ, 143）。

ちなみにこの「存在能力」という術語は、一九二〇年代前半のアリストテレス論では「デュナミス」、すなわち「可能態」の訳語として用いられていたものである（GA18, 313）。現存在はつねに何らかの仕方で自分の置かれた状況を了解しているが、このことは取り直さず、現存在がその状況のうちで「存在できること」を意味するのだ。またわれわれがある人のことを理解するというとき、それはその人がどういう状況においてどのようにふるまうことができるか、すなわちその人の存在能力を知っているということである。現存在が何者であるかは、それが何をなしうるかによって規定され、そうした意味で現存在は「可能存在」なのである（SZ, 143）。

このように、了解は基本的に可能性に関わっている。繰り返せば、ある状況を了解しているということは、その状況において的確に行動できる、存在できるということだ。この状況の了解について、より立ち入って考えてみよう。そうすると、これは世界をその分節構造において捉えていることを意味する。例えば道具使用の場面であれば、有意義性連関を了解していることである。この有意義性連関の了解は、その究極目的としての自分自身の可能性の了解であるとともに、その実現のために必要とされるさまざまな道具の用途を了解しているということでもある。

そしてこの道具の用途の了解とは、道具がいかなる使用可能性をもつかについての了解である。人はこのように道具の何がしかの使用可能性を了解しているからこそ、実際にその道具を扱うことができるのだ。逆に言えば、その道具を適切に扱えるのは、その道具の用途を正しく了解していることに他ならない。このように、現存在の行動可能性は、自分が関わる存在者の可能性の了解に依存しているのである。

「了解」としての「企投」

今の例でも見たように、ある存在者を了解するとは、その存在者の可能性を把握することである。可能性へのこのような了解の関わりを、ハイデガーは「企投（Entwurf）」と名づける。例えば鳥が飛んでいるのが私の目に入るとしよう。私が「鳥が飛んでいる」と思うとき、私は鳥が飛ぶことができることを、その「飛ぶことができること」に継起する可能性のある他のさまざまなふるまいとともにすでに了解している。鳥の存在を了解するとは、このように、鳥の可能性を企投することとそのものなのである。

企投の原語“Entwurf”は、「起草する」とか「下図を描く」という意味の動詞“entwerfen”から派生した名詞で、日常的用法としては「草稿」や「下図」を意味する。しかし“entwerfen”には「投げる」を意味する動詞“werfen”が含まれているから、ここには「投げる」という含みもある。ハイデガーはこうした企投という語を現存在が存在者と関わっているときに、その存在者の可能性を「描き出している」という事態を示すために用いるのである。

注意しなければならないのは、ハイデガーが企投と呼んでいるものは、現実化できるような何か具体的な計画を頭の中に思い描くことではないということだ。そのように意識的に計画を思い描くこと以前に、現存在はおのれが存在する限り、つねにすでに企投してしまっているのであり、またつねに企投しつつある（SZ, 145)。

先ほどの鳥の例で言えば、私は鳥を見て、しかる後に、それは飛ぶことができるとか、えさを採ることができるとか、巣を作ることができるなどという可能性を描き出すのではない。鳥が飛んでいるのを見ているときには、すでに鳥の諸々の可能性は、鳥が関係する可能性のあるすべての存在者とともにその下図を描かれてしまっているからだ。

と言ってわれわれは、そうした可能性をいちいち頭に思い浮かべているわけではない。それでもしかし、鳥が飛んでいるのを見るときには、その「飛ぶこと」が、他のすべてのふるまいの可能性と一緒にすでに視野に収められている。このように、ある存在者を存在するものとして捉えるときには、その存在者の諸々の可能性へのコミットメントがすでに生じてしまっている。こうした可能性への関わり方をハイデガーは可能性の企投と表現するのだ。

今も述べたように、企投とは現存在がまず存在し、しかる後に何か任意の可能性を描き出すということではまったくない。現存在がある存在者を捉えるときには、現存在に対してその存在者のさまざまな可能性の連関がおのずとすでに立ち現れていること、またそれに対する現存在の応答の可能性も、その存在者の諸可能性によって規定されるという形で、その下図を描かれてしまっていること、「企投」とは、こうした事態を捉えようとするものなのだ。

「被投」としての「企投」

現存在は存在する限り、世界とおのれ自身の可能性をすでに企投してしまっている。さらに言うと、現存在が存在するとはこのように、可能性を企投していること、そのようにして、おのれの活動空間が開かれてしまっていることに他ならない。すなわち現存在は「被投的なものとして、企投するという存在様式へと被投されている」(SZ, 145)。つまり現存在は「投げること」へと「投げ入れられている」。こうした現存在のあり方をハイデガーは被投的企投と表現する。

ここでハイデガーが被投的企投というかなり無理のある表現をしてまで言い表そうとし

ているのは、先ほども述べたように、ある存在者は存在するということにおいてそれ自身の可能性の下図を描いているが、そうした可能性が現存在に対して立ち現れており、現存在は、そのような可能性によって形作られた状況に否応なしに巻き込まれているという事態である。この、可能性が開かれているという事態は、自発的な出来事であると同時に他方では、現存在の意のままにならないという不随意的な性格も合わせもっている。日本語で言えば、「おのずからなる」というような動態を、ハイデガーは被投的企投という言葉で表現しようとしているのだ。

もっとも、「了解」、「企投」の語を用いると、あたかもそれは能動的な行為であるかのようなニュアンスが強く出てしまうので、実際のところ、そうした事態を示すにはふさわしくないところもある。後年、ハイデガーはその点を自覚するようになり、「了解」や「企投」といった術語を放棄する（本書第五章参照）。

ハイデガーは企投という用語を、はじめて『存在と時間』で導入した。その語はそれ以前の講義などではまったく使用されていない。しかも『存在と時間』でも、企投という語は了解を主題とする第三一節ではじめて導入され、それ以前の箇所ではまったく姿を現していない（ただし第二九節では、「被投性」という、企投と対になる語が用いられている）。企投の語が『存在と時間』第一部第一篇の途中ではじめて現れるということは、『存在と時間』の清書稿の最初の方を執筆する段階ではまだ術語として確立されてはおらず、了解に関わる節の執筆中に初めて導入されたことを示している。この企投という語は、実はカントが『純粋理性批判』で用いていた言葉である。ハイデガーは『存在と時間』執筆直前のカント哲学との取り組みからこの語を見出し、自分の哲学に取り入れたのだ。

企投という用語は、現存在の存在能力が、現存在が関わっている存在者の可能性、すなわちその「活動空間」の下図を描くことに基づいている点を明確にするために導入された。つまりこの語の導入は、前章などでも述べたように、ハイデガーの問題意識の重心が、現存在の存在の解明から、そうした現存在の存在を基礎づける存在者の存在への問いへと移行していったことと軌を一にしている。このように企投という語の導入は、『存在と時間』の執筆経緯について興味深い示唆を与えてくれるが、この点については第五章であらためて触れることになるだろう。

これまで、内‐存在、すなわち開示性を構成する契機のうち、情態と了解について検討してきた。すでに見たように、この両者は等根源的である（SZ, 148）。すなわち情態のうちにはおのれの可能性の了解が含まれており、また逆に、自分の可能性の了解は、つねに何らかの情態として生起している。すでに恐れの分析でも見たように、恐れのうちにもおのれの可能性についての何らかの了解が含まれていた。このように情態とは「了解を含んだ情態」であり、逆に了解は、つねに「情態による了解」なのである。

(d)「語り」と「言語」
開示性の三番目の契機

本章ではここまでで、開示性を等しく構成するものとしての情態と了解の検討を行った。この情態と了解とともに開示性を構成するもう一つの契機が「語り」である。ハイデガーは『存在と時間』第三四節「現 - 存在と語り。言語」で、この語りについて論じている。

すでにこの表題にも示されているように、ハイデガーは「語り (Rede)」と「言語 (Sprache)」を区別する。簡単に言うと、語りとは「現」において存在者があらわになるという事態そのものを指す。そしてそのような存在者の開示を保存するものが言語である。語りと言語を比べると、語りが第一次的であり、その語りを具体的に保持する物理的な存在者が言語であるという位置づけである。こうした区別をすることで、ハイデガーは言語という現象の起源を存在者の開示そのもののうちに見て取ろうとする。この点を念頭に置いて、ハイデガーの語りについての議論を見ていくことにしよう。

了解のところですでに見てきたように、現存在は世界とおのれの存在を、つねに何らかの形で了解していることは、世界の了解が「気に懸けているもの」と、そこから意義を与えられた「有意義性連関」という分節構造をもつ点にも示されている。ハイデガーはこの、すでに分節化された了解の内容を「意味（Sinn）」と名づけている。そして、こうした了解を「表明（Artikulation）」することを「語り」と呼ぶ（SZ, 161）。彼によれば、了解の表明としてのこの語りは、すでにそれ自身、何らかの分節構造をもっている。そしてこのような、「語りつつ表明することにおいて分節化されたもの」が「意義全体（Bedeutungsganze）」と名づけられる。

今、語りについてのハイデガーの説明を見たが、それだけでは何を言っているのか少々わかりにくいだろう。例を用いて考えてみよう。鳥が飛んでいるのを私が見ているとする。そのとき私はある世界に存在しているが、その世界とは鳥が存在する世界、すなわちその鳥が飛んだり、木に止まったり、えさを採ったり、巣を作ったりすることのできる鳥の活動空間でもある。私が鳥の存在を了解するとは、鳥に関するそのような諸々の可能性を私が了解しているということである。こうした活動空間の了解を背景として、鳥が飛んでいることが、まさに鳥が飛んでいることとして現れているのだ。

ハイデガーの規定によれば、「鳥が飛んでいる」と言うときには、その語りによって今述べたような鳥の諸可能性についての私の了解が表明されている。また、飛んでいる鳥が見えるときには、そのことの表明は「鳥が飛んでいる」とか、「あ、鳥だ」というように分節化されている。この、「表明において分節化されたもの」が、右で言う「意義全体」である。

「言葉」＝「語り」の物理的側面

さて、ハイデガーは語りをこのように了解の表明と規定した上で、そうした語りは本質的に「言葉（Wort）」という形を取らざるをえないと指摘する。「了解の意義全体は言葉になる」のだ（SZ, 161）。彼が「言葉」という用語で示そうとするのは、語りの物理的側面ないしは、ハイデガーの言い方を借りれば、語りの「世界的存在」である。そして「意義に言葉がおのずと与えられる」のであって、「言葉という事物に意義があてがわれるわけではない」ことを強調する（SZ, 161）。

このように注意することによって彼は、まったく意味を欠いた音響や紙の上のしみといったような純然たる事物がまずあって、それが事後的に意味と結びついて言葉になるといった捉え方を退ける。そうではなく、むしろ語りは本質的に「言い表される」ものなのであって、語りとは、語りとして、すでに言葉を伴っているのである。

ハイデガーはこの語りの「世界的な存在」を「言語」とも呼ぶ（SZ, 161）。つまり彼の議論では、「言語」は基本的に「言葉」と同じものであり、語りの物質的側面を指すものである。こうしてハイデガーは、「言葉の全体において、語りはある固有の『世界的な』存在をもち」、「内世界的な存在者として、一個の道具的なもののように目の前に見出される」と述べている（SZ, 161）。語りと言葉の関係についてのハイデガーの説明は非常にわかりにくいが、私なりに説明すると次のとおりである。

現存在が被投され、「世界」に委ねられているということは、まず何より、現存在としての人間が自分自身の身体、さらにはそれ以外の存在者という物質的基盤に委ねられていることを意味している。とすれば、現存在のあり方がそうした物質性と本質的に不可分である限り、現存在がおのれを表明しようとするとき、それは必ず物質的な形態を取らざるをえないだろう。

「共存在」としての語り

これまで見てきたように、語りは世界－内－存在の表明として規定される。ここで世界－内－存在というとき、現存在がその世界の内部で出会う存在者は道具などの事物だけではない。そこでは自分と同じような存在者としての「他者」にも出会う。つまり世界－内－存在は本質的に他者と共にある「共存在（Mitsein）」なのである。

この「共存在」については次章で取り上げるので、ここではとりあえず、世界－内－存在とはつねに何らかの仕方で他者「と共にある」ことだという点だけを確認しておこう。このように世界－内－存在が本質的に共存在だとすると、語りも世界－内－存在の了解の表明として、他者との共存在の何らかの様態を示すことになるだろう。先ほど「鳥が飛んでいる」という例を挙げたが、それは具体的な状況としては、他者と一緒に空をぼーっと見ていることだったり、「あそこに鳥が飛んでいるよ」と他者に注意を促すことだったりするわけだ。

ハイデガーは共存在の観点から見ると、語りは「承諾すること」、「拒否すること」、「要求すること」、「警告すること」、「討議」、「相談」、「執り成し」、「証言すること」、「スピーチすること」などの様態を取りうると述べている（SZ, 161）。こうした例からも、ハイデガーが語りを考察するにあたって、理論的な言明ではなく、むしろ日常生活に根差した広範な言語活動を捉えようとしていたことがわかるだろう。

語りの基本構造

ここでハイデガーは、今挙げられた語りの様態すべてに当てはまる語りの一般的構造の分析を展開する。彼は語りの構造として、次の四つの構成的契機を挙げている。（一）「語りの主題」、（二）「語られた事柄そのもの」、（三）「伝達」、（四）「表現」である（SZ, 162）。以下、それぞれの契機について順に見ていくことにしよう。

（一）語りの主題。「語りとは何かについての語りである」以上、必ず語りには主題がある。この主題は「SはPである」という規定的、理論的命題でいうと、その主語であるSにあたる。

しかし先ほど述べたように、語りはそれ以外にもさまざまな様態を取りうるので、主題は必ずしも「SはPである」という規定的命題の主語に限定されるわけではない。例えば命令とは何かについて下されるものだし（何かがこうあるべし）、願望も、何かについての願望である（何かがこうあってほしい）（SZ, 161f.）。理論的言明だけでなく、語り一般もこのように必然的に主題をもつわけだ。語りは開示性の表明だったが、それは先ほども見たように、ある存在者がその存在において現れてくることだった。したがって語りには、必ず何らかの存在者がその構成契機として含まれている。まさに語りの主題とは、そうした存在者を指している。

（二）「語られた事柄そのもの」。語りの主題は「つねに特定の観点とある限界において、語りかけられる」（SZ, 162）。したがって、「あらゆる語りには、語られた事柄そのものが含まれている」（SZ, 162）。

例えば願望ならば願望されたこと、問うことなら問われたことが、「語られた事柄そのもの」である。また「いすは背もたれ付きである」というような単純な規定的言明においては、「いす」がこの語りの主題で、「背もたれ付きであること」が「語られた事柄そのもの」という契機に当たる（GA20, 362）。語りとは、存在者がその存在において現れる事態を表明するものだが、「語られた事柄そのもの」とは、存在者がまさにいかなる存在様態で現れているか、すなわち存在者の存在を表示する契機だと言えるだろう。

（三）先ほども述べたように、現存在の世界－内－存在は本質的に共存在である。したがって、その開示性の表明としての語りは、つねにすでに「他者に対する、また他者との語り」であり、その意味で「伝達」である（GA20, 362）。

この伝達は主観の内部の体験を他の主観へと移送することではない、そうハイデガーは注意する。そうではなく伝達とは、情態ならびに了解を他者と「分かち合う」ことである（SZ, 162）。語りにおいては、現存在の「現」、すなわち状況が、他者と共有されている。逆に言えば、他者との共存在とは語りにおける了解の分かち合いであり、それは語りに基づいているのである。

（四）「表現」について。語りは「おのれを言い表す」。ということは、語りにおいて、「現存在はおのれを言い表す」（SZ, 162）。

（一）、（二）では語りにおいて存在者がその存在においてあらわになっているという側面が捉えられていたが、（三）では、またそれが同時に、他者と分かち合われていることが指摘された。（四）の「表現」で問題になっているのは、語りにおいて存在者が言葉として言い表される際には、それと同時におのれ自身の存在、とりわけ情態も表出されているということだ。つまり語りは基本的には了解の表明だが、了解が情態的了解である以上、語りには情態的要素も何らかの形で示されているのである。

またそれは、何か「内側」にあるものを「外側」に表出することではない。現存在は世界－内－存在としてつねにすでに「外」に存在する。「言い表されたものとはまさに外にあることなのであって、情態（気分）のその時々の様式である」、そうハイデガーは述べている（SZ, 162)。

彼は言語的にはそれは「音調」、「抑揚」、「語りのテンポ」、「話し方」の形を取るという。語りは怒った口調、苛立った口調、うれしそうな口調、淡々とした口調など、必ず何らかの語り口をもっている。そうした語り口において言い表された情態は、それを語っている現存在にとって世界がどのように気分的に分節化されているかを示しているが、この気分的な分節化こそは世界そのものの分節化にほかならず、それゆえにこそ、まさにそれは「外にあること」なのだ。ハイデガーによると、このような情態のさまざまな可能性を伝達することに特化された語りの形態が文学表現などの「詩作的な語り」である（SZ, 162）。

以上で、語りの構造を、四つの契機に即して概観した。ハイデガーはこのあとで、もう一度、これまでの議論をまとめる形で、語りとは「世界－内－存在の情態的了解の、意義に沿った分節化である」と規定し、その語りには「語りの主題（論じられたもの）、語られた事柄そのもの、伝達、表現」が構成契機として属していると述べている（SZ, 162）。

既存の言語論の限界

こう言われると、「語りの主題」と「語られた事柄そのもの」の関係は、西洋の論理学や文法学において言語の基本的形態とされてきた規定的言明の主語－述語関係と同じもののように見えるかもしれない。しかしこのような規定的言明では、言明の対象となる存在者とは、私によって何らかの規定を与えられるものと解される。つまり私と存在者は最初は別々に存在し、次いで私が存在者について任意の観点から何らかの規定を行うと見なされている。

ハイデガーによれば、「語りの主題」と「語られた事柄そのもの」の関係とは、たしかにこのような主語－述語関係（"S ist P"）の場合もありうるが、それは語りの根源的な現象とは言えず、むしろ派生的な現象と見なされる（規定的言明については、「語り」を扱う節の直前の第三三節「解釈の派生的様態としての言明」で考察されている)。

語りとは開示性の表明である。だが開示性とは、存在者がその存在において現れる場なのだから、語りは存在者の存在を表明するものだと言うこともできる。

例えば鳥が飛んでいるのを私が見る場合、一方で私が存在し、他方で飛んでいる鳥が存在し、その後、見るという仕方で両者の関係が成立するわけではない。むしろ私は「鳥が飛んでいる」という事態とともに生起している世界に巻き込まれ、そのうちに自分を見出している。したがって私の存在も、そうした事態とともに成立している。『存在と時間』ではまだ「現存在が〜を了解する」というような表現が用いられているので、了解の対象があたかも現存在からは切り離されているかのように見えてしまう。しかし実際のところ、「存在者がある」という出来事そのものが現存在を成り立たせているのだから、そのことこそが現存在の生起そのものでもあるのだ。

ハイデガーは後年、このような、語りは存在の生起そのものだということを、またそのような意味での語りこそが人間存在を基礎づけていることを、より直接的に言い表すようになった。ここでは一九三四年の講演「ドイツの大学の現状と将来の任務」の一節を例として見ておこう(ここでは「言語」が「語り」の意味で用いられていることに注意)。そこで彼は「言語の本質はむしろ、言語のなかで人間がそもそもはじめて存在者へと乗り出すことのうちにあり」、「言語のうちで存在の根源的露呈と示現（Offenbarung）が起こる」と述べ、「言語とは事物のこうした露呈をかろうじて事後的に表現するものというわけではなく、この露呈することそのものである」と結論づけている（GA16, 329f.）。

ハイデガーは少し後の箇所で、「人間が言語をもつのではなく、言語が人間を『もつ』」とも表現している（GA16, 331）。『存在と時間』では、まだ現存在が主体として、客体としての存在を表象するかのように誤解されかねない表現が残っているが、この時期になると自覚的にそうした表現を避け、事態をより直接的に言い表している。逆に『存在と時間』が主観－客観図式の影響をまだ完全に脱しきれていない点が、『存在と時間』の叙述の内的整合性を損なうことになり、結果として同書が未刊に終わることにもつながったのだが、この点についてはまた後ほど第五章で触れることにしたい。

さて、以上で開示性の構成契機としての語りの議論を概観した。本書では開示性をフッサール現象学の志向性概念のハイデガーによる捉え直しと位置づけた上で、その構造を『存在と時間』第一部第一篇第五章の叙述に沿って、情態、了解、語りの順番で検討した。ハイデガーはこのようにして開示性の構造の分節化を行ったあとで、それに続く第五章「B. 現の日常的存在と現存在の頽落」で、今度はとくにその日常的な様態がどのようなものであるかを検討している。その内容については本書では、現存在の非本来性を取り上げる次章で紹介する予定である。

その次の『存在と時間』第一部第一篇第六章「現存在の存在としての気遣い」でハイデガーは、これまでの現存在の実存論的分析を総括する形で、現存在の存在の包括的かつ根本的な規定を提示するという課題に取り組む。彼がその考察の結果として示すのが「気遣い」である。開示性において、世界とおのれの存在が開示されているのだったが、そのことが世界とおのれを「気遣っていること」として捉えられるのだ。現存在の存在を「気遣い」と規定するのは、われわれにはいささか唐突に感じられるが、これはキリスト教教義学の人間観を背景にしたものである。以下ではこのような思想史的連関にも注意しながら、ハイデガーによる「気遣い」の分析を検討していくことにしよう。

2. 現存在の存在としての気遣い

(a) 不安——現存在の存在全体を開示する情態

現存在を包括的に規定する

ハイデガーは『存在と時間』第一部第一篇第六章「現存在の存在としての気遣い」の冒頭で、これまでの章（第一篇第二章から第五章）で「世界-内-存在」を構成する「世界」、

「自己」、「内－存在」というすべての契機が捉えられたことを確認する。ただし、これまでは現存在の存在に含まれる右の諸契機を個別に主題化しただけで、現存在の存在が全体としてどのようなものかはまだ問題にされていなかった、そうハイデガーは振り返り、現存在の全構造を「統一的に」現象学的に規定することを次の課題とする（SZ, 181）。

あらかじめ結論を先取りすると、現存在の存在は「気遣い」と規定される。つまり、現存在はおのれの存在を気遣う存在者だとされる。これはもちろん、基本的にはおのれのよきあり方を気遣うということである。よきあり方を求めるということがなければ、そもそもおのれの存在を気遣う必要もないからだ。では、現存在の存在が「気遣い」であることをハイデガーはどのようにして導き出すのだろうか。また現存在の存在を「気遣い」と規定することの意味は何なのだろうか。そのことを以下で具体的に見ていこう。

ハイデガーはこれまでの分析の成果に基づいて、まず、これから現存在の存在は全体としてどのように捉えられなければならないのかを提示する。情態を取り上げたところで見たように、現存在は、おのれの現へと投げ込まれているという被投性というあり方をもっている。またその一方で現存在は、つねに可能性へと企投する存在でもあった。また「世界－内－存在」には道具的なもの「のもとでの存在」と、他者との「共存在」も含まれている。さらにこの「世界－内－存在」は、そのつど「おのれ自身を気に懸け」ながら存在している。しかし同時に、「世界‐内‐存在」はさしあたり頽落しており、非本来的な様態にとどまっている（SZ, 181）。ハイデガーは現存在のこうしたさまざまな要素を包括的に捉えることのできる現存在の存在の特徴づけとは何かを問う。

それでは、こうした現存在の存在全体とは、どのように捉えられるのだろうか。ハイデガーはここで、現存在の存在がもっとも根源的に示されるような開示性を手がかりにすることを提唱する。彼がそのような開示性として挙げるのが、「不安（Angst）」という情態である（SZ, 182）。つまり「不安」においてこそ、現存在がいかなる存在なのかがもっとも明瞭、かつ根源的な仕方で示される、そうハイデガーは言うのだ。

「不安」にこのような特権的な意義が与えられることには、いささか唐突な感じがするかもしれない。この不安を根源的な開示性とするハイデガーの主張は、実はキリスト教教義学の伝統を背景にしているのだが、この点にはまたあとで触れることになるだろう。ここでは不安が現存在の存在の特権的な開示性であるとする彼の主張をとりあえず認めた上で、彼がこの不安という「根本情態」をどのように分析するかを見ていこう。

「頽落」を手がかりに

ハイデガーはこの不安の分析にあたって、『存在と時間』で不安の分析の直前（第三八節）で論じた「頽落」にその手がかりを求めている（頽落については、これまでも折に触れて言及してきたが、本書では非本来性を取り上げる次章で詳しく分析する予定である）。しかし、頽落と不安には、どのような関係があるのだろうか。

ハイデガーは頽落を、現存在のおのれ自身からの「逃避（Flucht）」と規定する。しかし、いかに自己自身から逃避しても、現存在が自己自身から逃げ切れるわけはなく、自己自身はつねに逃避する現存在につきまとい続ける。このように、逃避がおのれ自身からの逃避であるためには、まずその前提として、現存在がそこから逃避しようとしている「おのれ自身」がすでに開示されていなければならないのだ（SZ, 184）。

とは言え、逃避においては、おのれ自身はおのれ自身に正面から向き合い、それを把握するという仕方で開示されることはない。しかしともかく、そこから逃げるという以上は、おのれ自身は現存在の「現」において開示されてはいるのである（SZ, 185）。

あるものから逃避することとは、恐れにも見られる性格である。しかし恐れの場合、ハイデガーの分析によれば、恐れの「直面しているもの」は、世界のうちに現れる存在者、例えば土砂崩れや地震、台風といったものだった。それに対して、頽落がそれに直面し、そこから逃げているものはおのれ自身の存在だから、その点で頽落の逃避は恐れの逃避とは異なっている。

ハイデガーによると、頽落における逃避とはむしろ「不安」からの逃避である（SZ, 186）。つまり頽落とは、おのれ自身の存在に直面することへの不安からの逃避と解釈されるのだ。このようにハイデガーは、頽落的な逃避の根底にある情態を不安と規定し、この不安の分析を、すでに本書でも見た、情態を構成する三つの契機、すなわち（一）「直面しているもの」、（二）「情態そのもの」、（三）「案じているもの」に即して行う。以下でその具体的な議論を見ることにしよう。

不安の構造

（一）不安の「直面しているもの」は「世界－内－存在そのもの」である（SZ, 186）。先ほど確認したように、不安の対象は恐れの対象とは異なり、世界内に現れる事物ではない。したがって不安において脅威を与えているものは、ある具体的な有害性をもった存在者ではなく、その意味において、不特定のものである。

では不安は何に直面して不安がっているのかといえば、今も述べたように、「世界－内－存在そのもの」に対してである。つまり不安においては、自己の存在そのものがあらわになっているのである。

不安においては、もっぱらおのれ自身の存在能力そのものが問題になっている。そこでは世界のうちに現れる道具的なものや事物的なものはまったく意味をもっていない。こうした事態はより根本的に捉えれば、道具や事物がはめ込まれている意味連関が崩壊し、世界が完全に無意義になっていることを意味する（SZ, 186）。簡単に言うと、組織や社会でこうすればよいとされてきた規範が意味を失っている状態である。不安とは、このように世間的な規範が拘束力をもたなくなる中で、自分がいかにふるまうべきかを自分自身で選び取ることを突きつけられることによる不安だと言うことができるだろう。

（二）不安にはもちろん、現存在が「不安がる」という契機が含まれている。ある意味では当たり前のことだが、現存在が「不安がる」ことなしには不安は存在しない。ハイデガーはこの「不安がること」が、「根源的に、また直接的に世界を世界として開示する」と述べる（SZ, 187）。わかりやすく言えば、不安を抱くことにおいて世界の意義が全体として問いに付され、それと軌を一にして、自分のあり方をどうするのかが突きつけられているのである。

（三）不安における「案じているもの」という契機は、現存在のある特定の存在様式や可能性といったものではない。不安における脅威は不特定なもので、何か特定のものに脅かされているわけではない。このように述べた上で、ハイデガーは不安が「案じているもの」を「世界－内－存在そのもの」だと規定する（SZ, 187）。不安においては、事物や他者について、こうすべきだという世間的な規範は意味をもたなくなってしまっている。不安は現存在を「おのれの本来的な世界−内−存在−能力」へと差し戻すのだ。

不安における「単独化」

ハイデガーはこのことを、「不安は現存在を自分のものでしかない世界−内−存在へと単独化する（vereinzeln）」と表現する。不安は現存在が自分のものでしかない存在能力に関わる存在であること、すなわち「自分−自身を−選択し、つかみ取る自由に対して開かれていること」をあらわにする（SZ, 188）。要するに、不安においては、自分が本来的であるか可能性を選び取るか取らないかが、現存在に突きつけられているのである（この本来性については次章で詳しく論じる予定である）。

以上の分析をまとめると、不安とは、現存在がおのれ自身の本来的な可能性に直面して、それを選択するかどうかを案じている情態ということになるだろう。不安とは要するに、「自分の生き方はこれでよいのだろうか」と自問するあり方なのである。つまり不安においては、現存在がおのれの存在の本来性の可能性に直面させられている。そしてその可能性は、他ならぬ自分自身の可能性であり、それを選び取るか取らないかは自分で決めなければならない。そのような意味で、不安という情態において現存在は「それ自身単独で（solus ipse）」存在しているものとして開示されていると言われるのだ（SZ, 188）。

　現存在がこのように「それ自身単独で」存在していることを、ハイデガーは「実存論的独我論（Solipsismus）」とも呼んでいる。これは自分だけが存在して、自分以外の他者や事物が存在しないという通常の意味での独我論ではない。日常において自分が出会うさまざまな事物をどう扱うかは、望ましいとされるあり方が世間によってすでに定められている。だが不安においては、そうした規範が崩れ落ち、また同時にそれを望ましいものだとする他者からも切り離された状況で、おのれのあり方の選択が迫られているために、「単独化」が語られるのである。

　すなわちここで言う独我論とは、現存在が自分自身の存在能力をひとえに自分の責任のもとで選び取るしかないという事態を言い表そうとしている。そしてこのときには、情態の分析のときに語られていた「現の存在の重荷」がもっとも純粋に開示されている。

　ハイデガーによると、通常われわれは、このような不安を意識していない。それでも不安の不気味さは、「現存在のあとをつけ」、世間的な規範へと没入して自分を失ってしまっているという日常的な現存在のあり方を、それとはなしにではあるが脅かし続けている（このように現存在を脅かすものが、『存在と時間』ではのちほど、「良心の呼び声」として主題化される）。しかも、そもそも現存在の日常性そのものが、この不安の不気味さから離反し、それを「遮蔽する」というあり方で、実は不安の不気味さを了解しているのである（SZ, 189）。日常性とはけっして中立的な様態ではなく、本質的に本来的可能性からの逃避と理解されるべきものなのだ。

なぜ「不安」が重要視されるのか？

だが、不安が特権的な開示性だとするハイデガーの議論はとりあえず理解できたとしても、われわれには不安がなぜこれほどまでに重視され、のみならずこのような文脈で取り上げられなければならないのか、正直、今ひとつピンと来ないところもある。このような不安に対する扱いは、以前に分析された恐れとあわせて、ハイデガーの実存論的分析へのキリスト教的人間学の影響を抜きにしては考えられないだろう。ハイデガー自身、『存在と時間』で不安を取り上げている箇所の注で、キリスト教神学が神に対する人間の関係を問題にするときに、信仰、罪、愛、悔い改めといった現象との関連で、不安と恐怖に注目してきたことに注意を促している（SZ, 190, Anm. 1）。そして同じ注で、とくにアウグスティヌスの「敬虔な恐れ（timor castus）」と「奴隷的な恐れ（timor servilis）」についての理論を参照するように促している。

ハイデガーは実際に、一九二一年夏学期講義『アウグスティヌスと新プラトン主義』におけるアウグスティヌス解釈で、「敬虔な恐れ」と「奴隷的な恐れ」を取り上げている。ハイデガーはアウグスティヌスに即して、奴隷的な恐れは「罰のために神を恐れる」ものであり、敬虔な恐れは「神への愛」、すなわち善そのものを追い求めることに由来すると説明する。敬虔な恐れとは要するに神を恐れることだが、これは神を自分から遠ざけようとするのではなく、むしろおのれに引きつけるという性質をもつ。こうした神に対する敬虔な恐れは、日本語では「畏怖」と呼ばれる感情に当たるだろう。つまり純粋な恐れとは神への信頼、恭順と結びついているのである。

「恐れ」と「不安」の違い

この敬虔な恐れの特質を際だたせるために、ハイデガーはアウグスティヌスが挙げている例を引き合いに出す。それによると、盗賊を恐れる場合、ひとは自分を脅かす盗賊に助けを求めたりはしない。しかし神を恐れる場合には、ひとは神から逃げるのではなく、むしろ神に向かって逃げる。これは、神に従うことを意味する。以上の議論からすれば、「敬虔な恐れ」は『存在と時間』で論じられている「不安」に該当し、「奴隷的な恐れ」は「恐れ」に該当すると考えて差し支えないだろう。

罰のために神を恐れるということは、本当のところ罰を恐れているだけであり、神を恐れているわけではない。したがってこのとき人は真の善を見失っている。それに対して、敬虔な恐れは神を愛し、神に身を委ねることによって善を目指しているのである。ハイデガーはこの二つの恐れをそれぞれ次のように特徴づけている。まず奴隷的な恐れは「世界的な恐れ」とも呼ばれ、ひとに襲いかかる「臆病さ」だとされる。これに対して、敬虔な恐れの方は「自己に基づいた恐れ（selbstliche Furcht）」とされる。それこそが「真の希望のうちに動機をもち、すなわち自分自身から発する信頼のうちに動機をもつ」恐れである(GA60, 297)。

またハイデガーは同じ箇所で、神に対する敬虔な恐れを「本来的な自己経験を気遣うこと」とも特徴づけている。神への敬虔な恐れとは、神に従おうとすること、自分が神から見て正しい存在であるかどうかを気遣うことである。『存在と時間』ではこうしたあり方が、「おのれのもっとも固有な世界－内－存在」に対する不安と捉え直されているのだ。

なお先ほど言及した『存在と時間』の「不安」の節（第四〇節）に付された注では、アウグスティヌスと並んでルターも『創世記』講話で「恐れの現象」を扱っていることが述べられているが、とくにその中でも『創世記』第三章のアダムとイブの寓話の解釈を参照するようにと指示されている。実際にその箇所を見てみると、ルターは「アダムのうちなる理性と意志の本性は、神を知ること、神を信じること、神を恐れることであった」が、蛇にそそのかされて知恵の実を食べてしまった今はそれらが失われてしまったと述べている（『マルティン・ルター著作集』第四二巻、ワイマール版、二〇〇六年、一二四頁）。つまりここでは、先ほどのアウグスティヌスによる区別で言えば、神に対する敬虔な恐れが語られているのである。

しかしルターは、アダムとイブが神の音を聞いて木々の間に身を隠したという箇所への注釈で、彼らがかつては分別をもち、神の前にまっすぐ立ち、神を讃え、けっして逃げ隠れしなかったのに、今では神の気配にさえ驚愕するようになったとし、次のように述べている。「ああ、何という嘆かわしい堕落だろうか。最高の安心感から、神のうちにあるという自信と喜びから、悪魔の姿と臨在に対してよりも、さらにいっそう神の姿に対してしり込みするような忌まわしい恐怖に陥ってしまうとは」（『マルティン・ルター著作集』第四二巻、一二八頁）。まさにこちらは悪しき恐怖、奴隷的な恐怖である。アダムとイブはそうした恐怖のために神から逃げ隠れようとするが、もちろんそれは不可能である。

以上の奴隷的な恐れと敬虔な恐れの対比から、恐れが「非本来的な不安」だという『存在と時間』における謎めいた規定の意味も明白になっただろう。要するに恐れとは世界におけるおのれの獲得物の喪失への恐怖なのである。そうした世界への固執は、本来的な恐れである不安という高次の視点からは、おのれ固有の存在からの逃避と見なされる。しかし、不安からの逃避という意味においては、世界的な恐れも不安の一様態ということができる。「恐れは『世界』に頽落した、非本来的でおのれ自身には隠されている不安」(SZ, 189)なのである。

以上の説明にも示されているように、『存在と時間』における不安と恐れの分析は、キリスト教神学において神に対する人間の関係を特徴づける感情とされてきた不安と恐れという感情を実存論的に捉え直したものである。『存在と時間』では、恐れの分析と不安の分析はそれぞれ別の章に配置されているので、キリスト教神学における両者のつながりは見にくくなってしまっている。しかし一九二五年夏学期の講義『時間概念の歴史への序説』では、ハイデガーは恐れと不安を「〜からの逃避」という性格をもつ情態として同一の節で取り上げ、比較を行っている(GA20, 391ff.)。つまりこの時点では、キリスト教神学に示されている恐れと不安の本質的な連関が、『存在と時間』の時期よりも明確な形で示されていたのだ。

(b) 現存在の存在としての気遣い

「不安」とは何か

以上、現存在の根本情態としての不安の分析を検討した。そもそも不安という情態は、現存在の存在をもっとも純粋にあらわにするものとして主題化されたのだった。つまり現存在の生きることとの意味をもっとも先鋭化された形で示す情態が、不安である。そして不安という情態のそのような特権的な位置づけは、それがキリスト教神学において「神への畏怖」として取り上げられていた感情だったことに由来する。その意味において不安とは、神に対する人間の本質的な関係をもっとも純粋な形であらわにする感情であった。すなわちキリスト教神学では神との関係として語られていた事柄が、『存在と時間』では、他ならぬ自分自身の存在能力への関係として捉え直されるのである。

このように、現存在の存在をもっとも単純化された形であらわにする情態として、まず不安が分析されたわけだが、ハイデガーはこの成果に基づいて、続く第四一節「現存在の存在としての気遣い」で、現存在がいかなる存在なのかを規定しようとする。

ハイデガーによると、不安において現存在は自分の「被投された世界-内-存在」に直面している。またそのとき、現存在はおのれの「世界-内-存在-能力」を案じている。前者で開示されているのは、現存在がおのれの「世界-内-存在」を否応なしに担わされているというおのれの存在の受動性、すなわちハイデガーが被投性と呼ぶ契機である。

後者においては、おのれの本来的実存が現存在に対して選択可能なものとして開示されている。すなわちそこでは実存の企投という契機が問題にされている（SZ, 191）。つまり、不安は現存在の被投的企投という存在構造――要は本来的な存在能力を選択すること（企投）をおのれが強いられていること（被投性）――をもっとも純粋に示しているのだ。

それでは、不安において開示されているこのような事柄から、現存在の存在はどのように規定されるのだろうか。

「気遣い」の構造

議論の見通しをよくするために、あらかじめハイデガーの結論を先取りして示しておこう。彼は現存在の存在を「気遣い」と名づける。そしてこの「気遣い」を、「（内世界的存在者）のもとでの－存在として、おのれに－先だって－すでに－（世界）－のうちに－存在すること」（SZ, 192）と規定する。ハイデガーが不安から、この気遣いの構造をどのように導き出しているのかを以下で具体的に見ていこう。

（一）「おのれに－先だって」という契機について。

ハイデガーによると、現存在は自分が存在するにあたって、自分の存在そのものが問題であるような存在者だった。そしてこの「おのれの存在が問題である」ことは、さらにおのれの存在を了解していること、すなわち、他ならぬ自分自身の存在能力へとおのれを企投することだ。不安において現存在は「他ならぬ自分自身の存在能力に対して開かれた」

存在として、つまりそうした存在能力を選択することのできる存在として示されていたのだ。

この「他ならぬ自分自身の存在能力へと関わる」は、現存在が自分の存在能力を任意に構想することではない。現存在が「他ならぬ自分自身の存在能力に対して開かれている」とき、他ならぬ自分自身の存在能力は自己自身に先だつもの、として、おのれ自身に与えられてくる（こうした「自分自身の存在能力」の所与性をもっとも典型的に示しているのが、『存在と時間』の「死への先駆」の議論で取り上げられる、死の可能性である）。この現存在がつねに他ならぬ自分自身の存在能力に関わっている、ないしはより正確に言うと関わらせられているという事態が、「現存在はおのれ自身に対して、おのれが存在するときにそのつど、すでに先だって（vorweg）いる」と表現される（SZ, 191）。それは現存在が「存在能力へと関わる存在として、つねにすでに『おのれを越えて』いる」ということでもある（SZ, 192）。

（二）ここでハイデガーは、この「おのれに‐先だって」が、「主体」の内部で起こっている出来事ではないと注意する。現存在が世界‐内‐存在である以上、現存在はそのつどすでに「世界へと投げ入れられている」。それゆえ「おのれに‐先だって‐あること」とは、より正確に表現すれば、「おのれに‐先だって‐すでに‐（世界）‐のうちに‐存在すること」である（SZ, 192）。ここでハイデガーが、現存在が「世界」のうちに投げ入れられていることを強調するのは、現存在が企投する可能性とは、世界のうちでのおのれの可能性であって、自分がそのうちに置かれた「世界」によって制約を受けた可能性であることを示すためである。

(三) ところで、現存在は単に被投的な世界-内-存在であるだけではなく、つねにすでにおのれが配慮している世界のうちに没入し、すなわち頽落しているのだった。それゆえ「おのれに-先だって-すでに-世界-のうちに-あること」は、現存在には不気味なものとして経験されている。

(一)、(二) の議論からすると、現存在に対しておのれの本来的な存在能力は、自分が引き受けなければならないものとしてつねに突きつけられているが、このことは現存在にとっては非常に「居心地の悪い」事態である。そのため現存在は絶えずそこから逃避しようとする。現存在はこの不気味さから逃亡し、「頽落的な、何かのもとでの存在」というあり方を取る。このように、「おのれに-先だって-すでに-世界-のうちに-あること」には、何らかの存在者のもとに頽落していることがその本質上、つねに随伴しているのである (SZ, 192)。

「気遣い」の意味するもの

ハイデガーは上記の議論に基づいて、現存在の存在を全体として「(世界のうちで出来する存在者)のもとでの-存在として、おのれに-先だって-すでに-(世界)-のうちに-あること」と表現する。そしてハイデガーはこうした現存在の存在を「気遣い」と名づける。ではこの構造が「気遣い」だということは、何を意味するだろうか。

それはまずは「おのれに-先だって」という契機に示された、自分自身の存在能力に関わっているという側面を指している。自分自身の存在能力に関わっているということは、まさにそれを気遣っていることだからである。

しかしこの、他ならぬ自分自身の存在能力は、ある世界における可能性であり、したがってそうした可能性に関わることは、世界のうちにおのれ自身を見出していることに他ならない。したがって「おのれに-先だって」のうちには本質上、「すでに-世界-のうちに」が含まれている。このことは、他ならぬ自分自身の存在能力は自分自身にはままならない仕方で規定されているということだ。まさにこのような意のままにならない可能性を押しつけられているという被投的企投の居心地の悪さから逃避して、現存在はつねに世界のうちで現れる物事の配慮に没頭するのである。

したがって「おのれに-先だって」のうちには、「すでに-世界-のうちに」が含まれるだけでなく、本質的に「〜のもとでの-存在」も含まれている。しかもこのようなある物事「のもとでの存在」も、その物事を気遣うことを意味するのだから、ここにも「気遣い」が見て取られることになるわけだ。

ハイデガーはこのように、現存在が他ならぬ自分自身の存在能力を気遣うことと、頽落的に世界を気遣うことという二重の意味において「気遣い」という性格をもつという。またこうした気遣いは、彼の実存論的分析がはじめて捉えた現象ではなく、非哲学的、非学問的レベルにおいてはすでに以前から人々が知っていた現象だとも述べている。つまり現存在の存在を気遣いと規定することは、自分の恣意的な人間観を押しつけるものではないというわけだ。

「気遣い」概念の系譜

気遣いを扱っている第四一節に続く第四二節「現存在の気遣いとしての実存論的解釈を現存在の前存在論的自己解釈によって確証する」でハイデガーが、現存在が古来、自分自身を気遣いとして解釈していた証拠として取り上げているのが、古代ローマのヒュギーヌスが記録した「クーラの寓話」である（ヒュギーヌス『ギリシャ神話集』松田治、青山照男訳、講談社学術文庫、二〇〇五年所収）。クーラとは“cura”、つまり「気遣い」を意味するラテン語だが、この寓話では、このクーラが神格化されて神として登場する。

この寓話は『存在と時間』の前身とも言える論文「時間の概念」の掲載が予定されていた『文学と精神史のためのドイツ季刊』に掲載された文学者コンラート・ブルダッハの論文「ファウストと気遣い」に採録されていたものである（すでに第一章で述べたように、ハイデガーは結局、論文「時間の概念」をこの雑誌に載せることはできなかったが、その当時のこの雑誌との知的交流の痕跡がこうしたブルダッハの論文の参照などに示されている）。以下で見るように、ハイデガーの気遣いは何といっても、キリスト教教義学の影響の色濃い概念だが、ここで古代ローマの「クーラの寓話」を取り上げて彼が示そうとしているのは、気遣いという現存在の存在規定が、単にキリスト教的な人間観にはとどまらない普遍性をもつということなのだろう。

この寓話の内容を要約して紹介すると以下の通りである。「クーラは土からある形を作り上げた。クーラはユピテルにこの土に精神を与えるよう頼み、ユピテルは快諾（かいだく）した。この造形物に名前を与えるときに、クーラは自分の名前を付けようとしたが、ユピテルは自分の名前を付けるべきだと反対した。そこに大地、テルスが現れて、像は大地から造られたのだから、自分の名前を付けるべきだと主張した。彼らはサトゥルヌスに裁定を仰ぎ、サトゥルヌスは次のように裁定した。ユピテルは精神を与えたのだから、死後、像の死後、精神を取ればよい。テルスは身体を与えたのだから、死後、身体を受け取ればよい。しかし、クーラは最初にこのものを形作ったのだから、生きているあいだはクーラがこれを所有すればよい。しかし、名前は争いが起こるので、それは『フムス（土）』からできているということで、『ホモ（人間）』と名づけたらよい」。

ハイデガーはこの寓話において、人間は生きている限りクーラをその本質とすること、しかもこのことが人間は身体と精神からなるという伝統的な解釈に優先させる形で主張されていることに注目する。この寓話は人間が世界内に存在する限り気遣いであること、すなわち「世界 - 内 - 存在」とは気遣いによって規定されていることを示している、そうハイデガーは主張する（SZ, 198）。

ハイデガーはここでブルダッハによるクーラ、「気遣い」の概念史的説明への参照を促し、ブルダッハがとくにセネカの書簡におけるクーラに、一方で「小心翼々とした骨折り」、他方で「入念さ」や「献身」という二つの意味を見出している点を指摘する。ハイデガーは、ブルダッハが紹介する古代ローマの哲学者セネカの書簡を独自に要約して、気遣いの働きとして「人間の完成（perfectio）、人間が他ならぬ自分自身の可能性に開かれていること（企投）において、そうでありうるところのものになること」が語られていると述べている（SZ, 199）。

これはクーラの二重の意味のうちの「入念さ」、「献身」に該当するだろう。

しかしそこで気遣いは、「配慮された世界へと引き渡されている」ような現存在のあり方を規定するものだともされている。こちらは「小心翼々とした骨折り」と呼ばれていた側面に当たる。ハイデガーの気遣いの議論に即して言えば、ブルダッハがセネカの書簡のうちに見て取ったクーラの二重の意味のうち、その「入念さ」、「献身」は自分自身の存在能力の気遣いを指し、「小心翼々とした努力」は自分自身の存在能力から逃避して、配慮されたものへ没入する態度を指すだろう。

キリスト教人間学の捉え直し

このような気遣いの解釈に関して、ハイデガーは気遣い概念の歴史的背景について、「すでにストア派において、メリムナー〔気遣い〕は確固たる術語であり、新約聖書でもふたたび回帰しており、ウルガータ版聖書ではソリキトゥード〔気遣い〕と訳されている」と指摘したあとで、自分の気遣い概念が、とくにアリストテレス存在論を基盤としてアウグスティヌスの人間学を解釈するなかで生み出されたものだと述べている（SZ, 199, Anm.1)。

気遣いを意味するギリシア語、メリムナーは新約聖書では六箇所にその用法が見られるが、それを実際に見てみると、まさに「この世の気遣い」と、神への気遣いという二種の用法が見出される。新約聖書におけるメリムナーの六つの用例のうち三つは、マルコ、マタイ、ルカの共観福音書に共通して見られる「種まきの譬えの解釈」のところでほぼ同じ仕方で用いられている。ここではマタイ福音書のものを引いておこう。「また、『茨の中に』蒔かれた者とは、〈言葉〉を聞く者ではあるが、この世の思い煩いと富の誘惑が〈言葉〉を〔まったく〕窒息させてしまい、〔彼は〕実を結ばなくなってしまうのである」(マタイ一三:二二、新約聖書翻訳委員会訳『新約聖書』岩波書店、二〇〇四年、一一九頁。以下、新約聖書から引用する際は、この岩波書店版『新約聖書』の訳を用いることにする)。

ここでメリムナーは「この世の思い煩い」という形で現れており、気遣いの二種の用法という点では、世界に対する気遣いという意味で用いられている。メリムナーのもう一つの用法は、ペテロの第一の手紙に見られるものである。「あなたがたの思い煩いをすべて神のもとに投げ込みなさい。神があなたがたの面倒をみて下さっているのだから」(ペテロの第一の手紙五:七)。ここでも「思い煩い」は基本的には「この世の思い煩い」を意味しているが、他方でそれを神に向ける可能性、つまり「神への献身」に変容する可能性も示されている。

なお、アウグスティヌスと気遣い概念の関係については、一九二一年夏学期講義『アウグスティヌスと新プラトン主義』で、まさにアウグスティヌスの議論に依拠して、「生の根本特徴はcurare（心配すること）である」として、さらにその「心配すること」について、「真の心配と真でない心配がある（後者は「忙しさ」）」と述べている（GA60, 271）。この引用では「真の心配」と「真でない心配」があるとされているが、これは先ほど触れた気遣いの二重の意味に対応するといってよいだろう。

これまで本書では、ハイデガーの実存論的分析の主要カテゴリーが、アリストテレスやキリスト教人間学の解釈をとおして生み出されてきたことを折に触れて指摘してきたが、気遣いに関しても同じ事情が存在しているわけである。キリスト教人間学において語られている、人間と神の本質的関係、人間のそうした関係からの逃避、しかもその逃避も神の追及を究極的には逃れられないという事情が、現存在の気遣いという構造として再解釈されるのだ。

つまり、キリスト教人間学では人間と神の関係とされているものが、実存論的分析では現存在とおのれの本来的存在能力を気遣うこととして捉え直されるのである。現存在は存在する限り、おのれの本来的存在能力を引き受けねばならず、そうした存在能力からは逃れることができない。にもかかわらず、現存在は「世界」の配慮に没入するという頽落によってそこから逃れようとする。だが、神が人間をどこまでも追求するように、自分自身の存在能力は現存在をつねに追いかけ、現存在がそこから解放されることはけっしてないのだ。

　今述べたことのうち、現存在が自分自身の存在能力を引き受けることが、クーラ、すなわち気遣いの二重の意義のうちの「献身」に該当し、そこからの逃避が「世界への没入」に該当することは明らかだろう。そしてこの気遣いの二重の意義という点に関して指摘しておきたいのは、気遣いの「献身」と「世界への没入」という二つの様態が、それぞれ現存在の本来性と非本来性に当たることである。

　このように気遣いの分析において、すでに現存在の本来性と非本来性という様態が現れている。また情態について論じられたところでも、その本来的様態と非本来的様態がすでに言及されていた。本書では、このように以上の議論でもすでに前提とされ、また折に触れて論じられてもいた本来性と非本来性を次章で主題的に取り上げ、それぞれが現存在のどのような様態を意味するのかをさらに具体的に明らかにしていきたい。

第四章　本来性と非本来性は何を意味するか

マールブルク大学の教え子たちと（前列左端はガダマー）

「生きること」の意味は何か

前章では、『存在と時間』第一部第一篇でなされた現存在の実存論的分析を概観した。本書では最初に、現存在をおのれ固有の状況、すなわち「現」に直面し、そのように個別化された存在であるとした。現存在が人間を意味するのであれば、素直に人間と言えばよさそうなものだが、ハイデガーは人間に関する本質規定では捉えることのできない、各自それぞれの状況に規定された個別性こそが、われわれのあり方には本質的だと考える。その点を際立たせるために現－存在という術語を用いるのだ。

ハイデガーは、現存在が直面させられている「現」をある一定の分節化された構造をもつ「世界」と捉え直し、現存在をそうした世界のうちにある存在、すなわち「世界－内－存在」であると規定する。

前章では主に、この世界－内－存在の「内－存在」という契機、つまりわれわれは世界のうちにどのような仕方で存在しているのかについてのハイデガーの叙述を概観してきた。内－存在であるということは、「世界」と「おのれ自身」を開示しつつあるということである。この〈開示すること〉と、そこで〈開示されたもの〉との全体を、ハイデガーは「開示性」と呼んでいる。

この開示性とは要するに、「現」と呼ばれているものを別の仕方で言い表したものでしかないのだが、ハイデガーによれば、ともかく現存在は、こうした開示性として存在するのである。そしてこの開示性は、そのつどそのつど、ある情態（感情）として成立している。と同時にその情態は、ある了解を内包しており、そうした情態的了解が語りとして表明される。前章では、こうした開示性を構成する情態、了解、語りという三つの契機を詳しく検討した。

さて、ハイデガーは、現存在の世界‐内‐存在のこのような基本構造を示した後で、今度は現存在の存在が全体として何を意味するのかを明らかにしようとする。ここで問題にされているのはごく簡単に言ってしまえば、「生きること」の意味である。そのために手がかりにされるのが「不安」である。ハイデガーによれば、この不安という情態においてこそ、現存在の存在がもっとも根源的な様態であらわになっているのである。

不安とは、おのれの本来ありうる姿を突き付けられ、これまで自明だった世界が無意味になってしまった状態である。現存在はさしあたり、たいてい、こうした不安の居心地悪さから逃避して、むしろなじみの世界の中に自分自身を埋没させようとしている。このように、不安という情態において、自分のあるべき存在を選択できるという可能性が示されているが、それゆえにまた現存在はなじみの「世界」にかまけることでそこから何とか逃れようとするのである。言い換えれば、他ならぬ自分自身の存在能力を気遣いつつ、他方でそこからの逃避として「世界」を気遣うという形で、現存在の存在が二重の意味での「気遣い」であることが浮き彫りにされるのだ。

前章では、こうしたハイデガーによる開示性の分析を、フッサール現象学における志向性概念のさらに精密な分節化として提示した。『存在と時間』では、この開示性が気遣いだとされるのである。そもそも志向性とは、「何ものかに向けられている」という意識の性格を意味している。ハイデガーはそれをさらに「〜のもとでの存在」と、より一般的に捉え直してから、そうした存在者に対する現存在のさまざまな関わりの根底には、おのれ自身の本来的な可能性への気遣い、ないしはまさにそうした気遣いからの逃避としての「世界」への頽落的な気遣いが潜んでいることを示したのだ。

このことが意味するのは、さまざまな存在者との関わりにおいて、現存在にはつねにおのれの存在の真正さ、おのれのよき生き方が問われているということだ。他人がその存在者を取り扱う仕方を自明として、それを踏襲するのか、それともその存在者を真摯（しんし）に受け止め、その存在者をそれにふさわしい仕方で「あらしめる」という態度を自分自身で引き受けようとするか、それが問われていると言ってもよいだろう。存在者に対する関わりの根底にある、こうした現存在の態度の根本的な相違をあらわにするために、ハイデガーは

「気遣い」という概念を提示したのだ。

つまずきの石

今述べた気遣いにおける二つの可能性が、ハイデガーが本来性と非本来性と呼んでいる現存在の様態に対応していることは先ほども触れたとおりである。すでに開示性の諸契機の具体的分析、例えば情態の分析においてもその本来的様態と非本来的様態についての言及が見られたので、これまでにもそのそれぞれが何を意味するのか、そのつど簡単な解釈を示しておいた。

だがそれでも、本来性と非本来性が何を意味するのかについては、やはりわかりにくいだろう。そもそもこの本来性と非本来性がそれぞれ現存在のどのようなあり方を指しているかは、これまで『存在と時間』の多くの読者を悩ませてきたし、序論で述べたように私自身にとっても長い間、なかなかすっきりとわかった気がしない問題だった。非本来性については、あの有名な「ダス・マン」、すなわち「ひと」の議論のところで現存在の他者との区別を失ったあり方が問題にされているところから、大衆批判と捉えれば、何となく理解したような気になることはできるだろう。しかし本来性の議論となると、死や良心など、いかにも実存哲学らしいモチーフが取り上げられながらも妙に細かい議論が続き、結局、全体として何が言いたいのかがよくわからないという印象だけが残される。

本章では、これまで『存在と時間』を理解する上でのつまずきの石となってきた、この本来性と非本来性の意味をハイデガーの議論に即して解明することを試みたい。そこでまず『存在と時間』第一部第一篇で展開されている現存在の非本来性についての議論を検討する。

「ひと」の「ひと」たるゆえんは、それに特有の存在了解のあり方に由来している。『存在と時間』で非本来性が論じられていることの意味は、非本来性のこうした存在論的意義を捉えてこそはじめて十分に理解することができる。逆に、「ひと」の議論を単に大衆批判と捉えるだけでは、『存在と時間』における非本来性の意味を汲み尽くすことはできない。

本章では、このような視点から非本来性の意味をあらためて検討した上で、次に第一部第二篇における現存在の本来性に関する分析を見ることにしよう。本来性と非本来性は、『存在と時間』においては、原則的にあらゆる時代、あらゆる地域に生きる現存在に当てはまる一般的で中立的なカテゴリーだと言えるが、もともとは『存在と時間』以前の宗教現象学研究に由来するものであり、この来歴から、キリスト教人間学の影響が色濃く表れた概念であることも否定できない。本書ではそのような本来性、非本来性概念の宗教的背景にも注意しつつ、それらが現存在のいかなる様態なのかをできるだけわかりやすく説明していきたい。

1．現存在の非本来性としての頽落

(a) 共存在の日常的様態としての「ひと」

「ひと」とは何か

『存在と時間』における非本来性の議論といえば、「ひと」についての論述を思い浮かべる人も多いだろう。この「ひと」は、現存在が日常においてどのようなあり方を取っているのかという問いに対する答えとして示されたものである。そしてこの「ひと」という現存在のあり方は、日常において現存在が他者とどのように関わっているかに基づいている。すでに「語り」に関する説明のところで、現存在の世界－内－存在というあり方はそれ自体が他者との共存在であることに触れたが、現存在が「ひと」というあり方を取るのも、根本的には現存在が共存在であることに基づいている。

それでは、この他者との共存在から、どのようにして「ひと」というあり方が生み出されるのだろうか。その点を明らかにするために、まず、ハイデガーが『存在と時間』第一部第一篇第四章「共存在としての世界－内－存在。ひと」で展開する共存在についての議論を概観する。その上で、日常的な共存在から「ひと」というあり方が生み出される仕組みをハイデガーの説明に即して見ていくことにしたい。

「自己」は「実体」ではない

ハイデガーは今も言及した『存在と時間』第一部第一篇第四章で、「現存在とは誰なのか」という現存在の「自己存在」をめぐる問いを議論の出発点としている。『存在と時間』序論ですでに注意していたように、現存在は「何か」ではなく、「誰か」と問われるべき存在である。そしてこの「現存在とは誰か」という問いに対しては、形式的に「私」であると答えることができる。

この「私」は「主体」とか「自己」とも言い換えられる。ハイデガーによると、通常、こうした「私」、「自己」、「主体」などは、われわれの体験がつねに変化していく中で、そうした多様な体験を結びつけているもの、すなわち「自同的なもの」と理解されている。この「自己」は、体験、意識領域の基礎につねに存在する「実体（subjectum）」であり、変化のうちにあって変化することのない同一的なものとしての「自己」である。

ハイデガーはまず、こうした実体としての自己という考え方を批判する。というのも、変化の根底に存在している変化しないものという実体の観念に依拠した時点で、現存在が何か「もの」であるかのように見なされていることになるからだ(SZ, 114f.)。現存在が世界-内-存在である以上、世界を欠いた「私」というものは存在せず、また他者から切り離された「私」があるわけでもない。したがって「私」とはそのつどそのつど私自身に直接与えられているものだという、従来の哲学で語られてきた「私の所与性」は、現存在とは「誰なのか」という問いの答えにはならないのだ。

この点を確認した上で、「現存在とは誰なのか」は、現存在がそのつどそのつどどのようなあり方をしているのかを見ることによって捉えるしかない、そうハイデガーは主張する(SZ, 117)。すなわち現存在の自己とは、現存在がそのつどそのつど、実際にどのように存在しているかから捉えるべきなのであって、何らかの実体であるかのように考えてはならないのだ。

現存在が「世界-内-存在」である以上、右の問いは、この「世界-内-存在」が具体的にはどのようなあり方をしているのかを示すことによって答えられる。現存在が「世界-内-存在」であるということは、現存在が世界のうちで現れる道具などの事物と関わることであると同時に、つねに「他者」と何らかの仕方で関わることでもある。とくに現存在の「自己」は、それが他者とどのように関わっているかによって規定される。こうしてハイデガーによる自己存在をめぐる問いは、現存在の「世界‐内‐存在」に含まれている「他者」との「共存在」の分析へと移行する。

「共に」というあり方

本書では詳しく取り上げなかったが、『存在と時間』第一部第一篇第三章の身近な環境世界の分析の際、仕事場で何かを制作するにあたっては、その製品を使用する他者がつねに考慮に入れられていること、またその製品の作成にあっては、原材料の生産者や納入者も顧慮されていることが指摘されていた。このように世界のうちでは、道具的なものだけではなく、「他者の現存在」も現れている。この「他者」もそれ自身が「世界‐内‐存在」である。それは自分と同じように存在し、「それもまた、そして共に現に存在している」(SZ, 118)。

ここで言われている「共に」は、事物が二つ並んで存在していることとは異なり、自分がある世界を捉えているように、相手もまた何らかの仕方でその同じ世界を捉えていることを知っているという独特の仕方での「共に」である。それは二つの石ころが隣り合っているのとはまったく異なり、他者も自分と同じ「世界‐内‐存在」をもつことが理解されている。換言すれば、世界とは他者と分かち合われた世界であり、その意味で「共世界

(Mitwelt)」なのである。したがって、そうした世界のうちに存在することとしての「内－存在」は、本質的に「他者との共存在」なのである (SZ, 118)。

この「共存在」は、現存在にとって本質的な規定である。つまり、たまたま他者が近くにいるときに限って、現存在が共存在という属性をもつわけではない。むしろ他者が現前せず、認識されていないときでも現存在は共存在なのである。例えば「孤独である」ということも、共存在の一つの様態である。他者がまったく存在しない世界では、孤独であることも原理上、不可能だからだ。また孤独も他者との関係性なのだから、多くの他者がまわりにいてもひとは孤独だということもありうる。

このように共存在とは、現存在が他者につねに何らかの仕方で関わっていること、ないしは関わらせられていることを意味する。ハイデガーは道具との関わりを「配慮(Besorgen)」と名づけたことに応じて、共存在における他者との関わりを「顧慮 (Fürsorge)」と名づけている。"Fürsorge" は「患者の世話」などというときの「世話」や「看護」という意味をもつとともに、「福祉」やその「手当」などを意味する語でもある。

ハイデガーはそうした含意をもつ "Fürsorge" という語を実存の一般的様態を指すものとして用いる。そしてこうした顧慮のあり方の可能性として、「お互いのための存在、対立しあった存在、相手のいない存在、互いにすれ違うこと、お互い関係のないこと」などを挙げる。そして最後に言及された「互いにすれ違うこと、お互い関係のないこと」という「欠如と無関心の様態こそ、日常的、平均的な共同相互存在を特徴づける」と述べている（SZ, 121）。

以上で確認されたのは、現存在の「世界－内－存在」が、本質的に共存在だということだ。こうした他者との共存在に関する議論は、もともと「現存在とは誰なのか」という問いとの連関でなされたものだった。というのも、この「現存在とは誰なのか」という問いに対してはさしあたり、「自己」だと答えることもできるだろうが、その「自己」は、現存在が他者とどのような関係をもつかに規定されているからだ。現存在は日常的には他者のあいだに埋没し、とりたてて他者と区別されることはない。現存在のこうした存在様式を、ハイデガーは「ひと」と呼ぶ。そこで次にこの「ひと」という存在のあり方、すなわちその存在様式についての説明を見ていこう。

日常における「他者」のあり方

「ひと」の存在様式を示すにあたって、ハイデガーは日常において他者がどのように現れてくるかを検討することから議論を始めている。彼によれば、他者とは日常的には、何に携わっているかという観点から捉えられている（SZ, 126）。しかしこのことは他者だけではなく、自分自身についても当てはまる。つまりわれわれは自分が「何」に配慮しているかということから自分自身を理解しているのだ。一九二五年夏学期講義『時間概念の歴史への序説』で述べているように、ひとまず「ひとは靴屋、仕立屋、教師、銀行家」(GA 20, 336) なのである。靴屋は靴の制作に携わっている人であり、仕立屋は被服の仕立てに携わっている人である。このように日常においては、自己と他者は何に携わっているか、また他者に何を供給できるかという観点から理解されている。つまり日常における他者との関係は、モノを媒介とした関係として特徴づけることができる。ハイデガーは、このような理解の水準においては、それぞれの人は別の人と交換可能な存在であることを指摘する (GA 20, 336)。

ハイデガーは同じ講義で、この「配慮の対象」を媒介とした他者との関係には二つの可能性があるという。一つは自分とは別の事柄に従事している他者に対して、自分の配慮したものが役に立ったり立たなかったりする場合、もう一つは同じ事柄に従事している他者とのあいだで「多かれ少なかれ、ぬきんでているとか、立ち後れているとか、優秀である等々と評価される」ような場合である (GA20, 337)。

つまり、現存在は「配慮の対象」を他者に供給したり、それを他者と共同で作成したりするというように「配慮の対象」を媒介として他者との関係に入るのだ。そして、その自分の「配慮の対象」が、他者の役に立つとか立たないとか、その出来が他者よりもすぐれているかどうかという観点から評価されるようになるのである。

ハイデガーは以上を念頭に置いて、現存在は「配慮の対象」に基づいておのれを理解することによって、不可避的に「他者に対する差異の気遣い」に巻き込まれていくことを指摘する（SZ, 126）。この「差異の気遣い」とは、具体的には他者との差を埋めることであったり、他者に対する遅れを取り戻すことであったり、他者に対する優位を維持することであったりする。

「疎隔状態」

またハイデガーはこの「差異の気遣い」を「距離の気遣い」とも表現する。そして他者との共同存在は、この「距離の気遣い」によってつねに落ち着かない様態にあると言う。これは要するに、人々がお互いに他者の様子を気にしつつ競争している状態を指すのだろう。ハイデガーは現存在がこうした競争によって他者と隔てられたあり方を「疎隔状態（Abständigkeit）」と名づけている（SZ, 126）。

日常における共存在に特徴的なこの「疎隔状態」において、現存在はつねに他者を意識して行動し、そうした意味で他者に支配されている（SZ, 126）。ハイデガーによると、この他者とは、ある特定の他者ではなく、あらゆる他者のことである。例えば受験における偏差値競争を考えてみよう。そこでは他者に対する優位を競うわけだが、そのことによって同時に、勉強するとはどういうことか、知識とは何であるかについての枠にはまった解釈を当たり前のものとして受容する。ひとはこのとき、知らぬ間に、他者に従属してしまっているのである。

ハイデガーは、こうした意味での他者こそが「現存在とは誰なのか」という問いに対する答えだとする。すなわちこの場合の「誰」とは「これでもなく、あれでもなく、ひとそれ自身でもなく、幾人かでもなく、すべての総計でもな」く、「中性的なもの」としての「ひと（das Man）」なのである（SZ, 126）。

ドイツ語を習われた方ならご存知のように、“man”という語は文脈によって不定の「ひと一般」、「世間の人々」、「われわれ」などを意味する。ハイデガーがこの“man”に中性の定冠詞“das”を付けて“das Man”とするのは、その“man”の中性的性格を強調しているのである。日本語でも「ひとはそうしているよ」などと言うとき、誰というのではない他者を漠然と思い浮かべているが、この概念はまさにそのような「ひと」を指していると言えるだろう。

「標準性」と「平板化」

ではこの「ひと」は、どのようなあり方をしているのだろうか。われわれが電車やバスに乗り、新聞を読み、テレビを見るとき、われわれは他者とまったく変わらないあり方をしている。「われわれが享受し満足するのは、ひとが享受するようにである。われわれが文学や芸術を読んだり見たり判断したりするのは、ひとが見たり判断するようにである。しかしまた、われわれが『一般大衆』から引きこもるのも、ひとが引きこもるようにである。われわれが『腹立たしい』と思うものは、ひとが腹立たしいと思うものである」（SZ, 126f.)。

ハイデガーの議論から少し離れて、「ひと」がなぜ、他者と変わらないあり方に陥ってしまうのかについてもう少し立ち入って考えてみよう。先ほども指摘されていたように、日常においてわれわれは、さまざまな製品やサービスを媒介として相互に関係をもっている。こうした製品やサービスは、「ひと」がどのようなものを欲しているかを考慮に入れ、その想定に合わせてしつらえられている。またそれを使用する人は、そのように生み出された製品やサービスの規格や使用法に自分を合わせることにより、知らぬ間にそうしたものによっておのれのあり方を規定されている。

だが、商品のあり方を定めているこの「ひと」は、特定の誰かというわけではない。それはまさに日本語で「みんなそうしてるよ」と言うときのその「みんな」である。このようにしてわれわれは、日常において、こうした「ひと」、「みんな」によって自分のあり方を規定されているのである。

ハイデガーによると、「ひと」は標準性を気遣う。つまり「ひと」にとっては標準的であることが大事なのだ。何がよしとされ、何がよしとされないのか、何が成功と認められ、何がそう認められないのかといったことへの標準的な理解のうちにつねに「ひと」はとどまっている。そしてこの標準性が何をなしうるか、また何がなされるべきかを規定し、例外的なものが出しゃばらないように監視する。優れたものは抑圧され、根源的な事柄は一夜のうちになじみのものとされ、苦労して勝ち取られたものは手ごろなものとなり、秘密はその力を失う。このように、「標準性の気遣い」のうちには「存在のあらゆる可能性の均等化」という現存在の傾向が示されている、そうハイデガーは指摘する（SZ, 127）。これはすべての事柄が誰にでもアクセス可能なものとして現れてきて、ある物事を理解するために何も特別な努力は必要ないかのように思われている事態を指す。

「世間」と「迎合」

以上で見てきた「疎隔状態」、「標準性」、「均等化」というひとの存在性格は、ハイデガーが「世間（Öffentlichkeit）」と呼ぶものを構成する（SZ, 127）。この語は「公共性」と訳すこともできるが、あえて「世間」という訳語を当てたのは、以下に見るように、ハイデガーがこの語によって示そうとしている事柄が日本語で「世間」と呼ばれているものとほぼ同じものを指しているからである。

この「世間」とは、そこであらゆるものが誰にでもアクセスでき、理解できるものとして現れ、またそのように現れることを求められる空間である。ハイデガーによると、こうした性格をもつ世間があらゆる物事についての解釈を独占し、その正当性を主張する。だがそれは、物事に対して特別な関係をもつことに基づいてではなく、むしろその事柄に立ち入らないことに基づいてそうするのである（SZ, 127）。

ハイデガーは「ひと」の存在性格のこうした特徴に加えて、「ひと」がもつ、「存在の重荷の除去」という性格についても語っている。彼によると、「ひと」はあらゆる判断や決定をあらかじめ与えて、そのことによって個々の現存在からその責任を免除する（SZ, 127）。面倒くさいことを考えず、とりあえず「ひと」、「世間」に従っておけば、間違いないというわけだ。

こうして「ひと」はすべての物事に対して責任を負う。しかし実際には、何かに対して責任を負う人は誰もいない。その結果、「現存在の日常においては、たいていのことはわれわれが、それについて何ものでもなかったというものから生じている」（SZ, 127）。つまりわれわれが普段行っていることは、その大半が「ひとがそうしているから」なしていることにすぎないのだ。「ひと」はこの「存在の重荷の除去」によって、楽をしたいとか、気楽でいたいというわれわれの性向に迎合し、誘惑してくる。こうした「ひと」の性格を、ハイデガーは「迎合」と呼ぶ。

以上で「ひと」がどのような存在性格をもつかに関するハイデガーの説明を概観した。この「ひと」は、われわれ自身がさしあたり、たいていそのように存在しているあり方である。ハイデガーがここで「ひと」として描写しているものは、われわれが通常、「組織」と呼んでいるものの存在論的構造を示しているとも言えるだろう。組織とはその構成員、ならびに組織外部の関係者も含めて、それらを取り替え可能なものとして扱うことをその存立条件とし、そのためにそれらの人々に規格化されたふるまいを割り当てる。われわれは組織に何らかの形で関わる際、そうしたふるまいを受け入れ、身に付けなければならない。このようにして、組織に帰属し、ないしは何らかの形で関わりをもつすべての人々が、その限りにおいて「ひと」というあり方を取ることを強いられているのだ。

ハイデガーは現存在が日常的には誰であるかというみずからの問いに対して、すなわち現存在の日常的自己を規定するという問題に対して、それは「ひと」であると答えた。この「ひと」にとって世界はどのように現れているのか、また「ひと」は自己のどのような可能性を企投しているのかについて、彼は『存在と時間』第一部第一篇第五章「B. 現の日常的存在と現存在の頽落」でさらに詳しく検討している。「現」とは「開示性」に他ならなかったのだから、「現の日常的存在」ということで、「ひと」の開示性がどのようなあり方を取るのかが問題とされることになる。そして最終的に、この「ひと」の開示性のあり方は「頽落」とされる。次に項をあらためて、ハイデガーによる「ひと」の開示性の分析を見ていくことにしよう。

(b)「ひと」の開示性＝世間「ひと」の三つのあり方

本書第三章で詳しく取り上げたように、現存在の本質は開示性である。それゆえ現存在のその時々の存在のあり方も、開示性のその時々のあり方として捉えられる。そうだとすれば、上記の「ひと」というあり方も、開示性の独自の様態と見なすことができる。

ハイデガーは自分が「ひと」の分析にあたって「世間」と呼んでいたものが、まさにそうした「ひと」の特殊な開示性を意味しているとする (SZ, 167)。彼は「ひと」の開示性、つまり「ひと」に対して世界とおのれ自身がどのように現れているかを、「ひと」の開示性のあり方である「おしゃべり（Gerede）」、「好奇心（Neugier）」、「曖昧さ（Zweideutigkeit）」の分析をとおして明らかにしようとする。

この三つのあり方は別々に切り離されているわけではなく、「ひと」のあり方を構成するものとして一つの全体を形作っていることに注意しなければならない。以下、ハイデガーがそれら三つの存在様式をどのように捉えているかを順に見ていくことにしよう。

おしゃべり

まず「おしゃべり」だが、ハイデガーはそれを語りの日常的様態であると規定する。すでに述べたように、語りは「伝達」という性格をもち、その伝達は、「語りの主題に対して開示しながら関わること」を聞く者と分かち合うことを目指している。つまり伝達においては、本来的にはある存在者の現象が他者と共有されているのである。だがおしゃべりにあっては、この伝達はある独特の仕方で生じている。ハイデガーによると、聞く者は伝達された語りを、そこで語り出された言葉のうちに含まれている「標準的な了解」にしたがって、すなわちその語りの主題を根源的に了解することはなくても、おおよそ理解することができる。ひとはそのとき、語りの主題とされている存在者が本当は何であるかは問題にせず、それについて語られた事柄だけに耳を傾けている。そこでは「語りの主題は、ただおおよそ、うわべだけしか理解されていない」のだ。

このとき「ひと」は、語りの主題となっているものが根本のところ何であるかを問題にしなくても、語られている事柄だけを捉えて他人と同様の仕方で、一般的、標準的にそれを理解することができる。例を挙げれば、ひとはある哲学書をまったく読んだことがなくても、それについての入門書なり、解説書なりを読んで、そこで語られている事柄を理解し、そのことによって哲学書についてのイメージを形成することができる。

今挙げた例もそうだが、おしゃべりという様態において語りは「語られた存在者への一次的な存在関係」を失い、その存在者について「語られた事柄」だけを受け売りして、言い広めるという仕方で行われる(SZ, 168)。こうしたおしゃべりのあり方をハイデガーは「地盤喪失(Bodenlosigkeit)」と呼んでいる。このようにハイデガーは一貫して、おしゃべりを、語られている物事への根源的な存在関係を失ったあり方と特徴づけている。

ということは、その裏面として、語りの主題となっている物事に対する根源的な存在関係もありうるということだ。このようにハイデガーの実存論的分析には、現存在に開示されるさまざまな物事には、それぞれにふさわしい関わり方があり、そうした関わり方をすることによって、その物事はおのれの真の姿を現存在に対してはじめて示してくるという前提がつねにある。『存在と時間』では、存在者とのこのような根源的な関係が本来性だと考えられている。

好奇心

以上がおしゃべりについての説明だが、続いてハイデガーが「ひと」の開示性のあり方として挙げている二番目の契機が「好奇心」である。ハイデガーによると、好奇心とは何事かを配慮するという仕事の休止から生まれる。この、仕事における配慮は、「見る」ことによって導かれる。そしてこの仕事における「見ること」は、何かを「近づける」という本質をもっている。仕事の作業が終わったり、作業を中断したりするとき、配慮は休止するが、そのとき、配慮を導いていた「見ること」は作業には拘束されなくなる。

つまり「見ること」は、このようにして自分が「近づけるもの」を失ってしまうのだ。それでも「見ること」は、本質的に何かを近づけるものなので、今度は身近な世界から離れて遠くの世界を目指すようになる。このような状態の「見ること」が好奇心である。好奇心は何かを了解するために見るのではなく、ただ見るために見ることを気遣う。こうして好奇心は次々と新しいものに飛びつき、そこからさらに新たなものに飛びついていく。ハイデガーによれば、好奇心にとって問題なのは真理を捉えることではなく、ただ世界に身を委ねる可能性を手に入れることだけである（SZ, 172）。

好奇心は「もっとも身近なもののもとにはとどまらないという独特のあり方」をもつ。好奇心は「いつも新しいものによって、また出会うものの変化によって落ちつかず、また興奮させられていることを追求する」(SZ,172)。このように落ち着かずに動き回ることによって、好奇心は「気散じ」の可能性をつねに入手しようとする。好奇心はこのように世界にとどまることを知らず、つねに新たな可能性への気散じを求めるため、「居所をもたない」。好奇心とは、「どこにでも存在し、どこにも存在しない」ものである(SZ,172f.)。

「曖昧さ」

ハイデガーによると、このつねに落ち着きなく新奇なものを追い求める好奇心は、おしゃべりによって追求すべきものを与えられる。このようにして「どこにでも存在し、どこにも存在しない」好奇心は、おしゃべりに身を委ねる。好奇心とおしゃべりは、相互に支え合いながら、現存在を物事への根本関係から切り離す。好奇心には何も閉ざされておらず、またおしゃべりは何でも話題の対象にし、理解されないものなど何もないかのごとくだが、もちろん実際にはそうではない。

にもかかわらず、現存在はそのようなあり方で本来的で活動的な生を送っていると思い込む。この思い込みによって、現存在は何が本来的な了解で何がそうでないかもわからなくなってしまう。「誰にでも近づきうるものと、誰もが何とでも言いうるようなものが現れてくるとき、何が真なる了解において開示され、何がそうでないかが決定できなくなってしまう」(SZ,173)のだ。日常における現存在の開示性のこのような性格を、ハイデガーは「曖昧さ」と名づける。

簡単に言えば、おしゃべりで語られていることのうち、どれが本当でどれが本当でないかがはっきりせず曖昧になってしまうということだ。ハイデガーはさらに、こうした「曖昧さ」は世界だけでなく、共同存在や「現存在のおのれ自身に関わる存在」にまで及んでいくとも述べている。共同存在における曖昧さとは、誰が物事に対する根源的な関係に基づいて発言しており、誰がそうでないかがわからないような事態である。「すべてのものが真に了解され、つかみ取られ、話されているように見えるが、実のところはそうではない」、あるいは「真に了解され、つかみ取られ、話されているようには見えなくても、本当のところはそうである」(SZ, 173)という事態が生じるのだ。

また「おのれ自身に関わる存在」における曖昧さとは、自分が本当に了解しているものが何であるかがわからなくなってしまうという事態のことを指している。つまり現存在がある事柄について、あたかも当事者であるかのように語り、本人もそうであると思いながら、実はそうではないというように、現存在が知らず知らずのうちに物事に対する当事者性を失っている状態のことである（SZ, 173f.）。

(c) 頽落の存在様式とその宗教的背景
「世間に囚われている」

さて、今見てきたようなおしゃべり、好奇心、曖昧さは、それぞれ孤立した現象ではなく、相互に連関しながら「日常的なおのれの『現』のあり方」、すなわち「世界－内－存在の開示性のあり方」を構成している。つまり以上の分析によって、「ひと」に固有の内－存在のあり方と、それに対して世界と自分とがどのように現れているのかが現象学的に記述されていたわけだ。ハイデガーはこのように世間という現存在の日常的様態を記述してから、こうした「日常の存在の根本様式」を「頽落」と名づけ、その存在論的構造を詳細に分析してゆく（SZ, 175）。

ハイデガーはこの頽落とは、「現存在が、さしあたりたいてい配慮された『世界』のもとに存在している」ことだとする。彼はさらに「～のもとでの存在」を「～への没入」と言い換えて、頽落とは「世間に囚われている」ことだとする（SZ, 175）。そしてこの「世界」への頽落は、「おしゃべり、好奇心、そして曖昧性によって導かれている共同存在に没入していること」だと規定する（SZ, 175）。

非本来性にはこれまでにも何度も言及してきたが、非本来性は実存論的には、今述べたような頽落と規定される。もっとも頽落といっても、それは何か純粋で至高の「原状態」から転落するということではない、そうハイデガーは注意する。こう指摘するときに彼が念頭に置いているのは、エデンの楽園の神話、つまりキリスト教の原罪説だろう。頽落とは、原罪説が述べるような、無垢で罪を知らない至高の状態から罪を背負った状態への転落、つまり神からの離反ではない。頽落のとき、現存在は「世界‐内‐存在としてのおのれ自身から離反している」のであって、またその頽落の向かう先は、おのれの存在に本質的に含まれている「世界」なのである (SZ, 176)。

このようにハイデガーは頽落とキリスト教的な原罪とは異なることを強調する。だが、逆に言えば、頽落は原罪説を実存論的に捉え直したものだと言うこともできる。つまり原罪説では、神からの離反によってアダムとイブが楽園から地上へと追放されるが、頽落において現存在はおのれ自身から離反し、「ひと」の世界へと向かうのだ。

しかし、現存在が「おのれ自身」から世界に頽落するといっても、そもそもなぜ現存在はおのれ自身から世界に転落しなければならないのだろうか、そしてひとはなぜ、そうした頽落の状態に通常は閉じ込められたままになってしまうのだろうか。

頽落のメカニズム

ハイデガーは頽落における現存在のいくつかの特徴的な動向を、頽落の「動態」と呼んでいる。そしてこの頽落の「動態」を明らかにすることによって今の問いに答えようとする。

彼が頽落の動態として最初に挙げるのが「誘惑」である。現存在に自己喪失と頽落をもたらすおしゃべりは、現存在の共同存在のあり方であり、現存在から切り離されて世界のうちに存在するものではない。つまり現存在を頽落に導くおしゃべりは、現存在自身によって生み出されたものだったのだ。ハイデガーによると、現存在は「おのれ自身に対して頽落への恒常的な誘惑を与えている」ため、世界－内－存在はそれ自身が「誘惑的」なのだ(SZ, 177)。アダムとイブは蛇の言葉によって誘惑されたが、現存在は自分の外の何かから誘惑されておのれを失うのではない。現存在を誘惑し、現存在に自己喪失をもたらす言葉は、つねに自分自身のうちから生み出されるのだ。

また、「ひと」の自信と揺るぎなさは、現存在にはこれ以外の可能性、本来的な情態的了解などは必要ないという印象を生む。これが頽落に含まれる「気休め」という動態である。ひとは自分が充実した生を営んでいると思い込んでおり、このことが現存在に「気休め」をもたらしている。この気休めには、すべてがうまくいっているように見え、またあらゆる可能性の扉が開かれているように見える。このように、頽落した世界－内－存在とは、おのれ自身に気休めを与えるものである（SZ, 177）。

頽落における自己疎外

しかしこの頽落の気休めは、現存在に活動のない静止状態をもたらすのではなく、むしろますます現存在を活動へと駆り立てる（SZ, 178）。ハイデガーはその例として、「もっとも疎遠なさまざまな文化」を理解し、こうした諸文化とおのれ自身の文化を「総合すること」によって、現存在が解明されると信じるような考え方を挙げている。これは当時、流行していた民族学などを念頭に置いての論述なのだろう。ここでは、何でも知っているということが、真正な現存在理解を保証するかのように見なされている。しかしハイデガーによれば了解とは本来、自分自身の状況において自分自身が何をなしうるかということに他ならない。

そうだとすると、他文化についての情報をいくらたくさん集積したとしてもそれは自分の置かれたこの状況で何をなしうるかという真の自己了解とは何の関係もないだろう。すなわち、このようにしてあらゆるものをあらゆるものと比較しながら了解するときには、現存在はむしろ「疎外（Entfremdung）」の方へと向かっているのであり、むしろ自分のもっとも固有なあり方は覆い隠されているのである（SZ, 178）。

しかしこの疎外は、現存在がおのれの存在に無関心だということではない。それは現象的にはむしろ逆の事態として表れる。「疎外が現存在をあまりにも度を超した『自己分析』へと追いやる」のだ。自己分析によって現存在はあらゆる解釈可能性に手を染め、その結果、無数の「性格学」や「類型学」を生み出す（SZ, 178）。しかしこのような自己分析も、自分自身の存在からの疎外によってもたらされたものにすぎない。自分自身の存在とは、結局のところ、自分がその時々に直面している状況において何をなしうるかでしかないからだ。

それゆえ、その場面から離れたところにいくら自己を求めても、自己を見出すことなどはできない。逆に言えば、そうしたところに自己を見出そうとすること自体がそもそも自己からの逃避であり、まさに頽落なのである。ハイデガーは現存在のこのような疎外も、現存在が自分自身から生み出したものにほかならず、このことを、自己自身に「絡め取られること」と呼んでいる。現存在の非本来的なあり方はそれこそ自縄自縛とでも言うべきものなのだ。

「ひと」は「転落」し、「旋回運動」する

以上で見てきた誘惑、気休め、疎外、絡め取られが、頽落の独特のあり方を形作っている。ハイデガーはこのような「現存在自身の存在に含まれた現存在の動態」を「転落(Absturz)」と名づける。そもそも「頽落(Verfallen)」という言葉も、そのうちに"Fall"、「落下」という語を含んでいるが、ハイデガーはそのニュアンスをはっきり強調して、頽落を現存在の「おのれ自身からおのれ自身への、すなわち非本来的な日常の地盤喪失性と虚無性への」「転落」であるとする(SZ, 178)。

現存在はおのれ自身のうちに、自己を自己から切り離していくというメカニズムをもっている。そして、この「ひと」における非本来的存在への転落は、了解を本来的な可能性の企投から「絶えず」切り離し、「すべてを所有して、ないしはすべてに到達していると いう安心しきった誤解のうちへと引きさらっていく」(SZ,178)。

このように現存在を自己の本来性から引き離し、「ひと」の方向へと引きさらい、しかも同時に自分は本来的であると誤認させるこの頽落の動態をハイデガーは「旋回運動」と名づける(SZ, 179)。「旋回運動」だとされるのは、この本来性からの切り離しが一回限りの出来事ではなく、むしろ存在する限り、現存在はつねに自己の本来的なあり方の可能性に直面させられているのであり、したがって、そこからの逃避も間断なく、ある種、病的な仕方で反復的に行われざるをえないからだろう。

頽落論の宗教的背景

以上で頽落がどのような構造をもつかについてのハイデガーの記述を概観した。ハイデガーは『存在と時間』の頽落を扱う節の終わりで、頽落という現象が現存在の本質的、存在論的構造であることをあらためて強調している。彼によれば、それは現存在にときおり出来する「暗黒面」といったようなものではないし、人間の「原罪」をめぐる宗教的な言説でもない。すなわちこの頽落という概念は、人間が「腐敗の状態」にあるのか、「無垢の状態」にあるのか、あるいはその両者の中間状態、「恩寵の状態」にあるのかというような宗教的問いに何らかの判断を下すものではないのである。

このようにハイデガーによる頽落の記述は、現存在の一般的構造を明らかにするものである。しかし先ほども述べたとおり、彼の頽落論がある面で原罪説のイメージに依拠していることも否定できない。また頽落に含まれる数々の動態をたたみかけるように描き出すハイデガーの語り口には、ある種の宗教的パトスを感じないわけにはいかない。実際に『存在と時間』が執筆される以前には、非本来性、頽落に関する記述はキリスト教的人間学の枠内で行われていた。ハイデガーの頽落、非本来性に関する議論の意義をより明確にするために、ここで頽落論の宗教的な背景にも触れておこう。

この頽落の議論がキリスト教的人間学を背景にもっていることは、『存在と時間』の好奇心や誘惑の議論の原型が、一九二一年夏学期講義『アウグスティヌスと新プラトン主義』におけるアウグスティヌス『告白』第一〇巻の解釈に見出されることからも明らかだ。『存在と時間』で好奇心について論じる節でも、『告白』からラテン語テクストがそのまま引用されていることが、ハイデガーの頽落論の由来を明確に示している。

また少し時代が下って、一九二五／二六年冬学期の講義『論理学』でも、頽落の宗教的背景についてハイデガー自身が興味深い示唆を与えている。すでに見たように、ハイデガーは頽落を一貫して「世界への没入」と特徴づけていた。『論理学』講義においてはそのことをより具体的に、存在者の「獲得」や「調達」、一般的には「所有」ならびにその増大を「気遣う」態度と特徴づけている（GA21, 232）。

本来性＝「あたかもないかのように」

このように非本来性が世界の所有に固執する態度と見なされることに対応して、同講義では、現存在の本来性が「あらゆる世界的な獲得と所有を放棄」することと規定される。本来性とは「世界的な所有」が自己の本質をなすものではないことを自覚し、そうした所有を「放棄すること」である。しかも本来性が世界的な獲得と所有を放棄することと規定されるのであれば、逆説的だが、現存在は本来的であるための前提として、あらかじめ頽落していなければならないことになる。つまり「現存在はあらゆる世界的な獲得と所有を放棄できるという可能性のうちに立っているという意味において」、あらかじめ「おのれを失っていなければならない」のだ（GA21, 232）。

ハイデガーによると、現存在の自己了解をめぐる以上のような事情は主に宗教によって表現されてきた。例えばキリスト教においても、しばしば本来的な自己へ到達するために、「現世」的なもの、財産に対する執着からの脱却が推奨されてきた（GA21, 232）。

ハイデガーの「世界的な所有」とその放棄としての本来性に関するより具体的な記述は、例えば一九二〇／二一年冬学期の講義『宗教の現象学への導入』におけるパウロ書簡の解釈などに見出すことができる。パウロは第一コリント書で、再臨に臨むキリスト者の心がけについて次のように語っている。「時は縮められてしまっている。これからは、妻をもつ者たちは、あたかももたないかのようになり、泣き叫んでいる者たちは、あたかも泣き叫ばないかのように、そして喜んでいる者たちは、あたかも喜んでいないかのように、そして買い物をする者たちは、あたかも何も所有しないかのように、そしてこの世を利用している者たちは、あたかもそれを十分には利用していないかのように［なりなさい］。なぜならば、この世の姿かたちは過ぎ去るからである」（第一コリント書七：二九〜三一)。

ハイデガーはこの一節の解釈で、キリスト教徒は「召されていること」において、いかにしておのれを取りまく世界と他者に関わるのかという問いを立てる。ハイデガーによると、パウロは「生の現実性は、このような意義あるものを我がものとしようとする傾向に存している」が、「これらはキリスト教的生の事実性の内部ではけっして支配的なものとはならない」こと、「それらに対する新たな根本関係を獲得すること」が重要であることを説いている。

またその場合にも、世界における「意義あるもの」に対する関係がなくなってしまうわけではないとしても、そうしたものが「あたかもないかのように」現存在は生きる(GA60, 117)。キリスト教徒がキリスト教徒として神に召されているときであっても、世界的な事物への関係がなくなってしまうわけではない。ただ、それらがおのれの生を第一次的に規定するものにならないように気遣うのだ。それが、「あたかもないかのように」の意味である(GA60, 119)。

以上で示されたように、ハイデガーの頽落論は元来、キリスト教的人間学の再解釈として構築されたものだった。もちろん『存在と時間』の頃には、頽落は現存在の普遍的な構造と理解されている。しかしそれでも、現存在の分析における主要概念や多くの発想は、やはりキリスト教の教義学を背景としており、それなしでは実存論的分析も、このような形を取ることはできなかっただろう。

　このことは、次に論じる本来性についても当てはまる。非本来性の本質を検討するなかで、非本来性とは現存在の本来的なあり方からの疎外として規定されていたので、すでに本来性も潜在的にではあるが、つねに視野に入っていたと言える。非本来性がキリスト教的な人間学を背景としていることに応じて、それとは対極的なあり方として特徴づけられる本来性の方も、当然のことながら同じような含意をもつ。こうした点にも留意しつつ、次に『存在と時間』第一部第二篇における本来性の議論を検討していくことにしたい。

2. 死への先駆

(a) 現存在の「終わり」としての死

『存在と時間』の最後の篇

　さて、これまでハイデガーが現存在の非本来性をどのように規定しているかを検討してきた。この非本来性の記述から、現存在の本来性がどのようなあり方でないかは明らかにされた。しかし非本来性とは本来的ではない状態を意味するのだから、本来性がどのようなあり方なのかが明らかにならない限り、非本来性に関しても真に理解したということはできない。現存在の本来性は、『存在と時間』では第一部第二篇「現存在と時間性」で取り上げられている。『存在と時間』はこの篇で終わっているので、公刊された部分としてはこの第二篇が最後の篇となる。

ハイデガーはこの第二篇のイントロダクションで、第一篇までの現存在の実存論的分析を簡単に振り返ったあとで、現存在の分析が「存在の意味への問い」の一環としてなされていることをふたたび確認する。『存在と時間』で求められているのは「存在一般の意味への問いに対する答え」だが、そもそも「存在の意味」を明らかにするということは、存在が現存在によってどのように了解されているかを明らかにすることに他ならない。

しかし、存在は必ずしも本来的な仕方で了解されているわけではない。第一篇で取り上げられた現存在の日常的なあり方は、存在了解という観点から見ると、さまざまな存在者の存在を誰にでも理解できる標準的なレベルにおいて了解している状態にすぎず、真の「存在」は依然として隠蔽されたままになっている。したがって、存在の根源的で本来的な意味を明らかにするためにも、現存在の本来的なあり方を明確に示すことがまず追求されることになる。

ようやく本題へ

さて、存在一般の意味の解明という『存在と時間』の目標と現存在の実存論的分析をめぐる今述べたような関係を念頭に置いた上で、ハイデガーは『存在と時間』のこれまでの議論を振り返り、第一篇までの現存在の解釈は「根源性」をいまだ獲得できていないという。

これまでの解釈が根源的ではない理由として、ハイデガーは解釈される対象である存在者がその全体において捉えられていないこと、またその存在者の存在が単に標準的な日常の様態においてしか明らかにされておらず、その本来性がいまだ明らかにされていないことの二点を挙げる（SZ,233）。それゆえ現存在の存在の解釈を「存在論の根本的問い」の基礎として根源的なものにするためには、「その解釈は現存在の存在をあらかじめ、その実現可能な本来性と全体性において実存論的に明らかにしておかねばならない」（SZ,233）。

つまり「存在論の根本的問い」とはすなわち「存在の意味への問い」のことだが、その問いが現存在の存在了解を手がかりとする以上、現存在自身の本来的なあり方がまず明らかにされていなければならないのだ。というのも、現存在の標準的な日常のあり方がもつ存在了解は、右でも述べたように非本来的なものにすぎず、存在者の存在を隠蔽することをその本質とするからだ。また『存在と時間』を読むわれわれ自身が、さしあたりこのような標準的な日常性のうちで生きているとすれば、実存論的分析によって現存在の「本来性」と「全体性」を明らかにすることは、それを通してわれわれ読者を本来的な存在了解へと導いていくという意義をもつだろう。

『存在と時間』第一部第二篇でハイデガーが最初に取り組むのは、現存在をその「全体性」において捉えることである。しかし現存在は、それが存在している限り、つねに何らかの可能性をもっている。そしてその可能性のうちには「世界-内-存在の終わり」である「死（Tod）」も含まれている。現存在の存在は死によって完結するのだから、この死という終わりこそが、まさに現存在の全体を境界づけるものである。したがって、現存在の全体存在を解明するためには、死を実存論的に規定しなければならない、こうハイデガーは述べる（SZ,234）。

このように『存在と時間』では、現存在をその全体性において捉えるという、あくまで実存論的な問題設定として、死が視野に入ってくる。しかし不安や恐れ、頽落の議論においても、つねにキリスト教人間学が意識されていたように、ここでの死の議論も実はキリスト教神学による死の取り扱いを実存論的に語り直すという性格をもっている。

ハイデガーは実際に、『存在と時間』で死を主題的に取り上げている節（第一部第二篇第一章第四九節）の注で、「キリスト教神学のうちで仕上げられた人間学はつねに、すでに——

パウロからカルヴァンによる『将来の生についての瞑想』に至るまで――『生』の解釈に際して、死を一緒に視野に収めていた」と述べ（SZ, 249, Anm.1）、死の実存論的な分析とキリスト教人間学による死の考察との連関を示唆している。以下ではハイデガーの死の分析のこうした宗教的背景にも目配りしながら、『存在と時間』第一部第二篇の第一章「現存在の実現可能な全き存在と死へと関わる存在」で展開されている議論を検討することにしよう。

現存在の「全体」を捉える

ここでの課題は「現存在の全き存在」を捉えることである。ハイデガーは最初にこの課題の理論的困難について触れている。現存在の存在としての気遣いには「おのれに－先だって」という契機が含まれていた。他ならぬ自分自身の存在能力へと関わる存在が、そのように表現されていたわけである。しかし、そのように現存在が「おのれに－先だって」によって規定されているとすれば、現存在は実存する限り、つねに未完結であり続けることにならないか。そうだとすると逆に、現存在にとって「おのれに－先だって」が失われるということは、自らがもはや存在しないことを意味するだろう。

そのように考えると、現存在は自分が存在する限り、その「全体」にはけっして到達できないことになる。というのも、もし全体を獲得したとすれば、「その獲得は世界‐内‐存在の喪失そのものになってしまう」し、「そのとき現存在は存在するものとしてはもはや経験不可能となる」からだ（SZ, 236）。つまり、現存在は生きている限り実現することのできない死という可能性をそれが生きているあいだはもつために、おのれの全体性には決して到達することができないのだ。しかし死んでしまったときには、現存在自体が存在しなくなっているので、やはり全体に到達することはできない。

では、現存在は生きている限り、死を把握することはできないのだろうか。ハイデガーはこの見解を否定し、死をそのように捉えるのは死の存在性格を誤認しているからだと批判する。彼によると、死という「終わり」を考えるとき、人は事物について語られるような「終わり」を人間にも当てはめてしまっている。それで、そのような困難に陥るのだ。この場合、「終わり」は何らかの形で目の当たりにして確認できる事態と理解されている。しかし死という終わりは目の当たりにするといった仕方では経験できないのだから、通常の「もの」の終わりとは原理的に異質である。そこで彼が提唱するのは、まず現存在にとって「終わり」や「全体性」という現象がどのようなことを意味するかを存在論的に厳密に規定することである（SZ, 241ff.）。

ハイデガーは、現存在とは生まれたときからすでに死にうる存在であることに注目する。生きているということは死にうるということなのであり、「死は現存在が存在するやいなや引き受ける一つのあり方」(SZ, 245)なのである。ハイデガーはこのように、生そのものに死が本質的に属していることを指摘した上で、現存在とは「死へと関わる存在」であると規定する。つまり生きているということ自体が、すでに死との関わりそのものなのだ。

現存在の終わりは、本人にとって、そのものを目の当たりにするような仕方で経験されることはない。しかしわれわれは、実際に経験するまでもなく、自分が死にうることを知っている。だからこそ、われわれは死を恐れ、それを回避しようとしたり、もしくは自殺という仕方によってあえてそこに赴いたりもするわけだ。

このように死は、われわれが死んだときにはじめて関わりをもつものではなく、生きているうちからすでにわれわれのあり方を、何らかの仕方で規定している。つまりそのようなものである死にどのように向き合うかが、われわれの生き方の質を定める。これからハイデガーが行おうとするのは、すでにわれわれが生きているうちから死に関わっていることを認めた上で、そうした死がわれわれに対してどのように現れているのかを現象学的に記述することである。

(b) 死へと関わる非本来的存在
おのれに「差し迫る」死

これまでの議論で明らかになったのは、現存在はおのれの終わり、すなわち死に至ってはじめて死と関わりをもつのではなく、生きているときからつねに死と関わり続けているということだ。例えばある重い病気にかかって、余命数ヵ月の宣告を受けたと考えてみよう。そのとき人は宣告に動揺し、なぜ自分だけがこのような目に遭わなければならないのかとおのれの悲運を呪ったり、あとに残される家族のことを心配したり、深刻な抑うつ状態に陥ったりする。その人にとって、死は死んだときにはじめて訪れるものではなく、このような形ですでに生きているうちから自分のあり方を規定するものなのだ。すなわちその人はこのような形で「死へと関わる存在」を生きている。

このことは、死が差し迫った人にしか当てはまらない話だと思われるかもしれない。しかしわれわれは余命数ヵ月の告知を受けるまでもなく、いつでも死にうる存在であるわけで、その限りでは先ほどの人と異なった立場にあるわけではない。例えばわれわれには、「わが身を案じて」本来なすべきことをなす勇気がもてないことがしばしばある。そうしたとき、少々幼稚な夢想だが、自分が仮に不死身であれば、正しいことを貫けるのにと思ったりする。つまり死に対する恐怖がなければ、われわれには何の倫理的葛藤も起こらないのだ。「死ぬ気になってやってみろ」という表現も、今日あまりにも安易に用いられすぎる嫌いはあるが、死の可能性に対する姿勢が物事への取り組みに影響を与えられることを示している。

今確認したことは、われわれは生きているあいだから、すでに死の可能性と何らかの仕方で関わっているのであり、しかもその可能性への関わり方が現在の自分のあり方を規定しているということだ。この意味で、現存在とは「死へと関わる存在」だと言うことができる。ハイデガーはこの「死へと関わる存在」を、現存在の存在に即して、より詳細に規定することを試みる。以下ではその点を見ていくことにしよう。

ハイデガーは死を、現存在に「差し迫るもの」と規定する。現存在に差し迫るものは死のほかにも悪天候や友の来訪などいろいろあるが、彼はその中でも死に独特の差し迫り方を記述する。すなわち死は、「他ならぬ自分自身の存在能力」として現存在に差し迫るのだ。

自分が死ぬとき、その死は誰か他人の死ではなく自分の死であることは自明である。また自分が死ぬときには死は、「もはや存在することができなくなる」という可能性として差し迫り、そのとき現存在ははじめて他ならぬ自分自身の存在能力だけと向かい合うことになる。このような死は他者とともに、ないしは他者のために何かをするという可能性ではありえない。つまり、死にあっては他の現存在に対するあらゆる関係は解消されている。このように、個々の死は、他ならぬ自分自身の可能性、他者の関わりえないものである。さらにこうした死は、現存在がそれを「追い越すことができない」という意味において、「究極的」である。

ハイデガーは以上をまとめて、死を「他ならぬ自分だけの、他から隔絶された、追い越しえない可能性」と規定する(SZ, 250)。死とは、このような可能性としておのれに差し迫ってくるのである。先ほど、現存在の存在である気遣いが「おのれに-先だって」という契機を含むことが示された。死が差し迫ってくることは、この「おのれに-先だって」をもっとも根源的な形で具体化する。簡単に言うと、死はつねに「おのれに-先だった」ものとしておのれに差し迫り、態度決定を求めてくるのだ。

死を避けることはできない

この「他ならぬ自分だけの、他から隔絶した、追い越しえない可能性」は、もちろん現存在が任意に選び取ることのできるようなものではない。むしろ現存在が実存する限り、現存在は否応なしに死の可能性を負わされている。現存在がこのように死の可能性に委ねられていることは、理論的な知によって把握されることではなく、不安というもっとも根源的な情態においてはじめてあらわになる（SZ, 251）。すなわち不安とは、根本的には死に対する不安なのだ。

現存在が存在する限り、すでにある存在能力に委ねられていることは、気遣いの「すでに―（世界）―のうちに」という契機で表現されていた。したがって、現存在が死の可能性に委ねられているということは、気遣いにおけるこの契機の具体化である。つまりわれわれが「世界のうちにある」ことは、即、われわれがいついかなるときにでも死ぬ可能性のある存在であることを意味する。

この点について、ハイデガーはこれ以上、立ち入った説明をしていないが、より詳しく分析すると次のようになるだろう。「世界のうちにある」ことは、われわれが身体をもち、さらには道具、他者、自然環境などに取り巻かれているということだ。そうした身体、道具、他者、自然などといったさまざまな物事は相互に連関しつつ、われわれにさまざまな形で死をもたらす可能性を孕んでいる。寒さで体調を崩して病気になるとか、地震で倒壊した家の下敷きになるといったように。すなわちわれわれが世界内に存在しているということは、つねにすでに、そうした出来事による死の可能性に晒されていることを意味するのだ。

もっとも、死という「終わりへと関わる存在」は、多くの人には通常、意識されていないこともまた事実である。ハイデガーによると、だがそれは「死へと関わる存在」が現存在には含まれていないことを意味するわけではない。むしろそれは現存在が日常においては、「死へと関わる存在」から逃避し、それを隠蔽していることの証拠にすぎない。すなわち、「現存在は実存する限り、事実としては死につつあるのだが、それはさしあたり、たいてい頽落するという仕方において」なのである（SZ, 251f.）。すなわち日常の生活においてて現存在は、「世界」の配慮に没頭することにより、つまり何らかの配慮の対象「のもとでの存在」という形で、この「他ならぬ自分自身の、死へと関わる存在」から逃避しようとしているのだ（SZ, 252）。

日常における死の隠蔽

以上で見てきたことは、現存在の「死」との関わりは、「（内世界的存在者）のもとでの－存在として、おのれに－先だって－すでに－（世界）－のうちに－存在すること」という気遣いの一様態として理解できるということだ。ただこれまでの話は多分に形式的なものにとどまっており、「死へと関わる存在」が具体的にどのようなあり方なのかは依然、判明ではない。そこでハイデガーは、現存在のもっとも身近で日常的なあり方において、「死へと関わる存在」とはどのようなものかを示す必要があると述べる。彼は「死へと関わる日常的で標準的な存在」を解明するにあたって、現存在の日常的な「おしゃべり」が死についてどのように語っているかを手がかりとする（SZ, 252）。

日常的な世界では、「ひとは結局、いつかは死ぬであろうが、さしあたり自分自身はまだ見舞われていない」というように理解している（SZ, 253）。日常的な現存在は、自分自身の可能性である死をまだ存在しないものと捉えている。つまり死を自分の外で起こる出来事として、いわばそれを外在化するのが、日常的現存在による死の把握の特徴だと言えるだろう。ひとは死を「世界のうちで起こる出来事」に歪曲してしまう。

ハイデガーはこのような「死へと関わる日常的な存在」を前節で詳しく検討した頽落の一様態として捉えている。「ひと」は現存在に対して、まだ死を世界の出来事と解釈する可能性を提供し、そのことによって「他ならぬ自分自身の、死へと関わる存在を自分自身に対して隠蔽する」ように「誘惑する」。また「死につつある者」に対してその近親者は、彼が死を免れて、必ずやもとの世界の日常へと復帰できるだろうといって慰める。「ひと」はこのような「気休め」によって、「死」という、他とは隔絶された他ならぬ自分自身の存在能力を覆い隠してしまう。つまり、彼から「実存の真理」を覆い隠してしまうのだ（SZ, 253）。

さらに「ひと」は「死について考えること」を「臆病な恐れ、現存在の自信のなさ、いかがわしい世界逃避」と決めつけ、「死への不安に対する勇気を起こさせようとしない」ように仕向ける（SZ, 254）。

死に対する不安において、現存在は追い越すことができず、その先には決して行くことのできない死の可能性に自分が委ねられた存在であるという事実に直面させられる。しかし、「ひと」はこの不安をやがて起こりうる何か通常の出来事に対する恐れへとすり替える。そして、そのようにして不安を恐れにすり替え、曖昧にした上で、これを「自分に自信をもつ現存在であれば認めてはならない弱さ」と決めつける（SZ, 254）。このように、ひとは「ひとは死ぬ」という事実への無関心を現存在に推奨し、そうすることによって現存在に他ならぬ自分自身の存在能力からの「疎外」をもたらす。

このように、ハイデガーは「死へと関わる日常的な存在」のうちに、頽落の存在様式である「誘惑」、「気休め」、「疎外」を見て取る。すなわち「死へと関わる日常的な存在」とは、頽落的な「おのれ自身からのつねなる逃避」なのである。死を外部での出来事だと解釈することによって現存在は、自分が「死につつある」という事実、つまり死とは他ならぬおのれ自身の可能性であることを隠蔽する。他者の死亡事例を見るたびに、現存在は「自分自身はまだ生きている」ことを確信する（SZ, 254）。ハイデガーがここで語っているおのれ自身の死の外在化とでも言うべきメカニズムは、先ほどの「疎外」についての説明でも、「死に対する不安」から「死に対する恐れ」への転倒として語られていた。このように「死に対する恐れ」の根底には、おのれ固有の可能性としての死から目を背け、あたかもそれが外から襲ってくるものであるかのように解釈し、そうしたものとして今のところは「まだない」ものと見なすという独特の機制が潜んでいる。

「死」とはどのようなことか

以上で見てきたように、「死へと関わる日常的な存在」とは、ハイデガーによればおのれ固有の存在可能としての死からの逃避である。とは言えそのようにして逃避しているときにも、現存在は自分が逃避しているその「何か」をやはり何らかの仕方によって知っている。したがって、「死へと関わる日常的な存在」といえども、自分がそこから逃避している死がどのようなものであるかについての理解だけはもっている。このような了解のうちに含まれるものとしてハイデガーが挙げるのが、死のもつ「確実性」と「未規定性」という性格である。

「死の確実性」とは、他者が日々死んでいくという事実の観察に基づいて、「自分もいずれは死ぬだろう」と確信する場合に理解されるような経験的な確実性のことではない。現存在はそう語るときにも、「でも自分はさしあたりまだ死なない」と確認しているにすぎず、実は他ならぬ自分自身の可能性としての死がもつ真の確実性からは逃避しているからだ（SZ, 258）。

そしてまた、「自分はさしあたりまだ死なない」と自分自身に言い聞かせるときには、死はあらゆる瞬間に可能だという「事実」を現存在は隠蔽してしまっている。死とはまずなによりも「確実なもの」という固有の性格をもつのであり、と同時にいつ到来するかわからないという「未規定性」ももっている。にもかかわらず、現存在は自分が死ぬまでにはまだいろいろなことができるだろうと思うことによって、死を自分から遠ざけて、その未規定性を隠蔽しようとする。

このように、「死へと関わる日常的な存在」は、「自分が死ぬ」という死の可能性の「確実性」と「未規定性」を否認しようとする。だが、そのこと自体が逆説的に、死のそうした性格の不可避性を示している。以上を総括して、ハイデガーは死の実存論的概念を現存在の「他ならぬ自分自身の、他から隔絶された、確実でありつつ、またそのようなものとして未規定の、追い越しえない可能性」であると規定する（SZ, 258f.）。

(c) 死の可能性への先駆

「死」との本来的な関わり方

以上、ハイデガーが死の概念を実存論的にどのように規定したかを確認した。もっとも、現存在が「さしあたりたいてい」、死に頽落的に関わっているとしても、つねにそうである必要はないだろう。そもそも非本来性と言う以上、それは本来性を前提としているはずである。したがって、この「他ならぬ自分自身の、他から隔絶された、確実でありつつ、またそのようなものとして未規定の、追い越しえない可能性」である死を本来的な仕方で了解したとき、現存在はどのようになるのか、そう問うことも可能だろう。実際にハイデガーも右の議論に続いて、この「死へと関わる本来的存在」の解明に取り組む。

では、この「死へと関わる本来的存在」とはどのようなものなのだろうか。ここまでのところで、死というものが実存論的にどのように規定されるか、また「死へと関わる非本来的存在」がいかなるものかについてはとりあえず論じられた。とくに後者は「死へと関わる本来的存在」がどのようなものでないかについての手がかりを与えてくれた。すなわち、「死へと関わる本来的存在」とは、非本来的な存在とは逆のあり方として、他ならぬ自分自身の、他から隔絶された、可能性を回避せず、逃避においてその可能性を隠蔽しない存在である (SZ, 260)。そうだとすると、「死へと関わる本来的存在」が他ならぬ自分自身の他から隔絶された可能性からも逃避せずそれに関わる場合、死はどのように了解されるのだろうか。そしてそのとき、現存在はどのようなあり方をしているのだろうか。

ここでハイデガーは「死へと関わる存在」を、現存在のある特別な可能性に関わる存在であると規定する。この死という可能性は、事物や道具の可能性とは根本的に異なる性質をもっている。したがって、死の可能性への関わり方もそれら事物の可能性への関わり方とは異なったものとなる。ハイデガーは事物的なもの（道具的なものも含む）の可能性に対する関わりを、「可能的なものの現実化を目指すこと」と規定する（SZ, 261）。ハイデガーは、道具を作成したり、用意したり、置き換えたりという例を挙げるが、そのような場合、今そこには見当たらないが、可能的には存在しうる道具を実際にそこに存在させるという意味において「現実化」が行われるわけである。

ハイデガーは、死という可能性への関わりを、こうした事物的なものの可能性への関わりと鋭く区別する。「死へと関わる存在」は、死の現実化を配慮しつつ目指すという性格は絶対にもちえないからだ。なぜなら、死という可能性が現実化された場合とは、現存在はすでに死んでしまっていることになり、そうすると現存在には「死へと関わる存在」であることはできないからだ（SZ, 261）。この死という可能性の本来の性格が、その実現がいつになるかを算定しようとしたり、意のままに操作しようとしたりする態度では弱められてしまう。それゆえ現存在は、この死の可能性に対しては、つねに差し迫ってくる、おのれの意のままにはできない可能性として、ただひたすら耐え抜くという仕方でしか関わることはできない(SZ, 261)。すなわち死は、いつでも訪れうるものとして受け止めなければならないのだ。

「先駆」=「死」に対して開かれてあること

ハイデガーは死に対するこのような関わり方を「可能性への先駆(Vorlaufen in die Möglichkeit)」と名づける(SZ, 262)。死という究極の可能性へと関わる存在は、死がこの可能性としてつねに切迫しているという事実をいささかも弱めることなく、そのことをまさに正面から引き受けるような仕方で死に関わらなければならない。可能性への先駆とは、他ならぬ自分自身の、究極的な存在能力である死をまさにそのようなものとして了解するあり方、すなわち本来的実存である(SZ, 263)。

「先駆」の原語“Vorlaufen”は「前方に向かって走る」という意味だが、ここでは死の可能性を現存在の他の可能性に先んじる形でおのれの運命として受け入れ、そこからおのれの生を規定する態度を指している。この死への先駆は、死の可能性から逃げないこと、「おのれの死を辞さない」態度と言い換えることができるだろう。「おのれの死を辞さない」といっても、自殺のように自分から死を積極的に現実化することではなく、死の可能性に対してつねに開かれた態度を取ることである。しかしこのようにして死の可能性に対して開かれることによって、一体われわれのあり方の何が変わるというのだろうか。次に、可能性への先駆が現存在のいかなるあり方をもたらすのかをハイデガーの説明に即して見ていこう。

先ほど、死の可能性とは「現存在の他ならぬ自分自身の、他から隔絶された確実でありながらも未規定の、追い越すことのできない可能性」だと規定された。ハイデガーはこの死の可能性を構成する諸契機、すなわち「他ならぬ自分自身の」、「他から隔絶された」、「確実である」、「未規定である」、「それを追い越すことができない」、のそれぞれについて、それらを了解することによって現存在にいかなる態度がもたらされるのかを順次分析していく。そしてそのことによって「可能性への先駆」が現存在のどのようなあり方を意味するかを明らかにしようと試みる。

死を「他ならぬ自分自身の」可能性として了解するとき、現存在には何が開示されるのだろうか。一言で言えばそれは、「現存在がおのれ自身の特別な可能性において〈ひと〉からもぎ離されていること」(SZ, 263)、である。すでに「死の可能性への非本来的な関わり」の説明で見たように、「ひと」は死と向き合うことを現存在には勧めず、逆に日常の自明性の中で生きることを推奨する。現存在は「死への先駆」によってこのような勧告を振り切り、「ひと」と訣別し、おのれ独自の道を歩むことを選択する。

死への先駆の内実は、死という可能性の特徴である「他から隔絶された」という契機の了解において、さらに具体的に示される。先駆は現存在が他ならぬ自分自身の存在能力を「ひとえにおのれ自身の方から引き受けなければならないこと」を理解させる。つまり、死の可能性を引き受けるか引き受けないかは完全に自分だけの問題なのである。このようにして、「先駆において了解された、他から隔絶されたという死の性格が、現存在をおのれ自身へと単独化する」(SZ, 263)。この単独化によって明らかにされるのは、「他ならぬ自分自身の存在能力が問題であるとき」には、「ひと」の要請にしたがった日常的なさまざまな配慮などはどうでもよくなっているということだ(SZ, 263)。

ただしこのことは、ハイデガーがすぐあとで注意しているように、本来的な自己存在から配慮と顧慮が切り離されていることを意味するのではない。つまりそこでも、現存在は事物や他者から完全に切り離されているわけではない。彼が述べているのは、おのれの配慮と顧慮をただ漫然と「ひと」によって規定された状態にとどめておくのではなく、そうした配慮と顧慮を自分が本来なすべきことという観点から自分の責任のもとに選び直すことが、死への先駆においては起こっているということだ。

このように、死への先駆においては配慮と顧慮はもはや「ひと」によって規定されることはなくなるとして、ではそこでの配慮と顧慮は具体的にはどうなっているのだろうか。この点が次の「追い越しえない」という契機によって示される。死という可能性のこの「追い越しえない」という性格を正しく了解することによって、「おのれ自身を放棄することが実存の究極的な可能性として自分に迫っていること」が明らかになる（SZ, 264）。

ハイデガーは現存在が先駆によってこの究極的な「自己放棄」の可能性を了解することこそが、現存在を「脈絡なく押し寄せてくるさまざまな可能性に我を忘れた状態」から解放し、追い越しえない可能性の手前にある可能性を現存在に選択させると述べている（SZ, 264）。これは死への先駆が、おのれに固執しないあり方を現存在にもたらし、単なる自己保存の欲求に基づいた色々な可能性の空しさをあらわにするということだろう。簡単に言うと、死への先駆によって「無私」の行為の可能性が現存在に開かれるのだ。

「死ぬことによって生きる」態度

ここでは先ほど、非本来性に関する議論の宗教的な背景について論じたときに触れた、「世界的なもの」への執着と、本来性におけるその放棄が問題になっている。ハイデガーによる死の考察が、キリスト教人間学における死の取り扱いを下敷きにしていることはすでに指摘したが、ここで死への先駆の実践的な意味をより明確にするために、その点に少し触れておきたい。例えば「ルカによる福音書」で、イエスが自分が殺されること、しかし三日目には復活することを宣言する箇所で、弟子たちに次のように述べている。「もし人が私の後から来たいと望むならば、自分自身を否み、日々自分の十字架を担って私に従って来るがよい。実に、自分の命を救おうと欲する者はそれを滅ぼすだろう。しかし、自分の命を私のために滅ぼす者、その者こそそれを救うだろう」（ルカによる福音書九：二三—二四）。

死ぬことによって、かえって生を得るという逆説は、キリスト教教義学で繰り返し現れる主題だが、ハイデガーがキリスト教神学による死の考察に言及していた注で名前を挙げていたパウロも「ローマ人への手紙」で以下のように語っている。

「それゆえに私たちは、その死への洗礼をとおして、彼と共に葬られたのである。それはキリストが、父の栄光をとおして死者たち〔の中〕から起こされたように、そのように私たちもまた、生命の新しさにおいて歩むためである。（……）私たちの〔うちの〕古き人間は、この罪のからだが壊されるために〔キリストと〕共に十字架につけられたのだ、ということを私たちは知っている。それは、私たちがもはや罪に隷属することのないためである。（……）もしも私たちがキリストと共に死んだのなら、彼と共に生きるようにもなるであろうことを、私たちは信じている」(ローマ人への手紙六：四―八)。

さらに同じ注で言及されていたカルヴァンも、『キリスト教綱要』第三篇第九章「将来の生についての瞑想」で、「死を求める熱心に燃えて絶えずそれを瞑想し、将来の不死の生の故にこの世の生を軽んじ、これが我々を罪の隷属の下に置いていることを思い、主が良しと見たもう時にはいつでも放棄できるように願うべきである」と述べている(ジャン・カルヴァン『キリスト教綱要 改訳版 第三篇』渡辺信夫訳、新教出版社、二〇〇八年、二〇一頁、なお訳は一部、著者が変更した)。

なおカルヴァンは同じ箇所で、「天上の生」に比べれば「地上の生」は価値が低いが、とはいえ、神がそう命ずる限りわれわれは、この世のうちで神の御名の栄光を顕わしていかねばならないとも述べている。このように死の希求が現世における実践的な要請をもつことを指摘している点にも注意しておきたい。

以上を見ればハイデガーが死への先駆の議論で、死ぬことによって生きるというキリスト教神学においてしばしば語られてきたモチーフを、「将来の生」や「不死の生」といった神学的要素を取り除き、純粋に実存論的に、つまり現存在の実存に内在的な視点から解釈しようとしていることは明らかだろう。こうしたことも念頭に置きながら、以下ではふたたび、死の可能性の本来的な了解が何を意味するかについてのハイデガーの説明の続きを見ていくことにしよう。

ほんとうの「自分自身」になる

死は、それが確実だという性格をもつとされたが、この「確実な」という契機を了解することは、何を意味するのだろうか。ハイデガーによると、現存在が死の確実性を真に了解したと言うことができるのは、それをおのれ自身の可能性として受け止められたとき、結局、死へと先駆するときである（SZ, 264）。

自己の死が実際に確実であることは、他者の死の経験によっては本当には知ることはできない。伝統的哲学においては、意識、体験、私などが絶対確実なものとして直接与えられるものとされてきた。それはデカルトのコギト、すなわち「われ思う」の絶対確実性の主張に典型的に示されている。ハイデガーによると、この確実性も死への先駆において示される確実性に及ぶものではない（SZ, 265）。すなわち死への先駆においてこそ、伝統的哲学が問題にしてきた自己よりも、絶対確実な自己が開示され、真の「われあり」が示されるのだ。

最後に死のいつ訪れるかわからない「未規定の」という性格だが、これは先駆においてはどのように開示されているのだろうか。現存在は死へと先駆するとき、つねに死の脅威を感じているが、このときに、まさにこの死の未規定性という性格に直面している。こうした死の脅威を現存在にあらわにするのが、不安という情態である。つまり、死とはいつ訪れるかわからない可能性として現存在を脅かしてくるので、それに応じて、そのことを真に了解する死への先駆も本質的に不安となるのだ（SZ, 266）。

これまで検討してきた「死へと関わる本来的な存在」、すなわち「死への先駆」の特徴をまとめて、ハイデガーは次のように述べている。まず先駆は「自分自身であるという可能性に現存在を直面させる」。つまり現存在はこの「死に対する自由」において自分自身であることができるのである（SZ, 266）。このように死に対して自由になることは、先ほども見たように、究極の自己放棄を意味する。そのことによって、自分一個の利害を離れ、今、自分の真になすべきことへと開かれることが可能となる。要するに、現存在は死を辞さないということ、まさに死ぬことができるということにおいて、真に自分自身でありうるのだ。

「死」に値することとは何か

以上、「死へと関わる本来的存在」、すなわち死の可能性への先駆がどのようなあり方を意味するのか、ハイデガーの説明に即して見てきた。ところで『存在と時間』において死が問題とされたのは、現存在の存在をその全体性において捉えるためだとされていた。つまりこの死の可能性への先駆によって、「現存在の本来的な、全きものとして存在する能力」の「存在論的な可能性」が示されたことになる。これは簡単に言うと、生には本質的に死が属しているということ、したがって生の全体を十分に捉えるには、死も当然、考慮に入れる必要があるということだ。

しかしハイデガーによると、それはあくまでも「存在論的な可能性」でしかない。すなわち現存在がそうしたあり方を取ることができるという原理的な可能性が示されただけで、通常は非本来性のうちにある現存在が、実際にそこからどのように抜け出して、このような先駆を実現することができるのかはまだ示されてはいないと言うのだ。われわれがこのような本来的実存へと促され、そうしたあり方を取ることが、実際にあるのだろうか。そして、それは、現存在に内在するどのような構造によって可能になるのだろうか。ハイデガーは死への先駆を論じた『存在と時間』第二篇第一章の末尾で、こうした点を問うている。

この問いはいささか形式的に感じられるが、ごくわかりやすく言えば、現存在はどのようなときに死へと先駆するのか、すなわち何のためなら自分は死ぬことができるのかという問いである。もちろん人は、どうでもよいことのために死にたいとは思わない。死に値することとは何なのか。これに対するハイデガーの答えは、良心の命ずるところに従うことである。現存在に本来的実存が可能だということを告げ、自分自身にそうあることを要求するのが、『存在と時間』第二篇第二章「本来的な存在能力の現存在に即した証言と覚悟」で論じられる「良心の呼び声」である。そこでここで節を改めて、ハイデガーのこの良心についての議論を検討し、本来性の内実をさらに明らかにしていきたい。

3. 良心の呼び声と覚悟

(a) 「負い目ある存在」を告知する「良心の呼び声」

「良心」とは何か

「死へと関わる存在」を論じた前節の冒頭で確認したように、現存在の実存論的分析は、その分析が根源的なものであるためには、現存在の存在をあらかじめその本来性と全体性において明らかにしておく必要があった。この本来性と全体性のうち、全体性については死への先駆の議論で明らかにされた。現存在は死へと先駆することでおのれの存在の全体性を先取りし、真に全きものとして存在する。そしてそのことが、同時に生の質にある種の転換をもたらす。この転換によってもたらされる現存在の本来性が何を意味し、つまりそこで「ひと」に代わるいかなる生の規範が与えられているのかを明らかにすることが、『存在と時間』第一部第二篇第二章「本来的な存在能力の現存在に即した証言と覚悟」の主題である。

ハイデガーは死への先駆として規定された現存在の本来的な存在能力が、単なる理論上の産物ではなく、「良心」という現象によってその実現可能性が示されているという。そして、この良心という現象を実存論的に解釈することにより、現存在の本来的な存在能力が「良心をもとうと意志すること」であることが示されると言う（SZ, 234）。では、この「良心をもとうと意志すること」――「良心に従うこと」と言ってもよい――とは、いかなるあり方を意味するのだろうか。またそれは、死への先駆とはどのように関係しているのだろうか。以下では、まず良心の具体的規定を見ていこう。

ハイデガーは良心を論じるにあたって、最初に議論の全体的な見通しを提示する。すでに確認したように、現存在は通常は「ひと」というあり方によって自己を喪失している。したがって、現存在が本来的な自己を獲得するためには、現存在にその本来のあり方が何らかの形で告げ知らされる必要がある（SZ, 268）。ハイデガーがこの本来的な仕方で「自己であること」を告げ知らせるものとして注目するのが「良心」である。

「呼ぶ声」としての良心

彼は良心とは、何かを了解させ、開示するものだと規定する。つまり良心とは、われわれに何かをわからせようとするものなのだ。そうした良心を彼は「呼び声（Ruf）」であると規定し、「語り」の一つの様態だとする。良心の呼び声は「現存在に他ならぬ自分自身の、自己として存在する能力を目指すように呼びかける性格をもち」、そのことは「他ならぬ自分自身の、負い目ある存在へ呼び出すという仕方によってなされる」(SZ, 269)。この箇所では「他ならぬ自分自身の、自己として存在する能力」が「他ならぬ自分自身の、負い目ある存在」と言い換えられている。簡単に言えば、現存在が自己でありうるのは、おのれの負託を担うときだということだ。良心の呼び声が、そのような負託におのれを目覚めさせるというのである。

他ならぬ自分自身の存在能力へと呼び出すものとして良心が存在しているということは、まずもって現存在がそのような呼びかけを必要とする状態にあるということでもある。通常、現存在は「ひと」に埋没し、その可能性は世間に規定されている。そのとき現存在は「ひと」の声に聴き従い、「自分自身の自己を聞き逃している」(SZ, 271)。良心の呼び声は、このような、現存在が「ひと」の言いなりになっている状態を打破する。先ほども述べたように、ハイデガーはこの呼び声を語りの一様態と見なしている。したがって、呼び声も前章で見た語りの構造に即して分析を行っているが、ここではごく簡単にその要点だけを見ることにしよう。

誰が呼ぶのか？

ハイデガーは呼び声を「自己」へと呼びかけるものだとした上で、その呼び声において「自己」が「おのれ自身へと、すなわち他ならぬ自分自身の存在能力へと呼び出される」と規定する（SZ, 273）。また彼はこの呼び声が音声という形を取るものではないことを指摘し、それは「沈黙という様態において語る」と述べている（SZ, 273）。そしてさらに、呼び声の特徴づけとして、自分自身の意志で遂行されるものではないことを指摘する。むしろ呼び声は、自分の期待や意志に反して、「それ」が呼ぶとしか言いようのないようなものなのである（「それ」とはドイツ語では"es"、すなわち「エス」である）。

では、この「それ」とは一体、「誰」なのだろう、こうハイデガーは問いを進める。呼び声が自分の意のままにできないという性格をもつことから、伝統的にはそれは神、ないしは生物学的な素因などに帰されてきた。しかしいつものやり方だが、ハイデガーはあくまでも実存論的に、つまり現存在の構造のうちからその「誰」を読み取ろうとする。こうして彼は、呼び声を呼ぶ者を「自分の不気味さのうちに立つ現存在」、「居心地の悪い状態としての、被投された根源的な世界－内－存在」、「世界の無においてむき出しとなった『あるということ』」などと規定する（SZ,276f.）。

これまでにも何度か指摘したように、現存在を他ならぬ自分自身の存在能力へと強いるのは、究極的には、現存在が関わっている存在者の存在である。つまり、現存在が不気味さのうちに立つとは、そうした存在者をそのものとしてあらしめるという要請のもとに立つことなのである。そうだとすると「それ」は、突き詰めれば、存在者の「存在」だということになる。つまり良心の呼び声は、「存在の呼び声」と捉え直すことができるのだ（「語り」を取り上げたところでも見たことだが、ハイデガーは一九三〇年代には、語りの本質を「存在の根源的露呈」そのものだと捉えている。つまり「良心の呼び声」論はそれ自身、「語り」の本来的様態についての議論だと解することもできる）。

このように呼び声は沈黙という様態で語り、呼びかけられた者を「ひと」の世間的なおしゃべりから引き戻し、自分自身の存在能力へと呼び戻す。そしてそこで呼び声を呼ぶ者は、不安という情態において「世界の無」のうちに立つ現存在――今述べたところによれば、存在者の存在――である。

すでに前章でも、ハイデガーが現存在の存在を気遣いと規定していることを検討した。この、現存在がおのれを気遣う存在であるということは、根本的には現存在が良心を備えていることに基づいている。つまり、現存在は良心の呼び声によって自分自身の存在能力を気遣うように促されているのであり、頽落も、この良心の呼び声からの逃避に他ならないのである。このようにハイデガーは、現存在が気遣いであることは良心の呼び声に基づいていているとして、良心の呼び声を「気遣いの呼び声」とも呼んでいる（SZ, 277）。

現存在の「負い目」とは何か

以上、ハイデガーが良心の呼び声を語りの一つの様態としてどのように捉えているかを見てきた。ここで彼は、良心の呼び声が現存在に何を告げ知らせるものなのかと問う。良心の呼び声は現存在に対して、どのようにあることを要求しているのかということだ。

この際に彼が注目するのは、既存のあらゆる良心解釈が、良心の呼び声を現存在に「負い目あり」を告げるものだと見なしている点である。もっとも、これまでにも「負い目」が何を意味するかについてはさまざまな解釈がなされてきた。そこで彼は、いつものやり方だが、良心において示されている「負い目あり」が現存在のあり方としてはいかなることを意味するかを以下に示そうとする（SZ, 280f.）。

「負い目あり」のドイツ語、すなわち“schuldig”は、「罪がある」、「責任がある」、「負債がある」という意味の形容詞で、その名詞形“Schuld”は「罪」、「負い目」、「負債」、「借金」という意味をもつ。ハイデガーはまず「負い目あり」、"schuldig" という言葉の通常の用法を分析する。彼によると、「負い目あり」とは基本的に何らかの欠如の根拠となっていることを意味している。現存在が規範や法を履行しないことによって罪を負うといったような場合である。こうした捉え方において、「負い目」とは、なされるべきことがなされていないという意味での欠如と解されている。しかし、そもそも欠如とは眼前に存在しないこと、すなわち事物的なものにのみ当てはまる存在規定に過ぎないから、現存在の存在に適用されるべきカテゴリーではない、そうハイデガーは注意する。

「虚無性」の三つの契機

ここで彼が強調するのは、「負い目あり」を現存在のあり方に即した形で捉えなければならないということだ。結論を先取りすると、現存在に即した「負い目あり」とは、まず現存在が他ならぬ自分自身の存在能力を気遣うように求められていること、しかし他方では、現存在はさしあたり、またたいてい、そうしたおのれに対する負託からは逃走していること、この二つの事態を指している。

以下で具体的にハイデガーの説明を見ていこう。

「負い目あり」という観念には、「ない（Nicht）」という性格が含まれている。さらに「負い目あり」という観念には、「何かに対する根拠である」という契機も属している。ハイデガーは以上の点を確認した上で、「負い目あり」を形式的、実存論的に、「ない」ということの根拠であること、すなわち「虚無性（Nichtigkeit）の根拠であること」と規定する（SZ, 283）。

すでに確認したように、この「虚無性」は、さまざまなものやことといった事物的なものが欠けているという意味においての「ない」ではない。すなわち現存在は、自分の外に存在するものに何かが欠けていることの原因であることによって「虚無性」を帯びるわけではないのである。そうではなく、現存在の存在そのものがそもそも虚無性を帯びており、そうした意味において現存在は「負い目ある存在」なのである。そうだとすると、現存在が自分自身のあり方としてそもそも「負い目ある存在」だということは、いったいどのようなことを意味するのだろうか。ハイデガーは気遣いの構造に即して、現存在のうちに潜む「虚無性」として、以下の三点を挙げている。

（一）現存在はそのつどおのれの何らかの可能性を選び取っている限りにおいて、おのれの存在の根拠そのものとして存在する。現存在は存在している限り、自分自身で自分のあり方を決定していかねばならず、そうした意味においては、自分が自分自身の根拠である。

しかし、このように自分自身が根拠として存在しているということそれ自体は、現存在が決定したことでは、ない。われわれはそのようにして根拠として存在するように投げ入れられているのであり、否も応もなくそのあり方を担っていく他はないからだ（SZ, 284）。現存在が「無」であること、すなわち現存在の「虚無性」は、まずはこの、現存在の被投性という事実のうちに見て取られる。現存在は存在するに当たって、そのつどおのれのあり方を選ぶことができるのだが、そのように存在すること自体は、おのれの意のままにはならないのだ。

（二）現存在の企投は、そのつどそのつど、ある特定の可能性への企投でしかない。つまりある可能性へと企投する際には、他の可能性はすべて放棄しなければならない。このように現存在は企投という観点からも虚無性を帯びている。企投とは「それ自体として本質的に虚無的（nichtig）」（SZ, 285）なのだ。現存在はおのれの可能性へと開かれた存在だが、一つの可能性の選択しかできず、他の可能性は選択できないというあり方をもつのだ。

以上の（一）と（二）で見たように、被投性と企投、そのどちらの構造にも虚無性が潜んでいた。この虚無性によってこそ、現存在は「負い目ある存在」と規定される。このような被投性と企投の虚無性は、両者を合わせて捉えると、結局、現存在がそのつどそのつどある特定の可能性への企投を余儀なくされているという事態を指している。もっと簡単に言えば、現存在はそのつど何か、なすべきことを負わされているというあり方をしているのだ。

（三）自分が特定の可能性を担わなければならないというこの事実に背を向け、そこから逃避しようとするのが頽落の根本的意味である。そのとき現存在は、自分自身では「ない」、すなわち非‐本来性という意味での「虚無性」に陥ってしまっている（SZ, 285）。ハイデガーはこのように、現存在の頽落のうちにも「虚無性」を見出している。この虚無性とは要するに、現存在が他ならぬ自分自身の存在能力から逃避し、それを引き受けていない状態のことを意味している。

われわれは通常、「負い目」というと、すべきことをなさないままでいるという（三）と理解することが多い。しかしこの意味における「負い目」は、われわれが引き受けるべき何らかの可能性をすでに負わされていること、すなわち（一）と（二）で表現されているような「負い目」をその前提としている。以上の考察から明らかになるのは、現存在が現存在であることそのもののうちに、今確認したような虚無性が、構造的にはらまれているということである。

現存在は、現存在として存在する限り、つねに「負い目」を負っている。あるときには現存在が「負い目」を負っているが、別のときは「負い目」を負ってはいないなどということはありえない。現存在の存在が気遣いと規定されるのも、現存在は「負い目ある存在」である以上、他ならぬ自分自身の存在能力をつねに気遣わざるをえないからだ。この意味において、「負い目ある存在は、われわれが気遣いと呼んでいる存在を構成する」(SZ, 286)。つまり現存在は負い目ある存在であるからこそ、気遣いであらざるをえないのだ。現存在に対してこのようなおのれの「負い目」を告げ知らせるのが、まさに良心の呼び声である。

(b) 実存の本来性としての覚悟

正しく「呼び声」を聞く

以上で見たように良心の呼び声は、現存在に「負い目あり」を了解させようとしている。そうすると、それを了解するとはどのようなことを意味するのだろうか。しかも現存在は、本質的に頽落した存在として、自分が「負い目ある」ことを通常、意識していない。つまり、現存在は良心の呼び声を通常、聞き逃している。そうであれば、呼び声が了解させようとしているものの内容を明らかにするだけでなく、それを本来的な意味において了解することが、現存在のいかなるあり方を意味するのかを示す必要がある。ハイデガーが単に良心について論じるだけでなく、その十全な了解としての「良心をもとうと意志すること」、すなわち「覚悟（Entschlossenheit）」を問題にするのは、今述べたような事情による。そしてまさにこの「覚悟」こそが現存在の本来性なのである。

ハイデガーは呼び声を正しく聞くことを「他ならぬ自分自身の存在能力においておのれを了解すること」とする（SZ, 287）。この呼び声を了解することにおいて、「現存在は他ならぬ自分自身の実存可能性に聞き従う」が、このことは、「おのれ自身を選んだ」ということに他ならない（SZ, 287）。そして「現存在がおのれ自身を選んだ」とき、この「選択によって、現存在は他ならぬ自分自身の負い目ある存在を、おのれに対して可能にする」（SZ, 288）。

ここで選択されるのは、呼び声を了解することである。ハイデガーによると、それは良心そのものを選択することではない。というのも、あらゆる現存在は現存在である限り、つねに良心をおのれ自身のうちに具（そな）えている。そのため、良心をもつとかもたないということ自体は、現存在には選択することはできないからだ（SZ, 288）。

非本来的なあり方、すなわち頽落においても、良心はつねに現存在に呼びかけている。現存在はただそれを聞き逃しているだけなのだ。したがって、右のように「選択」について語るとき、そこで選択できるのは「他ならぬ自分自身の負い目ある存在に対して開かれていること」、それのみである。われわれは良心を選ぶのではなく、それに対して開かれであることを選ぶのだ。

こうして呼びかけの了解は、「良心をもとうと意志すること」を意味することになる(SZ, 288)。「良心をもとうと意志すること」とは、要するに「良心に従おうとすること」、「良心を発揮しようとすること」である。先ほども指摘したように、すべての現存在は良心を自分自身のうちに備えている。しかしその良心の声に従うか、従わないかは、それぞれの現存在の選択次第であり、その選択によって、その現存在が本来的であるか、非本来的であるかが決まるのだ。

「良心をもとうとする意志」の構造

こうして実存の本来性は「良心をもとうと意志すること」と規定されることになった。したがって、われわれはこの「良心をもとうと意志すること」の構造を明らかにすることによって、本来的な実存のありかた、すなわち実存の本来性とはどのようなことを意味するのかを知ることができる。ハイデガーはこの「良心をもとうと意志すること」の構造の解明に当たって、それがまず開示性の一様式であることを指摘する(SZ, 295)。

「良心をもとうと意志すること」が開示性だというのは、それが世界と自己を開示する一つの様態だということである。彼はこのように「良心をもとうと意志すること」を開示性と捉えた上で、次に「良心をもとうと意志すること」を、これまでと同様に開示性一般の構造にしたがって、(一)了解、(二)情態、(三)語りという三つの観点から特徴づける。以下、それらを順に見ていこう。

(一)まず「良心をもとうと意志すること」においては何が了解されているのか、つまりそこでは現存在のいかなる可能性が企投されているのかについてだが、ハイデガーはその了解を「世界-内-存在-能力の、その時々の他ならぬ自分自身の事実的な可能性へとおのれを企投すること」と規定している(SZ, 295)。これは「ひと」というあり方との対比で言えば、個々の存在者への皮相な関わり方を脱し、その存在者に対する根源的な関係を引き受けることがおのれ自身の可能性として理解されているということだ。

(二)さて、呼び声が了解されたとき、おのれの現存在は単独化されてしまっているという不気味さのうちにあるものとして開示されている。この「単独化の不気味さ」は、まさに不安という情態において根源的に開示される。呼び声を了解するとき、おのれが単独化という様態において開示されることになるのは、呼び声の了解によって、現存在は「ひと」の声に聴き従うことができなくなり、孤独の中で自分自身の可能性を引き受けることを迫られることになるからだ。

こうした単独化は日常の自明性を破る、現存在にとっては居心地の悪い不気味な事態だが、このことが不安という情態によって感受されているわけだ。こうして「良心をもとうと意志すること」は、情態という観点からは不安に耐え抜く態度、すなわち「不安に対して心構えができた状態」を意味することになる（SZ, 296）。

（三）「良心をもとうと意志すること」と名づけられた開示性は、では語りとしてはどのように規定されるのだろうか。ハイデガーによると、そもそも良心の呼び声に対してはいかなる「談判」も許されない。むしろそうした談判、取り引きをしないことこそが、呼び声の内容を正しく理解している証拠である。

したがって、「良心をもとうと意志すること」にふさわしい語りの様態は、沈黙という仕方で語る呼び声に対して「黙秘」という仕方で応答することである（SZ, 296）。要するに良心の沈黙の語りかけに対する正しい応答は、黙ってそれに従うということなのである。その際、「ひと」のさまざまな助言や勧告、世間の目はもはやどうでもよいものとなり、自分が良心に従っていることをあえて周囲に誇示する必要もなくなる。このようにして、「黙秘はひとのこざかしいおしゃべりから言葉を取り上げる」（SZ, 296）。

完全な自己了解としての「覚悟」

ここまで了解、情態、語りという三つの契機に即して、ハイデガーが「良心をもとうと意志すること」という開示性をどのように特徴づけているかを検討した。彼のまとめによれば、「良心をもとうと意志すること」としての開示性は、不安という情態、おのれの負い目ある存在への企投としての了解、黙秘という語りで構成されている（SZ, 296）。このような本来的な開示性、すなわち「黙秘しつつ、不安をいとわず、他ならぬ自分自身の負い目ある存在へとおのれを企投すること」をハイデガーは「覚悟」と名づける（SZ, 296f.）。

ここで「覚悟」と訳した"Entschlossenheit"は、"entschließen"という動詞から派生した名詞である。この動詞は通常は、"sich entschließen"という再帰動詞の形で、「何かをなすべきかどうかを（熟慮、逡巡のあと）決断すること」を意味する。そして、この動詞の過去分詞形、"entschlossen"は形容詞として用いられて、「決心した」、「断固たる」という意味になる。こうして"Entschlossenheit"は、普通は「決然としていること」、「断固たる態度」などを意味する語として用いられる。以上のニュアンスを汲み取ると、ここでいう"Entschlossenheit"とは、ある種の道徳的、倫理的な決断の可能性につねに備えていることを意味するだろう。

なお"Entschlossenheit"に含まれている"-schlossenheit"は、「閉ざす」を意味する動詞"schließen"から派生した形で、閉ざされている状態を意味する。それに除去や奪取を意味する接頭辞"Ent-"を付けているので、"Entschlossenheit"は閉鎖が取り除かれた状態を指す。何に対する閉鎖かといえば、他ならぬ自分自身の存在能力、あるいはおのれが関わっている存在者の側から言えば、その存在者の真の存在に対する閉鎖であり、“Entschlossenheit”は、それらの閉鎖が除去された状態を意味する。

“Entschlossenheit”を「決意性」と訳してしまうと、“Entschlossenheit”に含意されている、このような開示的で認知的な側面が見えにくくなってしまう。そしてそのことによって、ハイデガーの言う本来性に対して人々がもつ、「何に対してかは知らないが、とにかく決断している」といった「決断主義」という印象を助長することになりかねない。そこで本書では「覚悟」という訳語を採用し、おのれの負い目を自覚し、それを決然と引き受ける構えを表現しようと試みたわけである。

以上、良心の呼び声の構造、ならびにこの呼び声の正しい了解としての「良心をもとうと意志すること」、すなわち覚悟についてのハイデガーの説明を概観した。ハイデガーはこの覚悟を「実存の真理」とも呼んでいる。それは現存在にとって自分の存在が余すところなくあらわになっている事態を意味する。現存在の本来性と呼ばれてきたものが、自己の完全な開示性を意味する覚悟として規定されるのだ。

この覚悟は、現存在がそれ自身の存在に即して、他の存在者——例えば神といったようなもの——に依拠することなく、「実存の真理」に到達することが可能であることを示している。しかし見方を変えれば、神学において神に従順であろうとする態度とされてきたものが、ここで覚悟として捉えられていると考えることもできる。

さて、そうだとすると、この覚悟とは結局のところ、現存在のどのようなあり方を指しているだろうか。これまでの説明だけでは、まだ具体的なイメージがつかみにくいかもしれない。そこで次項では、覚悟という現象の思想史的背景も参照しながら、ハイデガーの覚悟に関する議論の哲学的、倫理学的意義を明らかにすることを試みたい。

(c) 覚悟の倫理的意味

決断主義にすぎないのか?

この覚悟に対しては、すでに早い時期から意味が不明瞭だという批判がなされてきた。ハイデガーの早い時期からの弟子だったレーヴィットは、自伝『ナチズムと私の生活』で、「私は決意している、ただし、何をかは知らない」というある学生の冗談を紹介しながら、覚悟(決意性)が何に対して決意するかという内容を提示しないという批判を展開している(K.レーヴィット『ナチズムと私の生活——仙台からの告発』秋間実訳、法政大学出版局、一九九〇年、四八頁以下)。

これと同種の批判はその後もしばしば繰り返されている。ハイデガーの『存在と時間』

の覚悟の議論を「決断主義」と特徴づけた上で、覚悟は何に対して覚悟するのかという具体的内容を一切示さないため、一種の「倫理的真空」を生み出してしまうという非難が加えられたりもする。こうした議論はたいてい彼の一九三三年のナチス加担と結びつけられて、いかなる倫理的規範も与えない決断主義が、ナチスへの協力に道を開いたという主張がなされる。

たしかにハイデガー自身、本来性においては現存在は他と関係することなく、おのれ自身へと単独化されると述べている。そのため現存在の本来性が、あたかもさまざまな事物や他者から切り離され、自己自身のうちに閉ざされたあり方であるかのように見えることは否めない。しかしハイデガーは、本来的開示性としての覚悟は事物や他者との関わりを失うわけではなく、それらに対する関わり方を変えるだけだと断っている。「道具的に存在する『世界』は『内容的に』別のものになるわけではなく、他者の集団も入れ替わるわけではない」が、道具的なものへの配慮と他者を顧慮する共存在が、「今や他ならぬ自分自身の、自己として存在する能力のほうから規定される」ようになる（SZ, 297f.）。したがって、「覚悟は本来的な自己存在として、現存在を世界から切り離したり、それを宙に浮いた私といったものへと孤立させたり」するのではなく、「自己を道具的なもののもとでの配慮的存在へと連れだし、顧慮しつつ他者と共にある存在へと押し入れる」のである（SZ, 298）。つまり本来性のもとでも、配慮や顧慮がなくなるわけではなく、いわば自分らしいあり方をするという観点から規定されるということだ。

事物との真の関係をとり結ぶ

そうだとすると、そのとき配慮と顧慮はより具体的にはどのようなあり方を取るのだろうか。日常において現存在は「ひと」というあり方をしており、例えば事物や他者に対する関わりもこの「ひと」の標準性に規定されている。非本来性を取り上げたところでは、こうした「ひと」の開示性の特徴として、現存在が自分が関わっている物事に対する「根源的な存在関係」を失っていることが指摘されていた。日常における物事の取り扱いにとって重要なことは、「ひと」の標準性を踏み外さないことなのであって、その物事に対して「根源的な存在関係」を取り結ぶかどうかではない。このことからすれば、「ひと」からの脱却としての覚悟とは、自分が関わっている物事に対する「根源的な存在関係」を取り戻すことだとひとまずは言うことができるだろう。

日常において、さまざまな事物が何らかの可能性や属性をもつものとして現れてくるとき、われわれはそうした属性がその事物に属することを自明のこととして受け入れている。だがそれらは、実際のところ、「ひと」の皮相な関わりに対して物事が示している、言うなれば仮の姿にすぎない。そうした「ひと」の標準的な了解に相関したものでしかない事物の現れ方を事物そのものの属性と捉えてしまうところが「ひと」の「ひと」たるゆえんであり、また日常の安定性、堅固さもそこに由来するのである。

しかしすでに述べたように、ある物事をその本来の姿において開示するには、それにふさわしい現存在の関わり方が必要である。「良心に従う」とは、まさに存在者に対するそのような根源的な関わりを引き受けることであり、「自分自身の存在能力」と言われているのも、まさにこうした存在者に対する「根源的な存在関係」を意味する。つまり現存在は本来性において、事物との関係を失うどころか、むしろ事物と真の関係を取り結ぶのだ。

例えば哲学書との関わりを考えてみよう。哲学書はそれを読解し、そこに書かれた事柄を自分でも考えてみるという姿勢に対してのみ、その真の意義をあらわにする。それとは逆に、われわれはその書物を適当に読み流しただけで、ないしは自分自身で書物を繙(ひもと)くことなく、解説書や入門書だけに頼って、その内容を理解したような気になることもできる。しかしそうした解説書や入門書は、読者の標準的な理解水準に合わせたものでしかない。またそうでなくても、執筆者の理解の限界をそのまま反映したものにすぎず、いずれにしても、そこで語られている内容は、自分とは異なる他人に対して哲学書がどのように現れているかを示すものでしかない。

にもかかわらず、われわれはそれがその哲学書の内容それ自体を示していると考えてしまう。そしてそう考えることによって、その入門書は哲学書について何かを明らかにするよりは、むしろ隠蔽するものとなってしまう。これに対して、哲学書において哲学者が語ろうとしている事柄を自分自身で思索し、そこから哲学者がそのように表現し、そのように語らざるをえなかった必然性をどこまでも理解しようとすること、これこそが哲学書に対する真正な関わり方であり、つまりそれに対する「根源的な存在関係」と言うべきものだろう。

「共存在」としての「覚悟」

なお、先ほど覚悟というあり方には、事物のもとでの配慮的な存在とともに、他者に対する関わりも属していることが指摘されていた。そうだとすると、現存在が覚悟の様態のうちにあるときには、この他者との共存在はどのようなあり方を取るのだろうか。

覚悟においては現存在の単独化が強調されているので、本来性において現存在は自分自身の存在だけに関わり、あたかも他者との関係はないかのようなイメージがこれまで流布されてきた。本来性に他者との関係が欠けていることを批判し、それと対置する形で、レヴィナスの他者論やアーレントの複数性の思想を持ち上げるというのが、今日でも相変わらず哲学関係の学会ではよく見られる光景である。

しかしハイデガーは、覚悟を取り上げた箇所で「本来的な共同性」にも言及し、覚悟は現存在に「共存在する他者を他者自身に備わる、他ならぬ自分自身の存在能力において『存在』させる」可能性を与えると述べている（SZ, 298）。これまでも見てきたように、本来性において現存在は、自分固有の状況のうちで出会う物事に対する適切なふるまいをそのつど選び取ろうとする。ある現存在のこのような態度が他者を感化し、他者自身も自分固有の状況における自身の課題を引き受けることへ促されるということはありうるだろう。

先ほどの哲学書の例で言うと、哲学者がその哲学書で語ろうとしたことは、各自がその書物と取り組むことによってしか、その者に対して明らかになることはない。哲学書に対して、ある現存在が取りうるこうした真摯（しんし）な態度は、第一次的には他者のために何かをしてやるといったものではない。しかし他者がこのような姿勢を手本として、自分自身も同じような仕方でその哲学書に取り組むことへと促されることはありうるだろう。ハイデガーが「覚悟した現存在は他者の『良心』となることができる」と述べているのは、まさにこのような事態を指している（SZ, 298）。

このような本来的な他者関係は、『存在と時間』第一部第一篇第四章で現存在の共存在が取り上げられたところで、すでに「先に飛び込んで－解放する顧慮」として語られていた。ハイデガーは非本来的な顧慮が他者を自分に依存させ、その他者から「気遣い」を取り去るのに対して、本来的な顧慮はむしろ「気遣い」を他者に帰してやるものだと述べている（SZ, 122）。

すなわち、この顧慮は「他者が配慮する何かに関わり」、それを他者の代わりに加工して供給してやり、他者の重荷を取り除くといったものではない。そうではなく、そうした顧慮は「本質的に他者の本来的な気遣い、つまり彼の実存に関わる」こと、すなわち「他者が（……）気遣いに対して自由になることを助ける」ことだと規定される（SZ, 122）。このように覚悟においては、現存在が他ならぬ自分自身の存在能力を率先して気遣うことにより、他者の手本となるという形で他者との関係性が成り立ちうる。

「状況」

以上で確認したのは、覚悟した現存在は事物や他者から切り離されるのではなく、むしろそれらに対する根源的な関係を引き受けるということである。そうとはいえ、やはり覚悟がいったいどのようなあり方を意味するかについては今ひとつわかりにくいかもしれない。良心に従って、物事に対する「根源的な存在関係」を引き受けるというだけでは、それがどのようなあり方を意味するかはやはり漠然としている。覚悟が行為の指針を与えないというよくある批判もある意味、もっともではないか。

ハイデガーは『存在と時間』ですでにそのような批判を想定して、具体的な行動の指針を与えてほしいという要望こそが、現存在を他ならぬ自分自身の、自己として存在する能力へと呼び出すという呼び声の性格を見誤っているのだと述べている。

たしかにこれまで見たことからすれば、覚悟とは「ひと」が与える指針を離れて、各自が決して一般化することはできない自分固有の状況を引き受け、そこにおいて、なすべきふるまいを選択する態度を意味する。ハイデガーによると、何か確固たる指針を求める上記のような態度の根底には、現存在の存在様式とは与えられた規範や法則を満たすこと、何らかの価値を実現することだとする見方が潜んでいる。しかし、これでは現存在の存在を何か事物的可能性を実現するかのように取り扱っているにすぎず、現存在の存在の固有性を誤認してしまっている（SZ, 294)。

すでに「負い目ある存在」について論じたところで、ハイデガーは「負い目」を規範や法則の不履行と捉えるべきではないと注意していた。良心が告知するおのれの負い目をこのように理解してしまうと、逆にそうした規範や道徳法則を満たしさえすれば自分には何の問題もないということになる。しかし、そのような自負をもつ人は、ハイデガー自身もここで述べているように、「パリサイ主義者」という非難を免れないだろう。

現存在の存在そのものが「負い目ある」ものである以上、現存在は存在する限り、「負い目ある」という状態から逃れることはできない。覚悟した現存在が直面するおのれ固有の状況に対しては、すべてに適用可能な規範などは存在しない。そうした規範は現存在が自分固有の状況に応じて行動する可能性をむしろ奪ってしまうだろう、こうハイデガーは指摘する（SZ, 294）。

そもそも覚悟という存在様式において「ひと」から脱却すること自体が、一般的規範を適用できるような状況が存在するという考えを捨て去ることを含意する。覚悟において、現存在はそのつどおのれ固有の状況を引き受け、その状況にふさわしい行動を自分の責任で担おうとする。まさにそのような「そのつど覚悟において開示された現」を、ハイデガーは「状況（Situation）」と呼ぶ（SZ, 299）。つまり覚悟とは良心の呼び声に従うことだったが、この良心の呼び声は実存の空虚な理想を提示するものではなく、「状況へと呼び出す」ものである、すなわち覚悟は自分独自の状況を引き受けようとする態度を意味するのだ（SZ, 300）（本書ではすでに、「現」を各自が直面している自分固有の「状況」として語ってきたが、これは今見たようにハイデガー自身が「現」、「開示性」の本来的様態を「状況」と呼んでいることを念頭に置いてのことだった）。

アリストテレス倫理学の捉え直し

以上の道徳法則や価値という観念に基づいた倫理思想への批判からもわかるように、ハイデガーの本来性についての議論は西洋の伝統的な倫理学を意識し、それに対しておのれ独自の立場を提示するという側面をもっている。このように彼の本来性が倫理学的議論のコンテクストに位置づけられることは、これまで見てきたような本来性の定式化、より一般的には現存在の実存論的分析の定式化の多くがそもそも一九二〇年代前半のアリストテレス倫理学との取り組みから生み出されたものであることからして、ある意味、当然のことだとも言える。例えば一九二四年夏学期の講義『アリストテレス哲学の根本諸概念』では、覚悟――この講義で用いられている形では「覚悟していること（entschlossensein）」――は、アリストテレス倫理学では実践的な「選択」を意味する「プロアイレシス」の訳語として用いられている。以下ではこの講義の内容に即して、アリストテレス倫理学とハイデガーの現存在分析の関係を簡単に見ておくことにしたい。

アリストテレスは『ニコマコス倫理学』で「倫理的徳」を「選択にかかわる性格の状態（ヘクシス・プロアイレティケー）」（アリストテレス『ニコマコス倫理学』朴一功訳、京都大学学術出版会、二〇〇二年、七四頁）と規定しているが、ハイデガーは上記の講義でこの議論を紹介する際に、「ヘクシス（性状）」を「何かに対して心構えをもつこと」と意訳し、ヘクシスは「根本的には本来的存在の存在規定」だと述べている。そしてこの「心構えをもつこと」について、それは「恣意的で無規定的なものではなく」、「第一次的にカイロス〔瞬間〕に向かっている」とする。

ハイデガーはこのヘクシスを「私はここに踏みとどまる（Ich bin da）、何事があろうと」という心構え、すなわち「こうした現-存在、おのれの状況においておのれの問題に対して持ち場についていること」と特徴づける（GA18, 176）。つまり、本来的存在としてのヘクシスは、自分固有の状況において適切な瞬間を見定めて行為しようとする構えと解釈されるのだ。

『存在と時間』では、覚悟というあり方を取るときに、現存在は自分固有の状況に直面させられるとされていたが、こうした議論の原型が、ここではアリストテレス倫理学の解釈という形で展開されている。そしてハイデガーによるアリストテレス倫理学解釈も、アリストテレスが倫理的行為を一般的規範の適用としては捉えておらず、むしろ各自にとっての固有の状況の中で、行為の「瞬間」をつかみ取る「構え」としての「徳」の育成を問題にしている点に注目していたのである。

今確認したことからもわかるように、ハイデガーの本来性の議論はキリスト教教義学と並んで、アリストテレス倫理学を現象学的、実存論的に語り直したものという趣をもっている。つまり彼の本来性の概念は、まさに一九二〇年代前半のアリストテレス哲学との取り組みのなかから彫琢（ちょうたく）されてきたものだったのだ。すなわちハイデガーが「覚悟」と呼んでいるのは、アリストテレス解釈を参照すれば、そのつど変化する一回限りの状況において、瞬間を正しくつかみ取り、適切な行為をなしうるという構え、すなわち「エーティケー・アレテー（倫理的徳）」を意味していることがわかるだろう。

とすれば、ハイデガーの覚悟の議論に対して、一義的な倫理的規範を与えないと非難するのは的外れだということもわかるだろう。というのも、ハイデガーの立場からすれば、そのような一般的な規範によって現存在のあり方を規制しようとすること自体が、そのつどそのつど固有の状況のうちにおのれを見出すという現存在のあり方にそぐわない考え方だからである。

このようなハイデガーの論点も、アリストテレス倫理学の立場を引き継いでいる。それゆえ西洋の倫理学を教科書的に整理するときにお決まりとなっている、アリストテレスの徳倫理学、カントの義務倫理学、ベンサムの功利主義という分類に即して言えば、ハイデガーの哲学は徳倫理学の系譜に連なるものである。現代における徳倫理学の再評価の流れを形作ったガダマーやアーレントらも、ハイデガーの一九二〇年代前半のアリストテレス関連の講義を聴講し、そこから多大な影響を受けていたのだった（しかし逆に言うと、彼らはハイデガー哲学のアリストテレス人間学を越えた側面、すなわち「存在の意味への問い」はまったく理解できていない）。

「覚悟」と「死への先駆」の関係は？

以上で良心、ならびにその正しい了解としての「良心をもとうと意志すること」、すなわち覚悟についてのハイデガーの議論を検討した。ところで、現存在のうちにあるこうした本来的な存在能力の「証言」として良心が問題とされたのは、そもそも死への先駆が現存在の本来的存在の存在論上の可能性として示されたあとで、それが実存的に、つまり実際的にも可能なのかどうかが問われた文脈においてであった。

とはいうものの、ここで実存的に可能だとされたのは単に覚悟だけであって、死への先駆と覚悟の関係はまだ明らかにされていなかった。ハイデガーは死への先駆と覚悟とを別々に規定したあとで、続く章（第三章「現存在の本来的に、全きものとして存在する能力と気遣いの存在論的意味としての時間性」）であらためて両者の連関について論じている。ここではこれまでの議論のまとめも兼ねて、その結論だけを簡単に紹介することにしたい。

ハイデガーによると、覚悟はおのれ自身を徹底していくことにより、「先駆的覚悟」という様態を、そのもっとも本来的なあり方として取るようになる。覚悟が「本来的にそれがそうでありうるものであるのは、(……)死への先駆においてである」(SZ, 305)。つまり覚悟のうちで了解されている自分の「負い目ある存在」は、いつかそうではなくなるといったものではなく、自分の存在が終わるまでつねに背負い続けなければならないものなのだ。すなわち、現存在の覚悟がどこまで本物であるかは、死の脅威を前にして、それでも覚悟を担い続けることができるかどうかによって試されるのだ。

わかりやすい例で言えば、ソクラテスやイエスの倫理的な真正さは、彼らが死の脅迫にもひるむことなく、自分の倫理的立場を貫き通したことに示されている。こうして覚悟はおのれをどこまでも徹底していくことにより、必然的に死への先駆となるのである。

また死への先駆の説明のところでも述べたように、死への先駆とは、ただ単に自分の死の可能性と向き合うことを意味するのではなく、むしろ死という自己放棄の可能性を受け入れることによって、自分が本来なすべきことに開かれるという点にこそその眼目があった。つまり現存在の死への先駆、すなわち自己放棄が本物であるかどうかは、その現存在が良心の呼び声に従うことができるかどうかによって測られるのだ。ハイデガーの言葉を借りれば、「本来的な『死の思索』は、実存的におのれを見通した《良心をもとうと意志すること》である」(SZ, 309)。

このように覚悟と死への先駆とは互いに切り離せるものではなく、表裏一体の関係をなしている。覚悟は「自分自身の本来性の、可能で実存的な様態として、死へと関わる本来的な存在を含んでいる」(SZ, 305)。先ほどソクラテスやイエスを引き合いに出したが、彼らの倫理性は、彼らが自分の立場を貫くに当たって死を辞さなかったということによって際立っている。逆に彼らは死を辞さないことによって、自己の「負い目ある存在」を死の恐怖によって曇らされることなく純粋に認識し、それを最後まで担うことができたのだ。

いよいよ「時間」の問題へ

さて、本節ではまず覚悟の意義を明らかにした上で、その覚悟と前節で論じた死への先駆の関係をハイデガーの議論に即して説明した。こうして『存在と時間』第一部第二篇の冒頭で提示された、現存在の存在をその本来性と全体性において捉えるという課題が達成されたことになる。

そこで次の課題となるのは、同書第一部第二篇の「現存在と時間性」という題名にも示されているように、現存在の存在を時間性として解釈することである。『存在と時間』で見てきた現存在のさまざまな存在様式が、ここでは時間性の様態として捉え直されていく。ハイデガーはこの時間性を現存在の存在の意味としているので、それは存在一般の意味としての時間とは区別しなければならない。とはいえ、存在一般の了解は現存在の存在に属する本質契機である限り、時間性の構造のうちには、そうした存在了解を可能にするものが含まれていなければならない。このように現存在の時間性の解明はそのまま、存在了解を可能にする地平としての時間をあらわにすることにもつながるのであり、また、まさにそのための準備として行われる。本書では次に、ハイデガーによるこの時間性の取り扱いを見ていくことにしよう。

4. 現存在の存在の意味としての時間性

(a) 時間性の三つの次元——将来、既在、現在

本来的な時間性

前節までで『存在と時間』の既刊部分のなかでは、おそらく多くの読者が理解しにくいと感じる箇所、つまり現存在の本来性——先駆的覚悟——の議論を取り上げ、それらが現存在のどのようなあり方を意味するのかを解釈した。この現存在の本来性の分析が行われている『存在と時間』第一部第二篇は「現存在と時間性」という題をもち、現存在の存在

を時間性として捉えることをその目標としている。

そもそも『存在と時間』第一部は「時間性に向けた現存在の解釈、ならびに存在への問いの超越論的地平としての時間の解明」という表題をもっているが、この表題の前半部分に当たる「時間性に向けた現存在の解釈」がこの第二篇までで行われる。「存在への問いの超越論的地平としての時間の解明」の方は第一部第三篇で論じられるはずだったが、すでに述べたようにこちらは未完に終わっている。

今も述べたように、『存在と時間』第一部第二篇では「時間性に向けた現存在の解釈」がなされるが、この第二篇で最初に現存在の先駆的覚悟が取り上げられているのは、本来性においてこそ、現存在の時間性が本来的な仕方で成立しており、したがって時間性も、そうした本来的様態に即して捉えられるべきだという理由からである (SZ, 304)。しかし、先駆的覚悟を構成する時間性が、時間性の唯一の様態というわけではない。現存在の非本来性も、それはそれで時間性のある別種の様態である。こうした時間性のさまざまな様態が、『存在と時間』第二篇第三章「現存在の本来的に、全きものとして存在する能力と気遣いの存在論的意味としての時間性」と第四章「時間性と日常性」にかけて取り上げられるが、本書ではそれらの説明は省略し、とくに本来的な時間性についての議論に焦点を絞ってその内容を紹介することにしたい。

時間性としての「気遣い」

ハイデガーは時間性を「気遣いの存在論的意味」と規定する。気遣いについては本書でもすでに論じたが、気遣いは時間性の現象として捉え直すことができる。すなわち気遣いは時間性に基づいているとハイデガーは述べる。それでは具体的には、いかなる意味において気遣いは時間性だと言えるのだろうか。気遣いの本来性は先駆的覚悟とされていた。とすると、この先駆的覚悟は時間性としてはどのように捉え直されるのだろうか。彼によると、その時間性は「将来（Zukunft）」、「既在（Gewesen）」、「現在（Gegenwart）」の三つの次元をもっている。気遣いはこうした時間性の三つの次元で構成されているわけだ。以下、（一）将来、（二）既在、（三）現在の順で、それぞれが何を意味しているのかを見ていくことにしよう。

「将来」

（一）先駆とは、死という可能性と関わる存在だった。こうした死への先駆は、ハイデガーによれば、現存在が「他ならぬ自分自身の可能性においておのれに到ることができ、またこのようにおのれをおのれ自身へと到らしめることのなかで、可能性を可能性として持ちこたえ、すなわち実存すること」に基づいているとされる（SZ, 325）。そして、このように「特別な可能性を持ちこたえ、その可能性のうちでおのれをおのれに到らしめること」が「将来というものの根源的な現象」である（SZ, 325）。

このように将来とは、現存在が他ならぬ自分自身の可能性へと差し向けられ、それを持ちこたえることを意味する。『存在と時間』において、気遣いの「おのれに-先だって」や「死への先駆」が語られていたとき、事実上すでに、自分自身の可能性へと差し向けられるというこの「将来」という現象が問題にされていたのである。

自分がそこへと差し向けられた可能性は、いつか現実化し、そのことによってもはや可能性ではなくなるといった類のものではない。現存在は、現存在として存在する以上、つねに可能性へと差し向けられているという仕方で存在しているのだ。死の可能性がそのような可能性の最たるものであることは言うまでもない。ハイデガーが「将来」として捉えようとしたのは、現存在がこのように、つねに自分自身の可能性に関わらせられている事態である。

「既在」

（二）「将来」が以上に述べたようなものだとすると、現存在の存在に即した「過去」とはいかなるものなのだろうか。この「過去」とはもちろん、もはや現在ではなくなり、過ぎ去った「今」ではない。「過去」の意味も先駆的覚悟に即して読み取られなければならない。まずハイデガーは、先駆的覚悟を「実存しつつ負い目ある存在を引き受けること」と規定する。「負い目ある存在」は先ほど見たところによれば、現存在が被投されている事実を指すのだから、それを引き受けるとは「被投性を引き受けること」である。ハイデガーによると、この「被投性の引き受け」は「現存在がそのときすでにそうであった姿において、本来的に存在すること」を意味する(SZ, 325)。

被投性とは、現存在が世界へと投げ入れられていることである。現存在が世界へと投げ入れられているということは、現存在が企投する可能性は、その世界によって制約されていることを意味している。他ならぬ自分自身の可能性に到ることが将来の意味だったが、この自分自身の可能性は、自分の意のままになる任意の可能性などではない。この可能性は、現存在がすでにそのうちに存在している世界によって制約された可能性にすぎないのだ。

より具体的に言うと、現存在は自分の身体をはじめとして、さまざまな道具、他者、自然環境などの総体によって取りまかれ、おのれの可能性はそれらに規定されている。すなわちこうした世界のうちに現存在は、すでに投げ入れられてしまっている。こうした被投性の引き受けは、自分が「すでにそうであった姿」を引き受けることであり、これが現存在の存在に即した「過去」の意味である、そうハイデガーは言う。

彼は、これを「既在」と呼んでいる。将来において自分自身の存在能力に到ること、すなわちそうした存在能力にコミットすることは、同時におのれがそのうちへと投げ入れられている世界の制約を引き受けることに他ならない。

ハイデガーはこうした「将来」と「既在」との独特の関係について、現存在とは本来的に将来的であることによって、本来的に既在であると述べている。他ならぬ自分自身の可能性への先駆は、おのれの存在の制約をどこまでも引き受けることを意味するのだから、そこにはおのれの過去へのコミットメントも含まれているのだ。このような事態をハイデガーは「究極的な、他ならぬ自分自身の可能性への先駆は、他ならぬ自分自身の既在へと了解しつつ還帰することである」と表現する（SZ, 326）。

「現在」

（三）さて、次は時間性を構成する「現在」という契機を見てみよう。先駆的覚悟はそのときどきの「状況」を開示し、そのうちで現れてくる道具的なものを気遣っている。こうした道具的なもの「のもとでの存在」とは、この存在者を「現前させること

(Gegenwärtigen)」である。覚悟というあり方のうちにあって、その状況における事物の「もとにあること」、そうした事物に行為的に関わることは、この存在者を現前させることに基づいている(SZ, 326)。

ハイデガーはこの「現前させること」を「現在」とも呼んでいる。覚悟においては、現存在が行為しつつ関わっている事物や道具などの存在者が現前しているが、そうした意味において覚悟には、「現前させること」(現在)が属しているのだ。

以上で現存在の存在の意味である時間性に含まれる三つの契機、「将来」、「既在」、「現在」についての説明を概観した。結局、これらはすでに気遣いの構造として見て取られていたものを時間性という観点から語り直したものに過ぎないことがわかるだろう。

ここでこの三つの契機の関係について、ハイデガーがどのように述べているかを見ておこう。現存在は先駆的覚悟において、自分自身の可能性に開かれるという仕方で、おのれをそうした可能性へと差し向ける(将来)。そしてそうしたおのれの可能性への到来はそれ自身、おのれの「どうあったか」、つまりおのれが世界のうちに被投されているという事実の引き受けを意味する(既在)。この将来と既在は全体として、現存在が他ならぬ自分自身の可能性を担う事態を指している。そしてこのような自分自身の可能性とは、現存在がその時々において関わっている存在者に適切な仕方で応答する可能性を意味するので、そこでは現存在が存在者を隠蔽することなく現前させているのである（現在）。ハイデガーは、こうした将来、既在、現在、三者の関係を統一的に次のように表現する。「将来的におのれ自身へと立ち返って、覚悟は現前させながら状況へと入っていく。既在性は将来から生じ、しかも既在の（より正確には既在しつつある）将来が現在をおのれ自身から解き放つ」（SZ, 326）。より簡潔に表現すれば、時間性は「既在しつつ－現前させる将来」だということになる（SZ, 326）。

時間性は「熟する」

ここで注意すべき点は、「将来」、「既在性」、「現在」は相互に切り離されて別々にあるのではなく、それぞれの契機が他の契機と連関し、独自の統一を形作っていることである。この時間性の統一の形成をハイデガーは「時間性が熟する」と表現する。この時間性の統一にはいくつかの熟し方があり、それらの熟し方が現存在の多様な存在様態を可能にしている。現存在の本来性と非本来性も、時間性の「熟し方」の二つの根本可能性として捉えられる（SZ, 328）。

ここで「熟する」と訳したのは、“zeitigen”という動詞の再帰形“sich zeitigen”である。“zeitigen”は通常は他動詞として用いられ、「（結果、効果などを）もたらす」、また「熟させる」を意味し、辞書には再帰動詞としての用法は掲載されていない。“zeitigen”はその形からもわかるように、“Zeit”＝「時間」からの派生語であり、それ自身、時間と関係をもつ語である。時間性の統一は外部の主体によって引き起こされるものではなく、「おのずからなる」ものである。この事態をハイデガーは“sich zeitigen”＝「熟する」という再帰動詞の形で表現しようとしたのだろう（なおこの語はハイデガーの術語としては、時間性との関係を明示するために「時熟する」と訳されることが多いが、日本語としてはあまりこなれていないので、ここでは採用しなかった）。

ハイデガー自身は、「時間性が熟する」という表現を用いるのは、「時間性が存在する」、「時間性がある」という言い方を避けるためだと述べている。「時間性がある」と言ってしまうと、「時間性」があたかも自分の目の前に置かれた存在者であるかのように捉えられてしまうからだ。

彼は「時間性が熟する」と言うことで、「将来」、「既在性」、「現在」という時間性の三つの次元が相互に連関しつつ、おのずから統一を形成している動的な事態を示そうとする。この動的事態は、現存在から切り離された道具や事物のような対象ではなく、現存在が存在することそのものを指しているのだ（なおここで時間性の統一の生起として語ったこのような動的な事態を、ハイデガーは後年、“Ereignis”つまり「性起」と呼ぶことになる）。

以上のことをまとめると、「（現存在が）存在する」とは、時間性の三つの次元が相互に連関しあいながら統一を形作っている事態そのものを指している。現存在の存在の意味が時間性とされるのは、まさに今述べた意味においてなのである。このように現存在の存在が「時間性」として捉え直されたことによって、「時間性に向けた現存在の解釈」という『存在と時間』の現存在分析の目標は達成された。

(b)「世界」の時間的意味――脱自態の地平の統一時間性は「脱自的」である

とは言え、現存在の存在を時間性として捉えることによって、『存在と時間』の目標がすべて達成されたわけではない。すでに述べたように、現存在の時間性は「存在一般の意味への問い」の準備としてなされたにすぎない。つまり存在が時間という観点から了解されると言うとき、それは現存在の時間性に含まれるいかなる構造によって可能となっているかが、さらに問われることになっていたのだ。

しかしその議論は未完に終わった『存在と時間』第一部第三篇において行われる予定だったため、同書の既刊部分の中ではなされていない。ただしその記述は現行の『存在と時間』の中にもまったく見られないわけではなく、時間性を取り上げている第六五節「気遣いの存在論的意味としての時間性」や第六九節(c)「世界の超越の時間的問題」で、その一端に触れられている。そこでの議論は時間性の構造そのものに関わるものでもあるので、これまでの時間性についての議論を補うために、また次章の「存在のテンポラリテート」の主題的考察に備えるためにも、その内容を簡単に紹介しておきたい。

本節でこれまで見てきたように、ハイデガーは現存在の存在の時間的意味について論じたあとで、時間性そのものの構造に対するより立ち入った分析を展開する。彼は「将来」、「既在性」、「現在」は、そのそれぞれが自分の向かう先をもっていること、すなわち何かに向けての「脱自」という構造をもつことを指摘する。すなわち、「将来」は「おのれへと向かって」、「既在性」は「〜に戻って」、「現在」は「〜を現れさせる」という性格をそれぞれもつのである。

まず将来は、おのれの可能性へと差し向けられることを意味するのだから、他ならぬ自分自身の存在能力が企投されている地平をもっている。また既在性は現存在がそこへと立ち返る場を自分の地平として備えている。さらに現在は事物を現前させることを意味するので、その事物が現れてくる地平をもつ。このように、将来、既在性、現在という時間性のどの次元も何らかの地平に開かれた構造をもつのである。

そのような意味において、時間性は脱自的な性格をもち、「おのれの-外に」という運動を示している（SZ, 329）。時間性のこのような性格を顧慮して、ハイデガーは「将来」、「既在性」、「現在」という三つの契機を時間性の「脱自態（Ekstase）」と名づける。

「存在の意味」としての脱自態の地平

ところで、時間性の三つの脱自態がそれぞれ「おのれの外に」出て行くという構造をもつとすれば、それらは当然、その向かう先をもつだろう。その向かう先がどこかについては『存在と時間』第六九節(c)「世界の超越の時間的問題」で示される。脱自態のこの「行く先」は、脱自態の「地平（Horizont）」ないしは「地平図式（horizontales Schema）」と呼ばれている（「地平図式」の「図式」はカント哲学に由来する用語だが、読者にはあまりなじみがない言葉だろうから、とりあえず以下では「地平」という表現で統一する）。

「将来」、「既在性」、「現在」という脱自態がある固有の統一を形成していることはすでに見たが、このことは、それぞれの脱自態がもっている「地平」が統一されていることを含意する。ハイデガーはこの「地平」の統一によって、「世界」が可能になると述べている。つまりこれまで「世界」と呼ばれてきたものは、実はこの三つの脱自態の地平が統一されたものだったのだ。

ところで、世界とは、さまざまな存在者の存在がそれを基盤として了解される「場」であった。例えば、道具の存在はそれが置かれた世界と切り離しては理解することはできず、まさにその道具の意味は、その世界に規定されている。このことは道具だけでなく、鳥などの例で見たように、他のさまざまな種類の存在者にも当てはまる。つまり世界なしに「存在者がある」ということはなく、逆に「存在者がある」ということは、そこで世界が生起していることを意味するのだ。

そしてこの世界が脱自態の地平が統一されたものとして捉えられるとすれば、さまざまな存在者の存在も、この脱自態の地平の統一からその意味を得ていることになる。存在者があるということは、脱自態の地平の統一が成立していることそのものだと言ってもよい。こうして「存在の意味」は、脱自態の地平の統一と規定されることになる。『存在と時間』の課題は「存在の意味への問い」だったが、この「存在の意味」は今も見たように、究極的には脱自態の地平の統一と捉え直される。

しかし、これまでにも何度か述べたように、この「存在の時間的意味」、すなわち「存在のテンポラリテート」の問題は、『存在と時間』では未完部分で取り上げられる予定であったため、主題的には論じられないままだった。そして脱自態の地平については、ここでも紹介したように、かろうじて第六九節で触れられているだけである。そこでは脱自態の地平の統一が「存在の意味」であることについてはまだ明示的には述べられていない。

ただし『存在と時間』刊行直後の講義では、存在の時間性格の問題が直接、論じられているところもある。本書ではそれらの議論も参照しつつ、次の第五章で、今述べた存在の意味と脱自態の地平の関係についてふたたび検討することにしたい。

書かれなかった部分へ

これまで見てきた現存在の存在の時間的意味の解釈によって、「時間性に向けた現存在の解釈」という現存在の実存論的分析の目標はとりあえず達成された。ただし、本書で取り上げたのは先駆的覚悟、すなわち本来性の時間的意味だけにとどまっている。『存在と時間』第二篇第四章「時間性と日常性」では、現存在の非本来性、さらには現存在の開示性のさまざまな契機に関して、それらがどのような仕方で時間性に基づいているかが示されている。

ついでに『存在と時間』のそれ以降の章立てについても触れておくと、第五章「時間性と歴史性」では、現存在の歴史性が取り上げられ、もともと論文「時間と概念」の一部だったディルタイとヨルク伯の往復書簡集に対する書評もここにそのまま挿入されている。現行の『存在と時間』の最後の章となる第六章「時間性と通俗的時間概念の根源としての内時間性」では、存在者が「時間」の内部で現れるという時間の通俗的な表象が、根源的な時間性からどのように派生するのかが解明される。

これらの具体的内容の説明は紙幅の都合上、ここでは省略せざるをえない。本書では、現存在の存在の意味が時間性の「将来」、「既在性」、「現在」という脱自態の統一として捉えられたところで、『存在と時間』の既刊部分の内容についての概観をとりあえず終えることにしたい。そこで今度は、『存在と時間』がその未完部分において何を論じるはずだったのかを検討し、最終的に『存在と時間』が解明しようとした事柄、すなわち「存在の意味」が何であったかを示すことにしたい。

第五章　『存在と時間』はなぜ未完に終わったのか

目的を果たすことなく途絶

第三章、第四章では『存在と時間』における現存在の実存論的分析を概観した。『存在と時間』の実際に刊行された部分では、現存在の存在の意味が時間性と捉えられ、現存在の本来性、非本来性が時間性の「熟し」の様態として記述された。しかし現存在の存在を時間性として解釈することは、『存在と時間』で予告された課題の一部でしかなかった。

そもそも『存在と時間』の序論に示された概要を見ると（本章三五三頁以下参照）、第一部は「時間性に向けた現存在の解釈、ならびに存在への問いの超越論的地平としての時間の解明」と題されているが、既刊部分では「時間性に向けた現存在の解釈」が行われているにすぎない。つまり、『存在と時間』では、「存在への問いの超越論的地平としての時間の解明」は行われないままとなっているのだ。その課題は「時間と存在」と題された第一部第三篇で取り扱うことになっていた。また第二部「テンポラリテートの問題を手引きとした存在論の歴史の現象学的破壊の基本的諸相」ももちろん、まったく論じられなかった。

今も述べたとおり、『存在と時間』第一部第三篇では、「存在の意味への問い」に対する回答、すなわち存在をその時間という性格において捉える「テンポラリテート」の問題の考察が予定されていた。『存在と時間』の根本問題は「存在の意味への問い」だが、本書

第一章で見たように、「存在の意味」は「時間」である。この「存在の意味」は『存在と時間』第一部第二篇までの同書前半部で行われた実存論的分析に基づいて、後半部の第一部第三篇でいよいよ主題的に取り扱われる予定だったのだが、まさにこの部分が刊行されないままに終わったのだ。

このように『存在と時間』は、そもそも「存在の意味への問い」を課題として設定しておきながら、その解明に至る前に途絶しているという、まったくもって不完全な書物なのである。

現行の『存在と時間』では、現存在の実存論的分析が行われているだけで、「存在の意味」の主題的考察は見られない。しかしまさに現存在の実存論的分析は「存在の意味」を解明するための準備として行われたにすぎず、その意義は究極的には「存在の意味への問い」に対する答えが与えられたとき、はじめて完全に明らかになったはずである。つまり『存在と時間』の解釈にあたっては、そこで実際に語られている事柄とともに、語られていない事柄も等しく重要なのである。

未完がもたらした誤解

しかしそれだけに、『存在と時間』が未完に終わったことが、この書物の理解にとっての大きな阻害要因となってきた。『存在と時間』が未完だったために、『存在と時間』の既刊部分で論じられている実存論的分析を、『存在と時間』の本来の目標、つまり「存在の意味」の解明とはまったく切り離して解釈する傾向がはびこってしまったのだ。また『存在と時間』が未完に終わったことにより、本来、同書で論じられるはずだった「存在の意味への問い」の考察を展開しているその後の彼の思索が、『存在と時間』の思想とは何か異質なものと見なされることにもなってしまった。ハイデガー研究者が何かと言えば、ハイデガーの前期思想から後期思想への「転回（ケーレ）」について語り、前期と後期の断絶を必要以上に強調するのも、この『存在と時間』が未完に終わったことに起因するところが大きい。

以上を裏返して言えば、『存在と時間』の未完部分で論じられたはずの事柄が明らかになれば、彼の後年の思索と『存在と時間』の思想とのつながりが、よりはっきりと見て取れるだろうということだ。このように『存在と時間』の未完部分、とりわけ「存在の意味」を解明するはずだった第一部第三篇「時間と存在」は、ハイデガーの前期と後期の思想をつなぐ「失われた環」とでも言うべき位置を占めている。

つねに変化し続ける思索

本章では『存在と時間』全体の予定された梗概をまず示した上で、第一部第三篇、さらに第二部全体の未完部分でどのようなことが論じられるはずだったかの検討を行いたい。最初に『存在と時間』の「歴史的」部分とも言うべき、第二部の「存在論の歴史の現象学的破壊」の内容を推測する。こちらは既刊部分の序論第六節に示されている概要や同時代の講義、著作などから比較的その内容を推定しやすい。そのあとで、「存在の意味への問い」に対する回答が示されるはずだった第一部第三篇「時間と存在」の内容の再構成を試みたい。

そもそも『存在と時間』が「存在の意味への問い」を標榜(ひょうぼう)する限り、その本来の取り扱いを予定していたこの第一部第三篇でいかなる議論が展開されることになっていたかを知ることは、先ほども指摘したように、『存在と時間』という著作の意義を理解する上できわめて重要である。そこでハイデガーが「存在のテンポラリテート」の問題に対して、どのような答えを用意していたかを同時期の講義などを参照しながら明らかにしていきたい。

第三篇「時間と存在」が未完に終わったことは、ハイデガー自身が後年、認めているように、その時期の「存在の問い」の取り扱いがもっていたある種の限界に由来する。したがって、当時の「存在の問い」の論じ方を見ることによって、われわれは『存在と時間』

を中断に追い込むことになった同書の論理構成上の問題点も浮かび上がらせることができるだろう。したがって本章では、「存在の意味への問い」に対するハイデガーの回答を示した上で、さらに『存在と時間』がなぜ未完に終わったのかを検討する。

『存在と時間』は結局、未完に終わったわけだが、そもそも既刊部分に関しても、その執筆がスムーズに進んだわけではなかったことは、本書第一章で触れたとおりである。ハイデガーは『存在と時間』第一部第一篇に当たる部分の原稿をひとまず印刷所に送ったのち、それ以降の部分の書き換えを行った。この時点で当初の構想に収まりきらないものが、彼の思想の中ですでに出てきていたということだ。すなわち『存在と時間』が未完に終わったのは、自分の思想がつねに変化し続けるなかで、当初は書き換えで何とかしのごうとしたものの、とうとう思索の新たな境地を最初の構想の枠組みには納めきれなくなったことによると解釈できる。

その意味で、『存在と時間』の書き換えの経緯について検討することは、同書の未完の理由についてさらなる洞察を与えてくれるとともに、『存在と時間』後における「存在の問い」の展開の方向性をかいま見せてくれることにもなるだろう。そこで本章では『存在と時間』の未完部分の内容を再構成し、未完の理由についての考察を行ったあとで、『存在と時間』の書き換えの事情についても検討することにしたい。このことによって、本書

第一章で論じた『存在と時間』の成立史が補完されることにもなるだろう。

1.『存在と時間』未完部分の内容

(a) 第二部「存在論の歴史の破壊」の内容

『存在と時間』の構成

さて、本章ではこれから『存在と時間』第一部第三篇、ならびに第二部全体からなる未完部分の内容を明らかにしていきたい。未完部分で論じられるはずだった事柄については、『存在と時間』の序論で書物全体の概要を示す際に、大まかな説明が行われているが、それについては本書第二章ですでに紹介したとおりである。また『存在と時間』刊行直後の講義などでも、未完部分の内容が論じられているので、われわれはその部分の再構成にあたってまったく手がかりをもっていないというわけではない。

未完部分の内容の解明に取りかかる前に、とりあえず『存在と時間』全体の構成を確認しておきたい。『存在と時間』はその序論で告知されているとおり、それぞれ三つの篇をもつ二部からなることが予定されていた。その構成は次のとおりである(SZ, 39f.)。

第一部　時間性に向けた現存在の解釈、ならびに存在への問いの超越論的地平としての時間の解明

第一篇　現存在の準備的基本分析

第二篇　現存在と時間性

第三篇　時間と存在

（以下、未刊）

第二部　テンポラリテートの問題を手引きとした存在論の歴史の現象学的破壊の基本的諸相

第一篇　テンポラリテートの問題の前段階としての図式と時間についてのカントの教説

第二篇　デカルトの「われ思う」の存在論的基礎と、「レス・コギタンス」に関する問題に中世存在論を取り込むこと

第三篇　古代存在論の現象的な基盤と限界の基準としてのアリストテレスの時間についての論文

このうち実際に刊行されたのは第一部第二篇まで（上巻）で、第一部第三篇「時間と存

在」以下（下巻）は長い間、出版されないままだった。そして『存在と時間』の「一九五三年第七版への序言」で、この後半部の出版を断念したことがついに正式に宣言された（それまでは『存在と時間』単行本の背表紙にはローマ数字の〝I〟が記載されていたが、それ以降は記載されなくなった）。

そこで本節では『存在と時間』の構成の順序とは逆になるが、まず第二部「存在論の歴史の現象学的破壊」について、その内容を明らかにしておきたい。今見た概要からも明らかなように、第二部「存在論の歴史の現象学的破壊」は現代に近い方からだんだん過去にさかのぼっていく構成になっている。先ほども述べたように、この部分は実際には刊行されなかったが、本書第二章でも触れた序論の第六節「存在論の歴史の破壊という課題」で内容の概略が示されているので、第二部でどのような事柄が論じられるはずだったのかをおおよそ知ることができる。

カントの図式論

ハイデガーによると、この「破壊」において、まずは存在論の歴史の中で存在の解釈が時間現象と関係づけられたことがどの程度あったかが問われるべきだとする。すでに指摘したとおり、伝統的存在論においては存在の時間性格を問う「存在のテンポラリテート」

という問いは見られなかったというのがハイデガーの基本的な立場である。ただし、カントだけは例外的に『純粋理性批判』の「図式論」においてテンポラリテートという問題設定に肉迫しているということで、高い評価を受けていた。そこで「テンポラリテートの問題を手引きとした存在論の歴史の現象学的破壊」は、まずカントの図式論の検討から始まることになる。

もちろんカントにしても、結局、テンポラリテートを問題として自覚するには至らなかった。彼がなぜこの主題を問題として捉えられなかったかについて、ハイデガーは二つの理由を挙げている。まず一つには「存在の問い」一般がなおざりにされており、またそのことと関連して、現存在の存在論を欠いていたためである。カントは現存在を主題的に考察する代わりに、デカルトの存在論的立場を無自覚に引き継いでしまったというのだ。

また二点目の理由として、カントは時間の分析において時間を主観性との関係において捉えたのはよいが、その一方で伝統的で通俗的な時間解釈に依拠したため、「超越論的時間規定」を見て取れず、時間を存在了解の地平として捉えることができなかった点が挙げられている。「われ」、すなわち主観の存在の不明瞭さと通俗的な時間概念とが相まって、時間と「われ思う」との連関を見て取ることができず、結果として時間と存在の内的連関も把握できなかったというのである（SZ, 24）。

デカルト批判

今、カントがデカルトから存在論的立場を引き継いだと述べたが、ハイデガーはまさにデカルト哲学においては「レス・コギタンス（考える実体）」として規定された「われ」、「自我（エゴ）」の存在様式が明らかにされていないと批判する。カントはこうした主観の存在の不明瞭さを、デカルトの存在論とともに引き継いでしまったということだ。このデカルトにおける「コギト・スム」、すなわち「われ思う、われあり」の意識されざる存在論的基礎を示すことが、ハイデガーの「存在論の歴史の破壊」の第二番目の階梯をなしている。

ここで示されるのは、デカルトがそもそも「存在の問い」を問うことを怠っており、またコギト（＝われ思う）の絶対的な確実性ということから、コギトの存在の意味を問うことも怠ってしまったこと、またそのことがいかにして起こったのかということだ。さらに、こうしたデカルトのレス・コギタンスの規定が中世存在論の継承であったことも指摘される。つまりレス・コギタンスはエンス（存在者）と規定され、またこのエンスの意味が「エンス・クレアートゥム」、つまり「被造的な存在者」と捉えられているというのである。

この「造られてあること」、「制作されてあること」とは、ここではもちろん神によって創造されたということだが、ハイデガーによると、こうした存在規定は現存在の存在を捉えるにはまったく適さないものである。そしてこの「制作されている」という存在規定が、そもそも古代ギリシアの存在概念にとって本質的な要素をなすものであったことから、考察はさらに古代の存在論へとさかのぼっていくことになる（SZ, 24f.）。

古代存在論における理性の優位

こうして古代存在論の基礎を「存在の時間的性格」という観点から解釈することが、「破壊」の第三の階梯となる。そこでは古代の存在解釈が「世界」を基準にして、つまり眼の前に見出される存在者を基準にして得られたものであることが示される。

本書序論でも触れたように、古代存在論においても存在了解は暗黙のうちに時間に基づいていた。そのもっとも明確な証言として、ハイデガーは古代存在論がプラトンやアリストテレスに見られるように、存在の意味を「現前性」を意味する「パルーシア」、ないしは「ウーシア」と規定していたことを指摘する。存在が現前性として捉えられているということは、存在が暗黙のうちに特定の時間様態、この場合は「現在」から理解されていることを示しているとハイデガーは言う（SZ, 25）。

このように古代ギリシアの存在解釈において「現在」が優位を占めるようになったのは、そもそも存在を捉える様式として、さまざまな存在者をそれが「眼の前に存在していること」において捉えるという理性的な把握、つまり純粋な現前化がパルメニデス以降、ギリシア存在論において主流になったことと軌を一にしている。しかし古代の存在解釈においては、時間の存在論的機能は意識されることはなかった、そうハイデガーは指摘する(SZ, 26)。

それどころか、時間そのものまでもがあたかも眼の前に存在する存在者であるかのように解釈されてしまった。こうして過去は「もはや存在しないもの」、将来は「未だ存在しないもの」と解釈されることになった。ハイデガーはこうした点を、とくに時間についてのアリストテレスの論考、すなわち『自然学』における時間論に即して示すことを予告している。ハイデガーによると、このアリストテレスの時間論がカント、さらにはベルクソンに至るまでの後世の時間解釈を規定しており、結局のところ、テンポラリテートという問題設定を阻むことになったのだ。

以上が『存在と時間』第二部で展開されることになっていた「存在論の歴史の破壊」のスケッチである。第二部は未完に終わってしまったので、「破壊」が実際にはどのように行われることになっていたのかを見ることはできないが、その内容に関しては今見たように、序論の第六節で簡単に示されている。また同時代の講義や『存在と時間』以降の著作などで、「破壊」の内容に対応するものが実際に論じられているので、それらを手がかりに、その内容についてはかなり詳しく知ることができるが、ここでは紙幅の都合上、以上の概略の紹介だけにとどめておく（ちなみに「存在論の歴史の破壊」の第一段階であるカントについての議論は、一九二七／二八年冬学期『カントの純粋理性批判の現象学的解釈』、さらに一九二九年に刊行された『カントと形而上学の問題』にその内容が実質的に示されている。一九二五／二六年冬学期講義『論理学』で、すでにカントの図式論がテンポラリテートの問題という観点から取り上げられている。デカルトについてはその簡単な内容が、論文「時間の概念」の第Ⅳ節にも示されている。アリストテレスの時間論は一九二七年夏学期講義『現象学の根本諸問題』の第一九節で取り上げられている）。

根源的な存在了解へ

こうして「存在論の歴史の破壊」では、伝統的存在論が存在を「現前すること」、すなわち「今、目の前にあること」であるとし、現在を基準に捉えていることが示される。伝統的存在論はその歴史の中でさまざまに変化しながらも、存在を「現前性」と理解する点だけは変わらなかったというのがハイデガーの基本的な西洋哲学史観である。このように存在を「現前性」として捉えるということは、存在を対象化することのできるものと見な

しているということだ。そして、伝統的存在論において存在がこのように現前性と捉えられてきたのは、先ほどパルメニデスについて述べられていたように、物事をただ純粋に現前させる、すなわち対象化する理性的把握が、存在を考察するための基本的態度だったことに対応している。存在についての考察がこのような理論的態度に基づいていることは、われわれには当たり前のことのように思われるが、ハイデガーにとっては、それもまた西洋存在論の歴史に根ざした偏見でしかないのである。

このようにハイデガーは「存在論の歴史の破壊」において、伝統的存在論が存在を暗黙のうちに「現前性」として捉え、その自明性を疑わなかったことを批判する。しかしこうした批判の背景には、存在の意味が単に「現前性」にとどまるものではなく、そのような存在了解よりもさらに根源的な存在了解があるという積極的な主張が潜んでいる。「存在論の歴史の破壊」は、まさにこうした根源的な存在了解を前提として、そこから既存の存在論の限界を照らし出すという意味をもっている。

そうだとすると、この根源的な存在了解とはいったいどのようなものなのだろうか。まさにこうした存在の本来的な意味を明らかにしようとするのが、『存在と時間』第二部全体とともに未完に終わった第一部第三篇「時間と存在」である。本書では次に、この第三篇の内容の再構成を試み、「存在の意味への問い」に対してハイデガーがどのような答えを用意していたのかを検討しよう。

(b) 第一部第三篇「時間と存在」における「存在のテンポラリテート」の分析
存在了解の「地平」としての時間

前項で『存在と時間』第二部の内容の推測を行ったが、今度はその前の部分にさかのぼって、同書第一部第三篇「時間と存在」で、ハイデガーが何を論じようとしていたのかを検討しよう。

『存在と時間』の第一部は「時間性に向けた現存在の解釈、ならびに存在への問いの超越論的地平としての時間の解明」と題されていた。本書でこれまで見てきたように、『存在と時間』で実際に行われているのは第一部第二篇までの「時間性に向けた現存在の解釈」だけで、第一部第三篇「時間と存在」で扱われることになっていた「存在への問いの超越論的地平としての時間の解明」は未完のままに終わっている。

そもそも『存在と時間』の冒頭では、「あらゆる存在了解の可能的地平としての時間の解釈が、この論文のさしあたりの目標である」と述べられていた(SZ, 1)。したがって、この書物は結局のところ、それが目標としていた「存在了解の可能的地平としての時間の解釈」を果たせなかったことになる。

このハイデガーの「存在への問いの超越論的地平としての時間の解明」という課題の背景には、現存在が存在を時間に基づいて了解しているという考え方がある（SZ, 17）。こうした「存在」と「時間」の本質的関係がこの書の中心的主題であることが、まさにこの著作の「存在と時間」という題名に示されている。

もちろんここで問題となっているのは、存在と時間がいかに関係しているかである。存在が時間に規定されており、つまり存在が時間という観点から了解されていることをハイデガーは術語的に、存在の「テンポラールな規定性」、「存在のテンポラリテート」と呼んでいる（SZ, 19）。まさにこの「テンポラリテートの問題性の解明において、存在の意味への問いに対する具体的回答が与えられる」のだ（SZ, 19）。

時間が存在了解の地平として機能しているというこのテーゼは、まずは古代存在論の存在理解に即して示される。これは先ほども見たことだが、ハイデガーは「存在者の存在の古代的解釈が『世界』、もしくはもっとも広い意味での『自然』に定位し、それは実際に存在の了解を『時間』から得ていた」と述べ、そのことの証拠としてパルーシア、もしくはウーシアという存在規定が「現前性」を意味し、それゆえに時間によって規定されていることを指摘する（SZ, 25）。

パルーシアはプラトン哲学では、イデアが個物に「臨在する」という意味で用いられるし、また新約聖書では、イエスの「臨在」というときに用いられる。このようにパルーシアとは、あるものがまさに今、そこにありありと現れ、臨在していることを指している。すなわちその意味は「今」、「現在」という時間との関係によって規定されているのである。

なおハイデガーは別の著作では、古代存在論において「オントース・オン（真の存在）」が「アエイ・オン（永遠なる存在）」と規定されていることに注意を促し、このことから古代形而上学において「存在は現前性における存続性を意味する」と結論づけている（GA3, 240）。今、現前し、またその現前が持続することが、古代存在論においては真の存在の特徴とされてきたのである。

およそ以上のようなことが、『存在と時間』の序論第五節におけるテンポラリテートの問題の導入的な説明である。存在了解の地平を時間としてあらわにするという課題は、まずは既存の存在了解においても、存在が時間という観点から規定されていること、つまり存在がテンポラールな（時間的な）規定であることを明らかにする。伝統的存在論においても、今も述べたように、存在は現前性、すなわち現に目の前に現れていることと理解されていた。

もちろん、こうした指摘だけで存在了解の地平を時間としてあらわにするという課題が終わるわけではない。ハイデガーはこのような既存の存在了解とは異なった、より根源的な存在了解の可能性を積極的に提示し、そこで了解されている存在の時間的意味を明らかにしようと試みる。そのことに基づいて、今度は既存の存在了解がそうした根源的な存在了解から派生し、しかもそれを覆い隠しているものと位置づけられることになる。

したがって、存在了解の地平が時間であることを明らかにする「テンポラリテートの分析」は、こうした根源的な存在了解を時間という観点から明らかにする作業をそのもっとも重要な課題とする。現存在の本来的様態である先駆的な覚悟も、この根源的な存在了解を明らかにするための準備として主題化されたものである。というのも、現存在の本来的様態とは根本的には、そこで存在がもっとも本来的な仕方で開示されていることを意味するからだ。

「存在の時間規定」の分析

さて、それではハイデガーによる「存在の時間規定」の分析は、具体的にはどのように行われることになっていただろうか。『存在と時間』第一部第三篇「時間と存在」が未完に終わったことにより、まさにこの点を知ることが困難になってしまった。しかしわれわれは、その問題の具体的な取り扱いを推測するための手がかりをまったくもたないわけではない。『存在と時間』の既刊部分でも、その点について、「将来」、「既在性」、「現在」からなる時間性が現存在の存在の意味として析出されたあとで、それぞれがおのれの「行き先」としての「地平」をもつことが指摘されていた。まさにこの脱自態の地平こそが、「存在の意味」としての時間を指しているのである。

なお「存在のテンポラリテート」のより直接的な考察としてわれわれは、ハイデガー自身が「『存在と時間』第一部第三篇の新たな仕上げ」(GA24, 1, Anm. 1) と呼んでいる『存在と時間』出版直後の一九二七年夏学期講義『現象学の根本諸問題』(以下『根本諸問題』と略) を参照することもできる。以下ではこうした資料を手がかりとして、第三篇で論じられるはずだった内容を推測することにしよう。

この『根本諸問題』において、とくに「存在のテンポラリテート」の問題が取り上げられている第二部「存在一般の意味への基礎存在論的問い。存在の根本構造ならびに根本様式」の第一章「存在論的差異 (存在と存在者の区別)の問題」に即して、存在が時間的に規定されていることをハイデガーがどのように捉えていたかを見ることにしよう。

存在のテンポラールな分析が展開されているのは、『根本諸問題』の第二一節においてである。そこではとくに道具的なものも含んだ「もっとも広い意味での事物的なもの」、要するに事物一般の存在に関して、それがどのような時間的意味をもつかの分析が行われている。道具が道具として「存在する」とは、何よりも道具が今、目の前に現れていること、すなわち現前していることを意味する。そしてそのように道具が現前するのは、現存在がそれを現前させることに対応してのことである。

「プレゼンツ」

ところで「現前させること」とは、現存在の時間性の脱自態の一つだった。そして「現前させること」、ならびに「将来」、「既在性」という時間性の脱自態は、その名のとおり「脱自」という性格をもち、そのことに応じて、それぞれがおのれの「向から先」をもっている。

今の例では、道具が現れ出ているところが「現前させること」という脱自態の「向かう先」であり、この「向から先」が地平（ないしは「地平図式」）と呼ばれる。ハイデガーはこの「現前させること」が出て行く「行き先」としての地平をとくに「プレゼンツ（Präsenz）」と名づけている（GA24, 435）（プレゼンツは英語のプレゼンスとほぼ同じ意味をもつが、ハイデガーは存在一般の時間性格について語る場合は、例えば「テンポラリテート」、「テンポラール」といったようにラテン語に由来する術語を用いており、この「プレゼンツ」という用語もそうした方針を踏襲している）。

道具が存在しているということは、道具が現前しているということである。そして道具がこのように現前しているということは、より厳密に語ると、「現前させること」が「向かう先」である「プレゼンツ」という地平のうちでその道具が現れているということである。つまり道具が存在するとは、何よりも道具が「現前させること」に対して開かれている地平、すなわち「プレゼンツ」に現れることを意味する。つまり道具の存在は、「プレゼンツ」に基づいて規定されているのである（GA24, 436）。このことをハイデガー流に言うと、われわれは「存在を、時間性の脱自態の根源的地平図式に基づいて了解している」ということになる（GA24, 436）。

ハイデガーの『根本諸問題』におけるテンポラリテートの分析は、「現前させること」の地平であるプレゼンツのみにとどまっている。このことから、テンポラリテートの議論はここで頓挫（とんざ）したと結論づける研究者も多い。しかしハイデガーは今引用した箇所の直後で、「時間性の、そうでなくとも捉えるのが困難な現象への視線をあまり混乱させないために、われわれは現在とその脱自的地平、すなわちプレゼンツに議論を限定する」と断っている（GA24, 435）。さらに同講義では、現在という脱自態の地平としてのプレゼンツを論じたあとで、「これに対応したことが、他の二つの脱自態、将来と既在性（……）にも当てはまる」と述べている（GA24, 435）。したがって、『根本問題』でのテンポラリテートの扱いが、現在という脱自態だけで中断していることから失敗と見なすのは性急だろう。

「将来」と「既在性」の「行き先」は？

今も述べたように、将来、既在性、現在という時間性の三つの脱自態は、それぞれが「脱自」の行き先としての地平を備えている。そのうち現在の地平が、『根本諸問題』では「プレゼンツ」と規定された。そうすると「将来」と「既在性」という脱自態は、それぞれどのような地平をもつのだろうか。この二つの脱自態が形成する地平については、実は前章でも取り上げた『存在と時間』第六九節(c)「世界の超越の時間的問題」において、ごく簡単にではあるが論じられていた。ハイデガーはすでに見たように、そこでも脱自態の「離脱」の「行き先」を「地平」(「地平図式」)と名づけた上で、将来、既在性、現在がそれぞれ固有の地平をもつことを指摘していた。

まず「将来」は、いかなる地平を「行き先」としてもつだろうか。ハイデガーはその「行き先」を「自分のために (Umwillen seiner)」と名づける (SZ, 365)。「将来」の地平とは、現存在が他ならぬ自分自身の可能性へと到るところだとハイデガーは規定する。つまり他ならぬ自分自身の可能性がそこへと企投されるところだと言ってもよい。このように自分自身の可能性を企投することは、おのれがまさに本来のおのれ自身になるということであり、つまりそこではおのれが気遣われている。こうして現存在は存在している限り、何らかの「自分のために」をもつべく定められているのだ。

それでは「既在」は、どのような地平を備えているのだろうか。その地平は「被投性の面しているところ」、もしくは「委ねられているところ」と名づけられている（SZ, 365）。この「被投性の面しているところ」が何を意味するかについて、『存在と時間』第六九節では具体的なことは述べられていないが、これは現存在の可能性を制約するものの総体と考えられるだろう。そこには身体、道具、他者、自然環境といったものが含まれ、現存在が「世界」に被投されているというときの「世界」がこれに相当する（この「世界」が『存在と時間』刊行の一〜二年後に「全体としての存在者（das Seiende im Ganzen）」と言い換えられるようになる）。

三つの地平の「統一」

ここではさらに「現在」の地平図式についても語られているが、それは「〜するために（Um-zu）」と規定されている。例えば道具として使用されるハンマーは「打つために」という性格をもって現存在に現れてくる。このように、一般に道具は「〜するために」という形式をもって現れてくるということだろう。「現在」の地平は『根本諸問題』では「プレゼンツ」と呼ばれていたが、『存在と時間』では「〜するために」だと言われる。ここで地平が「〜するために」と規定されているのは、『存在と時間』においては、「現在」の地平に現れてくる存在者として、おもに道具的なものが念頭に置かれていたからだろう。『根本諸問題』でも「現在」の地平において現れてくるものとして道具が例として用いられていたが、現在という地平に現前してくる存在者は道具だけにとどまらず、生物や無生物を含んだ自然物も考えられる。おそらく道具だけにとどまらず、今述べたような存在者も「現在」の地平に現れることを想定して、地平の名前として「プレゼンツ」という、より一般的な名称が用いられたのだろう。

このように「将来」は「自分のために」という地平、「既在性」は「委ねられているところ」という地平、「現在」は「〜するために」（「プレゼンツ」）という地平を脱自態の「行き先」としてもっている。時間性について論じたところで、「将来」、「既在性」、「現在」という三つの脱自態がある独特の統一を形作っていることが示された。

そこでも簡単に述べられていたように、脱自態の統一が形成されていることに応じて、脱自態それぞれが備える地平の統一も形作られている。実際、現存在が存在するということは、「将来」の地平に自分の何らかの可能性が企投されており、「既在性」の地平において自分の「すでにある」（これはおのれが世界によって制約されていることと解することができる）が開示されており、現存在が配慮的に関わっている存在者が「現在」の地平に現れていることに他ならない（SZ, 365）。

時間性の三つの脱自態、「将来」、「既在性」、「現在」が備える三つの地平は一つの統一を形作っている。現存在はまさにそのような地平の統一のうちにおのれを見出しているのである。この脱自態の地平の統一は、前章でも述べたことだが、実は現存在が「世界のうちにある」というときの世界を時間的に表現したものである。つまり脱自態の地平の統一が出来しているということは、世界が形成されているということに他ならない。そしてこのことは、そうした世界のうちに現存在がおのれを見出しているということでもある。

さて、『存在と時間』の目標は時間を存在了解の地平として解釈することだった。まさにこれまで見てきた時間性の脱自態の地平が、存在了解の地平としての「時間」に該当する。われわれはその際、「道具がある」ということがどのような時間的意味をもつかを示すことから出発した。

「道具がある」とは、道具が現在の地平のうちで現れているということである。しかし「道具がある」ことの時間的意味は、単に「現前させること」の地平における道具の現前に尽きるものではない。「現前させること」の地平はそれだけで独立したものではなく、「将来」、「既在性」の地平とともに統一を形作っている。すなわち道具などの事物の現前は、単に現在の地平に現れるというだけではなく、つねに「将来」と「既在性」の地平を伴っており、さらに言えば、それらの地平によって可能になっているのである。

道具の現前がこのように「将来」と「既在性」の地平に基づいていることは、実は道具の存在が世界を基盤とし、世界の方から理解されていることを時間的に表現したものにすぎない。実際、「道具がある」という場合、それは「何かのために」使用されるかがすでに理解されているわけだが、その「何かのために」は「自分のために」という、将来の地平に企投された自分自身の可能性からその意義を与えられているのである。

このことは、現在の地平における道具の現れとともに、「自分のために」という地平が開かれていることを意味する。逆に言うと、道具の現れはこの「自分のために」という将来の地平に基づいている。単に道具の扱いとはいっても、そこでは現存在の何らかの本来的可能性が賭けられているのである。また道具がその道具としてあることは、他の道具や仕事場、道具を扱う技能、また身体の状態（身体の大きさ、強さ、健康状態など）、自然環境といったさまざまな条件に依存している。つまり道具はこのようにして、それが「委ねられているところ」、すなわち既在の地平も必ず伴っているのである。

今確認したように、「道具がある」という場合、その道具の存在は、単に道具が現前することとして、それが現れてくる「現在」の地平だけに基づいて了解されているわけではない。道具の存在は同時に「将来」の地平としての「自分のために」と「既在性」の地平としての「委ねられているところ」も切り開いているのであり、そうした地平をも伴っている。言い換えれば、道具が存在するとき、その存在は「自分のために」と「委ねられているところ」という地平によって可能になっているのである。さらに言えば、このようにして「道具がある」ということは、「将来」、「既在性」、「現在」の地平の統一が成立していることそのものである。

「存在していること」＝現前性ではない

『存在と時間』の根本テーゼ「存在の意味は時間である」は、存在者が存在することが今述べたような地平の統一そのものであるということを意味している。伝統的存在論は存在者が存在するというとき、その存在者が現前していることだけに注目して存在者の存在を「現前性」と規定し、現在以外の地平を度外視してしまった。それに対して、ハイデガーは「存在の意味」を「現前性」という現在の地平だけではなく、「将来」と「既在性」の地平をも含んだものとして理解しようとするのである。

この「将来」と「既在性」の地平において与えられているのは、「将来」の地平に関しては他ならぬ自分自身の存在能力、「既在性」の地平に関しては自分を取り巻いている世界（「全体としての存在者」）である。それらは通常はむしろ、存在者が現在の地平において現前していることの背景に退き、しかもそのような目立たない姿で存在者の現前を可能にしている。例えば道具は「自分のために」と「委ねられているところ」という地平なしには、その道具として現前することはできない。逆に言うと、ある道具がその道具として現前するときには、「自分のために」と「委ねられているところ」という地平も同時に開かれていなければならない。つまり存在者の現れは、本質的におのれを示さない「将来」と「既在性」の地平に基づいているのである。

伝統的存在論は「何かが存在する」というとき、その存在者の現前を支えているこうした隠された地平を、それらが隠されているがゆえに見落としてしまい、何かが「ある」ということを、単純にそれが今、現前していることと同一視する。そして現前している存在者が呈する基本的性質（道具の用途など）は本来、そのような隠された地平に相関したものであるにもかかわらず、それをその存在者に内属するものとして、いわば物象化して捉えてしまう。こうした存在理解が、実体－属性という伝統的存在論の基本図式として固定化されていくのである。

しかし「何かがある」とは単に現前することだけを意味しているわけではない。事物の現前は、先ほども述べたように、「自分のために」と「委ねられているところ」という将来と既在性の地平によって支えられており、そこから意味を与えられている。伝統的存在論において「ある」は現前性とされていたが、今述べたことからすれば、「ある」とは「将来」と「既在性」の地平を基盤とした「現在」の地平における存在者の現前を意味する。すなわちそれは、単なる現前性にはとどまらない時間的拡がりをもつ現象なのだ。

逆に言うと、「ある」が単に眼前にあるという意味での現前性と理解されるようになったために、現存在の先駆的な覚悟に対してはじめて開示されるはずの、存在者がもつ真のポテンシャルが見て取れなくなってしまったのだ。

ところで先ほど、事物の現前は将来と既在性の地平に支えられていると述べた。このような言い方に加えて、「委ねられているところ」といった表現、「地平」という用語などから、ここで語られていることが「時間的」という以上に「空間的」に感じられる読者もいるかもしれない。この感想はある意味、正しい。ハイデガーがここで「時間」として問題にしているものは、同時に空間性をも可能にするものであり、というか、要は空間性そのものだと言ってもよい。

脱自態の地平の統一は、将来と既在性の地平への時間的拡がりをもつが、それは同時に空間的拡がりの生起でもある。ハイデガーが後年、存在という出来事を「時－空（Zeit-Raum）」と言ったりするのは、今述べたような時間と空間の一体的な生起を表現しているのである（したがって、和辻哲郎『風土』におけるよく知られたハイデガーに対する批判――『存在と時間』では時間性だけが扱われ、空間性は十分に取り上げられていない――は、ハイデガーの時間性概念に対するまったくの誤解である）。

行きづまり

以上でハイデガーが「存在の意味への問い」、すなわち「存在のテンポラリテート」の問題をどのように捉えていたかを検討した。すでに何度も述べたように、この問題を取り上げる予定だった『存在と時間』第一部第三篇「時間と存在」は未完に終わった。しかし本書では『存在と時間』の既刊部分や『根本諸問題』などの内容を参照することによって、その議論の骨子を示しておいた。

本節でこれまでに見てきた「存在の時間的性格」に関する議論が、「存在の意味への問い」に対するハイデガーの回答である。このように「存在のテンポラリテート」の解明は、すでに議論としては準備されていたわけだが、だとすると、なぜそれを展開するはずだった第一部第三篇「時間と存在」は未完のままにとどまったのだろうか。

『存在と時間』は現存在の実存論的分析によって現存在の時間性を析出し、次いでこの時間性から現存在の存在了解を可能にするものとして、時間性の構造のうちに含まれた地平を取り出した。そして「存在の意味」は時間性の三つの脱自態、すなわち「将来」、「既在性」、「現在」それぞれがもつ地平の統一として解釈された。

こうした議論の道筋において、現存在の実存論的分析は「存在一般の意味」を解明するための出発点として「基礎存在論」と名づけられ、『存在と時間』では方法論的に重要な地位を与えられていた。『存在と時間』が未完に終わったのは、ここで先取りして言うと、まさにこの現存在の実存論的分析が、「存在の意味」についての理解が深まるとともに、本当に必要なのかが疑問視されるようになったことによる。つまり『存在と時間』の基礎存在論という構想そのもののうちに含まれた矛盾を次第に自覚していったことが、同書後半部の刊行の断念につながったのである。

『存在と時間』の成立史を扱ったところでもすでに見たように、『存在と時間』は単に未完に終わっただけではなく、その執筆中に大幅な書き換えが行われていた。今述べた観点からすると、その書き換え自体も「存在の意味への問い」という問題設定と現存在の実存論的分析とのあいだの論理的矛盾を何とか調和させようという努力の一環だったと見なすことができる。しかしその調和に向けた努力が限界に達したことにより、最終的に『存在と時間』をそれ以上、書き継ぐことができなくなり、そのことが未完という形で表面化した。以下では節を改めて、『存在と時間』の未完の理由と、その書き換えの理由を順に検討し、そのことをとおして、「存在の問い」自身が目指していたものを浮き彫りにしていきたい。

2. 道としての『存在と時間』

(a)『存在と時間』の未完の理由
『「ヒューマニズム」についての書簡』

『存在と時間』第一部第三篇の内容の中核をなす存在の時間的意味についての分析は、本章でこれまで見てきたように、それなりに完結した内容をもっている。それにもかかわらず、この第三篇は日の目を見ることがなかった。ほぼ書き上がっていたとされる第一部第三篇を含む、『存在と時間』の残りの部分はなぜ出版されなかったのだろうか。

まずはこの問題が論じられるときに必ず参照される、『存在と時間』のおよそ二〇年後に書かれた『「ヒューマニズム」についての書簡』（以下『ヒューマニズム書簡』と略）における彼自身の説明を参照することにしよう。ハイデガーはそこで、『存在と時間』で言及されている「企投」が、何かを対象として自分の前に立てること、つまり何かを表象することと理解されてはならないと注意を促す。

彼によると、『存在と時間』においてもすでに「存在」を了解することは主体による表象ではなく、「存在の明るみへと脱自するという仕方で関わること」とされていた。しかしこうした「主体性を捨て去る思索」は、『存在と時間』第一部第三篇「時間と存在」の刊行が差し控えられたことにより困難になってしまった。ハイデガーはこう述べた上で、この第三篇が差し控えられたのは、「思索がこの転回（Kehre）を十分な仕方で言うことに無力であり、形而上学の言葉の助けによってはそれを切り抜けることができなかった」からだと言う（GA9, 327f.）。

「形而上学の言葉」を使うことの根本的矛盾

要するに、「主体性を捨て去る思索」を語るために、当時はまだ「形而上学の言葉」に依拠していたが、結局それがうまくいかなかった、そう言っているのである。

ハイデガーは西洋形而上学の根本特徴を主体性を起点とする思考様式に見ているのだから、「主体性を捨て去る思索」とは形而上学とは異なる思索のことである。『存在と時間』はそうした思索を「形而上学の言葉」を使って表現しようとしたことに無理があったというのである。

しかもそれは単に、形而上学とは異質なものを形而上学の言葉を使ってうまく語ることができなかったというだけではなく、形而上学の言葉を用いることによって、形而上学とは異なるものがあたかも形而上学と同じものであるかのように誤解される危険を招いてしまったということでもあった。一九三〇年代のある講義では、こうした事情を振り返って、『存在と時間』の中断は、その書物の道と試みが「おのれの意図に反して、ふたたび単に主体性の強化にしかならない危険に陥り」、「重要な歩みの十分な叙述を本質的な仕方で行うことを妨げている」ためだったと述べられている (GA48, 260f.)。

『存在と時間』で「現」、「開示性」、「明るみ」と呼ばれていたものは、基本的にすべて同じ事柄を意味するが、それらはこの段階ですでに、現存在が投げ入れられたところ、現存在がそのうちに自分を見出し、それによって規定されるところとされていた。「現存在がある」とはまさにそうした「現」、「明るみ」が生起していること、さらに言えば、現存在とは「明るみ」そのものなのだ。『存在と時間』では十分に論じられたわけではないものの、こうした明るみが最終的には、時間性の地平の統一と捉え直されたのだった。この地平の統一は、現存在がみずからの目の前に見出せるものとして表象できるようなものではなく、むしろ現存在のほうがそのうちに取り込まれているのであり、また現存在の「ある」ということ自体が、そうした地平の統一が生じていることに他ならない。

このように『存在と時間』においても、語られていた事柄は、物事を対象化して捉えることを基本とする西洋形而上学の思考様式によってはけっして問題にできない次元に関わっていた。しかし問題は、そうした次元について語るとき、ハイデガーがいまだ「形而上学の言葉」に依拠していたということである。「地平」という語も、まさにそうした「形而上学の言葉」の一つである。地平とは元来、主観から見られた限りでの対象の「背景」、「周囲」を意味するものである以上、主観や表象といった観念から切り離すことができない。だからわれわれは「地平の統一」と言われると、どうしてもそれが現存在が主体として表象しているものであるかのように思ってしまうのだ。

また『存在と時間』において、地平は現存在が越え出ていく先であるとされていた。このように地平は「超越」という観念とも密接に結びついている。ハイデガーはこの点を一九四四／四五年に書かれた『野の道の対話』で、地平と超越は「対象とわれわれの表象に基づいて経験されており、ただ対象とわれわれの表象といった観点から規定されている」と表現している（GA77, 111）。つまり主体がある対象を表象するときに、おのずとその対象の地平が語られることになり、また主体が地平へと超越することも問題にされなければならなくなるのだ。

このように、通常、地平や超越という語彙は相互に連関しあいながら主体性の形而上学を形作っているので、そうした用語の一つを使用してしまうと、形而上学に属する他の用語も芋づる式に引き込んでしまうことになる。地平といえば、それを定立する主観の作用とセットで捉えられ、さらにそれは表象や了解、主体による構成、企投といった言葉とも切り離せない。地平という言葉を用いることにより、それを構成する主体まで同時に措定してしまうのだ。

実際、現存在が地平へと脱自するとか、現存在が自分自身の存在能力を企投するといった語り方をすると、現存在が主体であり、また地平や可能性はそうした主体の前に立てられて、表象されたもののように見られることはほとんど避けられないだろう。しかし実際には、例えば「道具がある」という場合を例にとれば、この事態は「自分のために」、「委ねられているところ」、「プレゼンツ」という三つの地平が統一されて成立している。つまり「道具がある」という事態は、端的に言ってこの三つの地平の統一なのである。

そしてこの地平のうち、「自分のために」という地平において自分自身の存在能力が開示されており、「委ねられているところ」という地平においてそうした可能性の制約条件としての世界が開示されている。つまり統一されたものとして成立している地平の内容を具体的に考えると、すでにそのうちには、自分自身の存在能力と世界という、現存在の存在を構成する要素はすべて含まれていることがわかるのだ。

したがって地平の統一が成立していることがいったん捉えられれば、それを企投したり、構成したりする主体について語ることは本来、必要ないのである。現存在が存在するということは、その内実としては、地平の統一が成立していること以上でも以下でもないのだから。そうであるにもかかわらず、「地平」という表現を用いることによって、地平を定立する主体が別にあるかのような印象を与えてしまうことになるのである。

問題は、地平という表現が、それを表象する主体を想定させてしまうことである。そのことを避けるには、地平とそれに伴う一連の用語の使用を差し控えるよりほかはないだろう。そして地平という用語を差し控えることは、地平が時間性の地平として語られる以上、時間性という概念も避けなければならないということでもある。

『存在と時間』では、「存在の意味」を解明するための方法論的前提として、現存在の実存論的分析によって現存在を時間性として捉えることが課題として設定されていた。しかしそうすると、どうしても主観と地平とが異なったものとして別々に立てられてしまい、ある主観が地平を表象し、定立するというふうに理解されてしまうことになる。しかし先ほども述べたように、実際は現存在は地平が統一されてあることそのものである。すなわち現存在とこの地平の統一を別のものとして捉え、前者が後者を表象するような捉え方に陥るのを避けるためには、時間性を起点とした語り方をやめるより他はないのだ。

こうして現存在の実存論的分析は、まさにそれが解明しようとした事柄、すなわち「存在の意味」に到達し、その所在が明らかになるやいなや、それ自身が実際のところは不要であることが露呈されることになったのだ。

ボタンのかけ違えられた著作

つまり、現存在の時間性を起点として「存在の意味」を明らかにしていくという『存在と時間』の論理構成そのものが根本的な難点を抱えていたわけである。ハイデガーが現存在の実存論的分析を軸として議論を構築したのは、当初の問題設定が「事実性の解釈学」、つまり人間の生の固有性を解明しようとするものであったことに由来している。『存在と時間』の時期までは、キリスト教的人間学やアリストテレス倫理学の再解釈を伴った、そうした人間学的な志向がまだ健在で、そのために、考察の出発点として現存在の存在を分析することが自明とされていたのである。

しかし次節で取り上げるように、一九二五年の終わり頃からカントの哲学と取り組む中で、新たに「存在一般の意味としての時間」という問題が浮上し、急にそれが『存在と時間』の構想に取り込まれることになった。そのため「存在一般の意味への問い」が、かつての、事実性の解釈学を継承した現存在の実存論的分析にはめ込まれた。

しかし両者はもともと出所の異なったモチーフで、右で見たように、内的には矛盾する関係にあるため、完全に接合されることはできず、『存在と時間』のうちで緊張関係を保ちながら併存することとなった。そして「存在の意味としての時間」という事象の意味がいよいよ明確になっていくにつれて、ハイデガーはこの事象を表現するためには現存在を起点とした語り方では実は不適切であることを、ますます意識するようになっていった。まさにこのことこそが、ハイデガー自身がそう語り、またこれまで見てきた事柄からも確認できる『存在と時間』の未完の理由なのである。

これまでにも見てきたように、現存在の実存論的分析は、現存在とは自分自身の存在能力に関わる存在であることを、「気遣い」という概念によって明らかにしようとするものである。しかし、序論でも述べたように、存在者はそれが「ある」ということにおいて、独自の活動空間を形成しているが、現存在はそうした意味での「世界」に巻き込まれ、そのうちにおのれ自身を見出している。それゆえ自分自身の存在能力は、そうした「世界」に規定されている。つまりそうした自分自身の存在能力は、目下、自分が直面している存在者をそのものとしてあらしめる根本関係を引き受けることを意味するのだ。ところが『存在と時間』では、自分の存在能力を規定する、こうした存在者の存在の側面については表立って語られることはなかった。そのため現存在が自分の存在だけに関わっているような印象を与えることにもなってしまったのだ。

『存在と時間』がこのような形を取らざるをえなかったのは、まだその時点では、ハイデガーが自分の古くからの問題意識であった、人間の生の固有な意味を解明するという考察のフレームに支配されていたからだろう。『存在と時間』の清書稿執筆の直前になって、現存在のあり方を規定する「存在の意味」という問題設定に思い至ったものの、まだそのときには人間学的な問題設定も健在であったため、この新たな観点から一貫した叙述を行うには至らず、木に竹を接ぐような仕方で、それまでの事実性の解釈学をベースとして、新しい問題設定をそこに取り込む形を取らざるをえなかったのだろう。

しかしすでに見たように、その二つの問題設定は基本的に両立しないものだった。『存在と時間』を彫琢（ちょうたく）していく過程でハイデガーは次第にそのことに自覚的になり、最終的には当初の構想の破綻を認めざるをえなくなったのだろう。

ところで、こうした「存在の意味への問い」と現存在の実存論的分析のあいだの緊張関係は、『存在と時間』の下巻の未完という事態をもたらしただけではない。本書第一章でも触れたように、ハイデガーは『存在と時間』第一部第一篇の清書稿の執筆後、印刷を差し止めて、書き換えを行った。実はこの書き換えがすでに、「存在一般の意味への問い」を現存在の実存論的分析に接合していくために行われたものであった。本書では次に『存在と時間』の書き換えの事情を検討し、そのことをとおして『存在と時間』という書物の性格をさらに浮き彫りにしていきたいと思う。

(b)『存在と時間』の書き換えなぜ書き換えられたのか?

『存在と時間』の執筆までに至る経緯、また執筆そのものの過程については、本書第一章ですでに詳しく紹介した。『存在と時間』執筆をめぐる大きな謎として、今取り上げた未完の問題と並んで、ハイデガーがすでに始まっていた『存在と時間』の印刷を中断させて、「書き換え」を行ったことがある。この書き換えによって『存在と時間』は当初予定されていた分量を大幅に上回ることになり、上下二巻に分けられることになった。しかもそのうちの下巻は刊行されないままに終わっている。ここではまず書き換えをめぐる事実関係を確認し、その次に、書き換えを行った理由についての検討を行いたい。

書き換えのときにどの部分に手を入れたのか、またなぜ書き換えが必要になったのかについては、『存在と時間』の未完の理由とは違って、ハイデガー自身による詳しい説明はない。そもそもこの著作の後半部が出版されないままに終わり、現在、残された原稿も刊行された上巻すべての清書稿とその一部の下書き(『存在と時間』第一部第二篇第四五節から第七七節の表題まで)しか存在しない。したがって以下では書き換えの理由に関して、現在残された資料に基づいて推測することにしたい。

ここで書き換えをめぐる外的状況について、すでに第一章で見たことを簡単に振り返っておこう。『存在と時間』の印刷は一九二六年四月に始まり、六月いっぱいは順調に進んでいた。それまでに『存在と時間』第一部第一篇のすべてが印刷所に出されており、つまり既刊部分の半分は比較的速やかに印刷が進んでいた。ところがハイデガーはここで突然、印刷を中断させ、残りの部分の書き換えを始めた。その書き換えによって、書物の分量が当初予定されていた三四ボーゲンから五〇ボーゲンにふくれあがったため、二五ボーゲンごとの分冊にしなければならなくなった。そして一一月初頭に『存在と時間』の上巻の残りの部分、すなわち第一部第二篇（第四五節から第八三節まで）を印刷所に送付した。

この時期に書き換えが行われた外面的な理由については、本書第一章でもすでに述べたように、次のようなことが考えられる。もともと『存在と時間』の印刷はマールブルク大学の正教授に昇任するために何か業績が必要だという事情に促されて着手されたものであった。そして六月半ばには、『存在と時間』のそれまで印刷された部分の一部（一一～一五ボーゲン）が正教授昇任のための業績見本としてプロイセン文部省に送付された。当面の目的を果たしたハイデガーはこれで少し安心して、仕上がりに十分満足していなかった残りの部分に手を入れる気になったのだろう。

それではこの「書き換え」時に、ハイデガーはいったいどの部分を書き換えたのだろうか。少なくともその時点ですでに印刷されていた部分、すなわち『存在と時間』第四四節までの書き換えは原理的に不可能である。またすでに印刷された部分に含まれている序論で著作全体の梗概が示されているので、その梗概の枠組みを壊すような書き換えもできない。ただし梗概で示されているのは『存在と時間』が二部構成を取り、さらにそれぞれが三篇ずつに分かれること、ならびにそれぞれの表題だけなので、各篇を構成する章や節の数や内容についてはこの時点でも変更可能だった。

今述べたように、書き換えが最初の一五ボーゲン（第四四節まで）を印刷所に送ったあとで行われたことから、書き換えは当然のことながら第四五節以降について行われたことになる。またマールバッハ文書館に清書稿とは別のものとして現存している下書き原稿は、『存在と時間』の第二篇の大部分、すなわち第四五節から第七七節の題名のところまで（第七七節の本文はない）が残されているが、この下書きでは『存在と時間』第一篇の参照箇所の指示が現行単行本のページ数によってなされている。つまり下書きは『存在と時間』第一篇のゲラ刷りが出たあとで、それを手元に置いて執筆されたことがわかる。だいたい六月末までに一五ボーゲンまでの校正作業が行われていたとすると、そのすぐあとに取り掛かった書き換えは、やはり『存在と時間』第一部第二篇に関するものだと考えるのが自然だろう。

今、現存する下書き原稿が、第二篇の最初の第四五節から第七七節の題名の部分までしか残されていないと述べた。第七七節の本文については、論文「時間の概念」の『ディルタイ／ヨルク伯往復書簡』に対する書評部分の清書稿（ハイデガーの妻エルフリーデによるもの）が『存在と時間』の清書稿にそのまま挿入されている。またその次の『存在と時間』第二篇第六章「時間性と通俗的時間概念の根源としての内時間性」の部分は、論文「時間の概念」の「Ⅲ．現存在と時間性」の後半部の議論ときわめて近いところを見ると、集中的に書き換えがなされたのは現在、下書き原稿が残されている部分だったと推測される。

テンポラリテートの問題の発見

しかし、そもそもなぜ書き換えが必要だったのだろうか。その最大の理由として考えられるのは、すでに前節でも触れたように、一九二五年終わり頃からのカント哲学との取り組みのなかで見出された「存在のテンポラリテート」という問題設定を、それ以前に成立していた現存在の実存論的分析に組み込むためには、これまでの記述を刷新する必要があったということである。

現存在の実存論的分析に「地平」概念を中心とした「存在の時間的意味」の解明を接合

する際に、もっとも大きな影響が及ぶのが、第一部第二篇の時間性の議論と第一部第三篇の「存在のテンポラリテート」の議論である。そもそも「存在のテンポラリテート」は、『存在と時間』以前は今述べた一九二五／二六年冬学期の講義を除いて、まだ一度も論じられたことのなかった主題だった。そうした点を考えれば、第一篇の執筆を終えて第二篇の執筆に移ったとき、ハイデガーが大幅な書き換え、ないしは書き下ろしの必要性を感じたことは不自然ではない。

『存在と時間』では「存在の意味」としての時間が「地平」、ないしは「地平図式」と語られていた。この「地平図式」の議論は「図式」という用語にも示されているように、カント『純粋理性批判』における「図式論」からその着想を得ている。彼がカントの図式論を取り上げたのは、一九二五／二六年冬学期講義『論理学』の後半部においてであり、まさに『存在と時間』の草稿執筆の最終段階の時期に当たっている。そして彼は一九二五年一二月一四日の『論理学』講義のクリスマス休暇前の最後の授業で（GH, 480）、「存在了解と存在性格が時間と連関することについて何ほどか予感していた唯一の人物」としてカントの名前を挙げている（GA21, 194）。ハイデガーはまさにカントをとおして、「存在と時間」という問題を発見したのである。

講義ではそれ以降、カント『純粋理性批判』の解釈が展開されている。しかしこの講義の最初に示された講義内容の予告では、カントを取り上げることはまったく言及されていなかった。ハイデガーは講義の途中で方針を変更して、カントを扱うことに決めたのである。そしてこの冬学期講義の最終回は一九二六年二月二六日である（GH, 482）。ちょうどこの時期はハイデガーが学部長の要請を受けて、『存在と時間』の四月からの印刷を視野に入れ、清書稿をすでに書き始めていた頃である。つまり『存在と時間』の中心問題とも言える「存在のテンポラリテート」という主題は、『存在と時間』清書稿の執筆の直前になって、はじめて同書の問題設定の中に取り込まれたのである。

カント図式論からのヒント

「テンポラリテート」という言葉も講義『論理学』ではじめて用いられている。そこでは「諸現象を時間規定に関係づけること」が「諸現象のテンポラリテートの探求」という課題として語られている（GA21, 199）。ハイデガーによると、諸現象の時間規定を探求するこうした「現象学的時間論」は、これまでまったく未開拓の領域であった。彼がそこで、この領域へと手探りで進んでいった唯一の人物として言及しているのがカントであり、具体的には『純粋理性批判』の「図式論」をその証拠として挙げている。

カントの図式論では、多様な感性的直観がいかにして悟性のカテゴリーのもとに包摂されるかが問題とされる。この悟性と感性を媒介するものが構想力による超越論的図式である。簡単に言えば、悟性の諸カテゴリーが具体的にどのように感性化されるのか、つまり現象としてどのようなことを意味するのかが図式によって示される。そしてこの図式がまさに時間規定として表現されているのである。例えば「実体」というカテゴリーの図式は「時間における実在的なものの恒常不変性」と規定されるし、「因果性」の図式は「一つの規則の支配下にある限りでの多様なものの継起」と規定される。カテゴリーの意味規定の中に、時間への言及が含まれていることがわかるだろう。つまりカテゴリーの意味が、まさに時間という観点から捉えられているわけだ。

ハイデガーは講義『論理学』の後半部を、こうした図式論を中心としたカントの時間概念の解釈に割いている。彼はカントの時間規定が、「今」を「まだ-ない」と「もはや-ない」のあいだと見なす、時間の通俗的な特徴づけとは異なっていること、そしてその「今」を「〜が起こっている今」と捉えたことを高く評価する(GA21,398)。ハイデガーによると、図式論においては明瞭に意識された形ではないにせよ、「今」は「何かをつねにあらかじめ現象させること」、すなわち「現前させること」と捉えられている(GA21, 400f.)。

このようにハイデガーがカントの図式論を高く評価するのは、今を眼前に見出される

「点」として捉える通俗的な時間概念とは異なって、それを「現前させること」と捉える発想をカントに見て取ったからである。さらにカントの図式論においては、先ほども見たように、悟性のカテゴリーにおける時間規定が問題とされるが、これはカテゴリーの意味を時間の観点から捉えるもので、ここからハイデガーは「存在の意味」を時間として捉えるという着想を得たといえるだろう。

ハイデガーの思索のなかで時間が問題とされるのは、もともとは、単なる事物的存在とは区別される人間存在の固有性とは何なのかという問題意識のもと、人間の存在を時間性、歴史性として捉えるという文脈においてであった。伝統的存在論は眼前に現れる事物を基準にした存在論であるために、このような性質をもつ現存在の歴史的存在には適用できないものとして退けられるのである。

ハイデガーは一九二〇年代前半までは、自然科学と精神科学それぞれの方法論的な特徴は何なのかという、一九世紀後半以来の新カント学派やディルタイ学派の学問論的議論の流れに棹さしつつ、現象学的方法を基盤として、キリスト教教義学やアリストテレス哲学の解釈の成果も取り込んで、「事実性の解釈学」という一種の哲学的人間学の形成に力を注いでいた。それがカントの図式論の発見を契機として、存在の時間的規定という問題設定が目の前に開けてきた。そしてそれまでは現存在の存在の時間的性格だけを問題にしていたが、そうした問題意識が今度は、現存在の存在だけではなく、存在一般の時間規定へと拡張されていった。このとき現存在は単に時間性によって規定されているというだけではなく、この時間性がさらに存在一般の了解を可能にしているのだという側面も、新たに視野に入ってきた。まさにここにおいて、「存在と時間」という問題が確立されたのだ。

「企投」概念の新たな導入

このように、ハイデガーの「存在の意味への問い」は、『存在と時間』執筆直前のカントとの取り組みとともに誕生したものであった。ハイデガー自身、『存在と時間』刊行の数年後、ある講義で「実際にわれわれがはじめて、また唯一、そこにおいてのみ、『存在と時間』という問題の着想に行き当たったところ」がカントだと、はっきりと述べている(GA32, 212)。この問いはそうしたカント哲学からの由来を反映して、それに関する表現も「超越」や「企投」というように、カントの超越論哲学の用語に依拠したものとなるのである。

このカント的な定式化の指標となるのが、「企投」概念である。ハイデガーは『純粋理性批判』第二版序論からこの「企投」概念を借用し、『存在と時間』では了解が取り扱われる第三一節ではじめてその術語を用いている。企投と対になる「被投性」という用語も、初出は『存在と時間』の第二九節、つまり情態を扱う節である。企投は『存在と時間』ではきわめて重要な用語だが、それ以前の講義ではまったく用いられていない。しかも『存在と時間』においても、序論ではこの語は用いられることがなく、第三一節になってはじめて姿を現している。以上のことからわかるのは、企投という語は『存在と時間』の下書きの段階ではまだ術語として確立されておらず、第一部第一篇の清書をしている段階で、しかも少なくとも序論の清書が終わったあとではじめて同書に取り込まれた用語だということだ。

また『存在と時間』の超越論的な定式化に関わる語については、企投だけでなく、「超越」、「超越論的」という語の使用も、序論と第一部第二篇に集中するという特徴的な分布を示している。このことから『存在と時間』の執筆プロセスについて、次のことが推測される。一九二六年二月にマールブルク大学の哲学部長から正教授昇任のための業績の刊行を促されたハイデガーは、すでに四月には最初の一一ボーゲン分の清書稿を印刷所に回している。

一九二六年二月と言えば、すでに講義『論理学』も終わりに近づき、自身の「時間と存在」という問題設定からのカント図式論の読み直しもおおよその目鼻がついていた時期だろう。最初に印刷所に提出された一一ボーゲンは、第三八節の手前、つまり第一篇第五章の最終節の手前までに該当し、つまりおしゃべり、好奇心、曖昧性といった現の日常的存在を扱ったところまでである。そのうち第一篇の第一章から第四章、つまり現存在の実存論的分析の導入、現存在の世界-内-存在という規定、さらに世界の世界性についての具体的分析、共存在や「ひと」の分析、不安や気遣いの分析などは、一九二五年夏学期講義『時間概念の歴史への序説』の講義草稿の内容と大きな違いはない。

それゆえそれらの部分は、基本的にはその講義草稿にしたがって、それほどの手間をかけることなく清書稿が執筆されたと考えられる。それに対して、序論、ならびに情態、了解の解釈を含んだ第一篇第五章は、おそらく二月の学部長の要請を受けて、あわてて開始された清書稿の執筆の際に、そのときある程度見通しができていた「存在の意味への問い」の超越論的な定式化の方向で、序論については新たに書き下ろされ、また情態と了解の章についてはそれまでの草稿が大幅に書き改められたのだろう。

ところで、「存在のテンポラリテート」の問題が主題的に扱われることになっていたのは、『存在と時間』第一部第三篇「時間と存在」においてである。第二篇までの書き換えは、現存在の時間性についての議論を、後続する「存在のテンポラリテート」の議論を見込んで書き直す作業だった。ところが第三篇は、印刷用の原稿を清書する直前になってはじめて問題として意識されるようになった「存在の時間的規定」を扱うわけだから、仮にそれを執筆するとすれば、新たな書き下ろしが必要となる部分である。

現在、第三篇以下の原稿は残っていないので、実際に執筆されたかどうかを確かめることはできない。しかしハイデガーが第三篇の草稿を焼き捨てたと自分で述べていたという証言が残されている（『存在と時間』のハイデガー全集版（第二巻）の編者後書き参照）。この証言を信じて、第三篇の原稿が存在したとすると、その原稿は今も述べたように既存の講義草稿などにはまったく依存することができず、新たに書き下ろす必要があったのだから、その執筆が可能だったのはおそらく一九二六年六月に印刷を止めてからの書き換え時だけになるだろう。第一部の三つの篇すべてを上巻にまとめて刊行することを見込んで、書き換え時に第三篇まで執筆したが、分量が多くなりすぎたために、第三篇は下巻に回したというようなことがあったかもしれない。

実際、「『存在と時間』第一部第三篇の新たな仕上げ」と称された一九二七年夏学期講義『現象学の根本諸問題』では、企投概念を中心とした超越論的な定式化によって、自身の「存在の問い」を表現するという方向性がさらに強調された形で示されている。すでに見たように、そこでは「存在のテンポラリテート」の主題的な取り扱いが見られるばかりではなく、学問としての存在論が「存在の対象化」と特徴づけられている（GA24, 398）。そして『存在と時間』以上に徹底された形で、存在者を存在へと企投し、存在を時間へと企投するというように、「存在の問い」という問題設定が企投の高次化として語られている。

ところで前項でも見たように、ハイデガーは後年になって『存在と時間』の挫折の理由を、「地平」や「企投」といったカント流の超越論哲学の語彙によっては「時間と存在」の問題次元を適切に語れないことに気づいたためだとしていた。このことは『存在と時間』の直後の講義『現象学の根本諸問題』では、存在の時間規定の問題を超越論哲学の表現で語ることがむしろ徹底されていることと矛盾するように思われるかもしれない。実際、『存在と時間』執筆中の書き換えだけでなく上巻の刊行が終わってからも、しばらくのあいだ、ハイデガーは「存在の意味への問い」を超越論的な術語を用いて表現しようと努力している。

このことからすれば、『存在と時間』の下巻の刊行を遅らせていたのも、当初はとりわけ第一部第三篇「時間と存在」における「存在の意味への問い」の超越論的な定式化を徹底するためだったと推測される。しかしそうだとすると、後年ハイデガーが『存在と時間』の未完の理由として語っていたことは後づけの理屈にすぎないのだろうか。本書では最後にこの点を検討し、それとともに『存在と時間』以後のハイデガーの思索の方向性を簡単に展望しておきたい。

(c) 『存在と時間』その後——「存在の消滅」へ

超越論的定式化の挫折

ハイデガーは『存在と時間』が未完に終わった理由として、「形而上学の言葉」によっては「存在の問い」を適切に表現することができなかったことを挙げていた。しかし彼自身が後年、「『存在と時間』第一部第三篇の新たな仕上げ」(GA24, 1, Anm. 1)と呼んだ一九二七年夏学期講義『現象学の根本諸問題』においては、今述べた問題が解消されるどころか、むしろその方向性が『存在と時間』よりも強化されている。そこでは現象学的存在論が「存在の対象化」と規定されているように(GA24, 398)、後年これだけは絶対に使わないような表現を用いて語られさえもしている。

そしてこの『現象学の根本諸問題』以後も、一九二八年夏学期講義『論理学の形而上学的な始元諸根拠——ライプニッツから出発して』では、存在了解を「根源的超越」と呼んでいる(GA26, 170)。したがってこの時期は『存在と時間』の超越論的な表現様式を改めていくどころか、超越論的な定式化がむしろ強化されている。すなわち『存在と時間』第一部第二篇以下の書き換えと同じ精神で『現象学の根本諸問題』は執筆されている。それゆえ同講義での「『存在と時間』第一部第三篇の新たな仕上げ」は当時においてはむしろ、超越論的な定式化の徹底を意図していたものと考えられる。

以上のことから、『存在と時間』第一部第三篇以下が『存在と時間』上巻の刊行後、ただちに出版されなかったのは、ハイデガーが後年語っている理由とは異なり、むしろ「存在のテンポラリテート」の超越論的な定式化をさらに徹底するためだったと考えるのが自然である。しかしハイデガーがこのような超越論的な表現にはらまれた問題をその後、まもなく認識するようになったことも疑いえない。さすがに「存在の対象化」などといった表現は、すでに『現象学の根本諸問題』直後から影を潜めるようになっている。

それだけでなく、一般に存在を主体による表象の対象だと誤解させるような表現は、一気にではないが、段階的に用いられないようになってゆく。それとともに漸進的な仕方ではあるが、ハイデガーがそうした超越論的な定式化、つまり「地平」などといった言葉に依拠することなく、彼自身の言い方を借りれば「存在の真理を単純に言う」試みがなされていくことも確認できる。

今、「存在の真理」という表現を用いたが、これもハイデガーが一九三〇年代以降、それまで「存在の意味」と語っていたものの代わりに用いるようになった言い回しである。「意味」という語も「了解」、「企投」などと密接に結びついた言葉として、使用を避けるようになるわけだ。こうした大きな流れのなかで、超越論的な定式化に囚われた「存在のテンポラールな分析」の限界も徐々に意識されるようになり、『存在と時間』第一部第三篇以下の刊行が不可能であるとの確信を強めていったことは間違いない。

ハイデガー自身、一九三六年以降に執筆されたとされる『哲学への寄与論稿』の一節では、『存在と時間』後の自分の思索の歩みを次のように特徴づけている。「形而上学の言葉」を用いて「存在の問い」を語ることによって、「存在そのものがいまだに対象とされており、存在の問いの助走がすでに開いていた事柄と、これ以上ないほど反対のことが達成されているかのように見え」てしまうことになった（GA65, 451）。そこで彼は、このような「存在の問いの危機」を克服し、「存在の対象化」を避けるために、存在の「テンポラールな」解釈を差し控え、同時に「存在の真理をそれとは独立に『見えうる』ようにする」試みを行ったという（GA65, 451）。

「迷いの道」

ここで述べられていることとは、われわれがこれまで見てきたことを前提にすれば、「存在の意味」としての時間を現存在の時間性の「地平」として語ることをやめ、それと同時にこれまで「地平の統一」として語られていた事柄を「地平」という「形而上学の言葉」を用いずに直接的に示すことを試みたということになるだろう。このようにハイデガーが「存在の真理」と呼んでいるものに適切な言葉を与えようとする試行錯誤が、ハイデガーの『存在と時間』後の歩みを特徴づけている。

ただしこのことは、彼自身が一九四一年のある講義で述べているように、一筋縄にいったわけではなかった。彼によると、自分はその頃「一年もすれば、すでにすべてをより明確に言うことができるだろうと考えていた」。しかし「それは誤りだった」。こうして「続く数年、回り道によって本来的な問いへと導こうとしたいくつかの刊行物を出した」という（GA49, 40）。

たしかに一九二〇年代終わりの講義や諸論稿でも、すでに超越論的哲学に由来する術語が後退していくことが観察される。彼がこの時期に世界を「全体としての存在者」と規定しはじめるのは、現存在が、今ここに生起している「全体としての存在者」に巻き込まれ、この状況によって基礎づけられた存在であることを明確に打ち出し、そのことによって、現存在とは世界を表象する主体であると誤解されるのを避けるためであったのだ。

こうした「回り道」を経て「正しい仕上げ」についてある程度「たしかさ」の見通しが立ったのが、「存在の真理を単純に言おうとする試みの『瞬間』」とされる一九三六年以降のことである（GA9, 311, Anm. a.）。ハイデガーはこれ以後、かつて「存在の意味」としての時間と表現していた事象に「性起（Ereignis）」という名前を与える。

後年あるところで（一九六九年「ル・トールでのゼミナール」）、彼はこの「性起」という言葉によって、存在や存在論的差異といった表現が不要になったと語っている。「性起を存在や存在の歴史といった概念によって思索することはうまくいかないだろう。（……）存在とともにまた存在論的差異も消滅する。一九二七年から一九三六年までの存在論的差異への不断の関わりは、迷いの道として見られねばならないだろう」（GA15, 366）。

驚くべきことに、ここでは「存在」や「存在論的差異」という用語さえも、「迷いの道」に属すること、すなわち「形而上学の言葉」に含まれることが認められている。そうだとすると、「存在の問い」という言い方さえ、「形而上学の言葉」ということになってしまう。しかしこれは何を意味するのだろうか。

単純に言う

この点については、ハイデガーは『ヒューマニズム書簡』のある箇所に付した注で、「存在」という言い方によって、「絶対的なものの孤立化」が起こってしまうからだと述べている（GA9, 321, Anm.a.)。すなわち「存在」と語ってしまうだけで、それがあたかも人間からは切り離され、あらかじめ「それ自体」で存在しているものであるかのような印象を与えてしまうというのだ。

先ほど、カントの超越論的哲学に由来する地平や企投といった用語を使用することで、存在が対象化しうるもののように捉えられる危険性について語られた。しかし単にそうした用語だけにとどまらず、そもそも「存在」という語自体が「形而上学の言葉」だというのである。というのも「存在」も人間に対立するもの、つまり人間からは切り離された「もの」であるかのように捉えられ、そこから不可避的に、人間が存在を対象化するという構図を招き入れてしまうからである。

このように「存在の真理を単純に言う」試みは、最終的には「存在の消滅」に帰着する。このことが一九六二年の講演「時間と存在」の次の一節に集約されている。「存在にとっての固有なものは、存在のようなもの（Seinsartiges）ではない。われわれは存在をことさらに熟慮するとき、事柄そのものはわれわれをある仕方で存在の外へと連れ去り、われわれは存在を賜物として与える運命を思索する」（SD, 10）。

この「存在を賜物として与える運命」とは性起であり、不適切なことを承知で『存在と時間』の時期の表現をあえて用いれば、「存在の意味」としての時間、すなわち脱自態の地平の統一である。存在とはそのような「地平の統一」、後年の言い方では性起と捉え直され、「存在にとって固有なもの」、すなわち存在の実質は性起とされる。「存在の問い」は、それを徹底すると自分自身を食い破ってしまい、そもそも自分が問うているものを「存在」として語ること自体が不適切であることを露呈してしまうような「問い」なのだ。「存在の問い」そのものが「存在の消滅」をもたらしてしまう。言い換えると、「存在の問い」は、「存在とは存在ではない」という地点にたどりつくのである。

『存在と時間』はその下巻の刊行が断念されてもなお、上巻という表示が付されたまま、背表紙の下部にもローマ数字の「I」が付けられていた。一九五三年に刊行された『存在と時間』の第七版にいたって、ようやくこの表示は外された。その前書きでは、この点について次のように述べられている。「これまでの版に付されていた『上巻』という表示は削除されている。下巻は二五年たった後には、上巻を新たに叙述し直すことなしには、もはや接続することができない。しかし上巻の道は存在の問いがわれわれの現存在を揺り動かすべきであるならば、今日なお必然的なものにとどまっている」(SZ, VII)。

あえて形而上学の言葉にとどまる

『存在と時間』は「存在の意味」を解明するはずだった第一部第三篇「時間と存在」の直前で中断されている。そして『存在と時間』の既刊部分で論じられている現存在の実存論的分析は、まさにこの「存在の意味」を解明するための準備として行われたものであった。しかし『存在と時間』の未完の理由を扱ったところで論じたように、「存在の意味」が時間として十分に解明されることによって、この実存論的分析そのものが「存在の意味」の真の所在に対する認識をかえって阻むものであることが自覚されるようになった。このように、『存在と時間』は既刊部分の内容が未完部分の内容によって無効だとされてしまうような、実に奇妙な構造をもった書物なのである。

『存在と時間』はそれが解明しようとしている事柄そのものによって乗り越えられてしまうという運命をもった著作である。しかし一九五三年版の前書きでは、「上巻の道は存在の問いがわれわれの現存在を揺り動かすべきであるならば、今日なお必然的なものにとどまっている」とも言われていた。すでに確認したように、「存在の問い」は現存在の実存の根拠に関わる問いでもある。その意味で、「存在の問い」と実存の関係性を主題化することは、それなりの必然性をもつとも言うことができるのだ。

ハイデガーは『ヒューマニズム書簡』で、「存在の真理」を思索しようとする試みについて、既存の哲学の内部で思索のこの試みを了解可能なものにするためには、既存の名称を用いる他なかったとも述べている (GA9, 357)。もちろん、既存の哲学用語を使って「存在の真理」を語ることは、それ自体としては不適切である。しかしハイデガーはここで、既存の哲学の内部から「別の次元」を示すためには、既存の用語を使用することもある意味でやむをえなかったことも認めている。実際、さしあたり「既存のもの」しか知らないわれわれを、それ以外のどのようなやり方で「存在の真理」へと導くことができると言うのだろうか。

　したがってハイデガーは後年になって、すでに「別の言葉」に対するそれなりの展望を得ていた時期になっても、あえて「形而上学の言葉」を使用し続ける。彼は『ヒューマニズム書簡』の冒頭に付された注で、この書簡で語られていることは一九三六年に始まった「存在の真理を単純に言おうとする試み」に基づきつつも、「この手紙はなお形而上学の言葉で語っており、しかも意識的にそうしている」とし、「別の言葉は背景にとどまっている」と述べている（GA9, 313, Anm. a.）。

　つまりハイデガーは、「別の言葉」をすでに手にしているにもかかわらず、意識的に形而上学の言葉を用いて語ると言っているのである。このことからもわかるように、形而上学の言葉は一概に否定されねばならないわけではなく、「存在の真理」へと導くものとして一定の意義をもつと認められている。その点からすれば、『存在と時間』の歩んだ道は「存在の真理」、「性起」の次元を暗示するものとして、なおその役割を失っていない、そう言うこともできるだろう。

道であって、作品ではない

　今述べたことからすれば、ハイデガーの『存在と時間』から後期の思索への歩みについて、論者が好んで語る思想の変化や断絶は、あまり強調すべきではないだろう。人々が断絶について語りたがるのは、次のような事情による。人々は「存在の問い」が「形而上学の言葉」で語られているときは、それをまさに形而上学の水準で理解（誤解）してしまう。そしてハイデガーがもはやそのような誤解を許さないような「別の言葉」で語り出すと、自分が慣れ親しんだ形而上学的な思考様式に引きつけて理解できなくなってしまい、ハイデガーがそれまでとはまったく違った事柄を語りはじめたと考えてしまうのだ。

しかし、こうしたハイデガーの思想の変化や断絶を語る言説に典型的なことは、彼の思想が変化したとして、変化後の思想がどうなったかを正面から問題にすることなく、それを単に「神秘主義的」であるとか、「秘教的」であるというレッテルを貼るだけで済ましてしまう点である。こうした態度は、ハイデガーが「形而上学の言葉」で語っているときにはまだ自分の慣れ親しんだ形而上学的思考様式に引きつけて理解することが可能だったが、「別の言葉」で語るようになってから、何を言っているかわからなくなったという困惑を示しているにすぎない。

後期の思想を「秘教的」などと特徴づけるときには、後期の思想をそれ固有の内容において理解することを最初から放棄してしまっている。しかしそのことは同時に、『存在と時間』の思想もハイデガーの本来の意図に沿っては理解していなかったこと、すなわち

「形而上学の言葉」で語られた事柄を形而上学の水準で捉えていたにすぎなかったことを露呈する。

『存在と時間』において着手された「存在の意味への問い」はその解明によって、究極的には『存在と時間』の既刊部分で展開されている現存在の実存論的分析を無用とするような地点に到達した。その根本的問いをどこまでも深めていくことによって、それ自身が無効であることを図らずも露呈してしまうような書物、これが『存在と時間』である。ハイデガーが自身の全集版のモットーとした「道であって、作品ではない」という言葉ほど、このような『存在と時間』という書物の特色を適切に示すものはない。『存在と時間』はそれ自体で完結した「作品」ではなく、あくまでも「道」の「途上」といったものでしかない。本書で私が試みたのも、この書物の「道」という性格をあらわにしつつ、同時にこの「道」をハイデガーとともに歩むことだったと言えるだろう。

結語

存在了解の違いとしての本来性と非本来性

本書では、ハイデガーがその「存在の問い」において「存在」をどのように捉えているのかを明らかにしようと試みた。『存在と時間』では、この「存在」の意味の解明が目指されているわけだが、同書では結局、その肝心な部分が直接的に論じられることはなかったのである。しかしハイデガーは同書を執筆するにあたって当然、その問いに対する答えを用意しており、本書では『存在と時間』以外の資料にも依拠しつつ、その内容を明らかにした。

「ある」ということの意味をどのように理解するかは、本書第一章で「存在の問いの存在的優先性」の議論に即して説明したように、われわれの生き方をその根本において規定するものである。したがって現存在の本来的なあり方と非本来的なあり方の区別も、「ある」ということがそれぞれにおいてどのように了解されているかの違いに由来する。すなわち現存在の本来的なあり方とは、そこで「ある」ということが真正な仕方で了解されていることを意味し、現存在の非本来的なあり方はその逆を意味するのだ。

このことは、ハイデガーが真の「存在」とするものを理解するためには、われわれ自身が本来的なあり方を取り、その境地がどのようなものであるかを知っている必要があるということでもある。このようにハイデガーの「存在の問い」は、われわれに自分の生き方の見直しを求めてくるのである。

そうだとすると、ここで要求されている本来的な生き方とは、いったいどのようなものなのだろうか。ハイデガーはそれを「先駆的覚悟」と呼んでいた。先駆、すなわち「死への先駆」は、自分の生から決して死の可能性を排除しないこと、場合によっては死を辞さないという態度を意味する。われわれには、死が恐ろしいがためにできないことがたくさんある。逆に言うと、死を辞さないことによって、多くのことができるようになる。つまり自分の生における死の可能性を許容することは、逆に、おのれの生の可能性を広げることを意味するのだ。

死とは欠如、すなわち非存在なのだから、それは現存在の存在には属さないというわけではない。今も述べたように、むしろ死を認めることによってこそ、現存在は全き仕方で存在することができるのだ。このように死がこのようにおのれの存在に属し、それを完成するものであるという意味において、死は「他ならぬ自分自身の存在能力」だとされるのだ。

では、死の可能性を許容することによって可能になるあり方とは一体、どのようなものなのだろうか。ハイデガーはそれを「良心をもとうと意志すること」だと規定する。これはつまり、良心の呼び声に従おうとする態度である。われわれは死への先駆によって、良心に従って生きることが可能になるのだ。逆にどこまでも良心に従って生きようとすれば、われわれは、死の可能性を覚悟することを余儀なくされるのである。

今述べたような現存在の本来的なあり方とは対照的に、現存在の非本来的なあり方とは、死の可能性を直視せず、むしろそれを抑圧し、自己保存を第一とするあり方を意味するだろう。このとき自分以外の存在者は、この自己保存のための有用性という観点からその価値を評価されている。つまり非本来的な現存在は、自己保存という目的に沿って周囲の世界を組織し、秩序づけるというあり方をもつのである。

現存在は非本来性において自己保存に固執し、自分以外の存在者をもっぱらそうした自己にとっての有用性という観点から捉えている。そのときそれらの存在者は、それ固有のあり方において現象することを許されないことになる。つまりここでは、自己が死の可能性をも取り込んだ全き仕方によっては存在していないということと、自己が関わっているる物事がそれ固有の姿を示してはいないということが、表裏一体の事態として成立しているのだ。これが現存在の非本来性、すなわち現存在の「ひと」と呼ばれるあり方の根本的意味である。

ここから逆に、現存在がその本来性において良心の呼び声に従うことの意味も捉え直すことができる。つまり良心の呼び声とは、自分が関わっている物事を自己保存のための有用性という観点に囚われることなく、まさにそれ固有のあり方において「あらしめる」態度を意味するのだ（現存在の本来性が脱自態の地平の統一として生起する際、将来の地平が「自分のために」と名づけられていた。これは自己の私的利害に拘泥することを意味するわけではない。むしろ物事を「あらしめる」という本来のあり方をした「自分」に対するコミットメントを示すものである）。

ハイデガーによると、良心の呼び声はおのれが「負い目ある存在」であることを告げるものだった。「負い目ある存在」とは、今述べたことからすれば、自分以外の存在者を「あらしめる」ことを負託された存在であるということを意味するだろう。良心の呼び声を呼ぶ者とは、究極的には自分が関わっている存在者が「ある」という事態そのものである。

以上で、「存在の問い」が現存在の生き方の根幹に関わる問いだということ、またそれがどのような意味においてそうなのかについて説明した。現存在のその時々のあり方は、現存在が自分以外の存在者に対してどのような態度を取るかに基づいている。したがって現存在のあり方の根本的な変化は、その存在了解の根本的変化を前提とする。より具体的に言えば、現存在が死へと先駆すること、死の可能性をおのれの生のうちに取り込むことは、自分が関わっている存在者をそれ固有の存在においてあらしめることを含意する。また逆に、自分が関わっている存在者をそのようにあらしめるためには、死への先駆が要求される、すなわち自己保存の欲求を放棄することを余儀なくされるのである。

これに対して、非本来性においては、現存在は自己保存に固執し、したがって、おのれが関わっている存在者もそのための有用性という相においてしか捉えられていない。自己保存への固執とは死の可能性を排除することであり、そのことによって、存在者をそれ固有のあり方においてあらしめることを阻んでいる。つまり「死の忘却」が「存在忘却」をもたらすのであり、また「存在忘却」は「死の忘却」を必ず伴うものなのだ。

存在者の存在と現存在の相即的な生起

これまで見てきたように、現存在の本来的なあり方は、自分が関わっている存在者をあらしめることである。存在者は現存在があらしめることによって、まさにそれ固有の仕方によって存在できる。しかし逆に、現存在があらしめるという仕方で存在できるのは、「存在者がある」ことによってだとも言える。つまり「存在者がある」からこそ、それをあらしめることも可能になるのだ。「存在者がある」という事態と現存在は、あらかじめ別のものとしてすでに成立していて、それが事後的に関係をもつというわけではない。そうではなく、両者は互いに相手を前提とし、すなわち両者は最初から不可分のものとして捉えられねばならないのだ。

このように「存在者がある」という出来事と、現存在がそれをあらしめているということは、表裏一体の事態である。この存在者の存在と現存在の相即的な生起を統一的に捉えるためにハイデガーが用いているのが、「現」、「明るみ」といった用語である。さらに言うと、「脱自態の地平の統一」も同じ事態を示している。

序論で「鳥が飛ぶ」という例に即して見たように、「存在者がある」ということは、それがどのような周囲の存在者の中に置かれているかということ（過去）、またその存在者の現在のあり方に続いて生起しうるその存在者の挙動やふるまいの可能性（将来）をその了解のうちに含むものだった。「存在者がある」ということは、まさに今現在においてその存在者が現象していることに他ならないが、そこには同時に、今述べたような過去と将来の地平も包含されているのである。「存在の意味は時間である」という『存在と時間』の基本的テーゼは、「ある」ということが本来的には、このような将来―現在―過去という時間的拡がりとして生起していることを意味するのだ。

それゆえ現存在が存在者をあらしめるというのは、より具体的に言うと、存在者の存在を、このような時間的拡がりにおいて生起させることを意味する。このことは、存在者をそれ固有の可能性に委ねることだと言い換えることもできる。存在者の存在のそのような生起は、存在者の存在をあるがままにするという現存在の姿勢を要求する。それに対して、現存在が非本来的なあり方においておのれの利害のために存在者を表象するときには、存在者はその本来の可能性において現れ出ることはなく、むしろそうした可能性は抑圧され、隠蔽されてしまうのだ。

現存在が存在者の存在をあらしめるとき、現存在はその存在者が存在することによって生起している時間的拡がりのうちに自分自身を見出す。この意味で、存在者の存在が時間的拡がりとして生起しているとき、その生起のうちにはそれをあらしめている現存在の存在も包含されている、そう言うことができるのだ。ハイデガーが「明るみ」や「脱自態の地平の統一」と呼んでいたものは、存在者の存在と現存在の一体的な成立を統一的に表現しようとするものだったのだ。

実体化の否定へ

しかし『存在と時間』の既刊部分では、すべての存在論の基礎ということで現存在の実存論的分析が優先的に取り上げられたため、「存在者がある」という出来事とそれをあらしめている現存在という二つの側面のうち、現存在の存在の方だけが論じられている。もちろんそのときも、現存在は自分以外の存在者に関わるものであり、現存在のあり方は自分が関わっている存在者の存在によって規定されていることは前提されてはいたのだが。

ところが『存在と時間』では、自己のあり方が、おのれが関わっている存在者の存在によって規定されているという側面は、あまり表だっては語られない。むしろ気遣いは、つねに「他ならぬ自分自身の存在能力」への関わりとして語られる。そのため現存在が自分の存在だけに拘泥し、自己のうちに閉ざされてしまっているかのような誤解を受けてしまうのだ。

『存在と時間』を執筆する段階においては、古代ギリシア哲学、キリスト教教義学を現象学をベースとして現代的な人間学として甦らせようという以前からの哲学的モチーフがいまだ健在だった。この人間学への志向が、「存在の問い」を扱うに際して、現存在の実存論的分析を自明の出発点とさせたと言ってよいだろう。このとき存在者の存在は、現存在を起点として、そこへと関係づけられる形で語られることになる。そうなると、伝統的哲学において存在が主体によって対象化されるものとして捉えられていたのと、表現上はほとんど差別化できなくなってしまうだろう。

しかも都合の悪いことに、「存在者がある」ということの生起を時間的な拡がり、すなわち「脱自態の地平の統一」として捉え直し、現存在はそれによって根拠づけられ、その生起のうちに立つものであることを明確に示すはずだった『存在と時間』の第一部第三篇が未完に終わってしまった。そのことによって、現存在を「存在者がある」という事態から切り離して、実体的に捉える傾向がますます助長されることになった。

もちろん『存在と時間』においても、現存在の自己とは、そこにおいて他の存在者がそれ固有のあり方において現象しうる「場」なのであり、実体のようなものではないことは明確に指摘されている。しかしそれでも『存在と時間』の実存論的分析では、「他ならぬ自分自身の存在能力」への関わりだけがもっぱら語られるため、この存在能力が実際は自分以外の存在者をあらしめる能力だとしても、現存在が自分の存在だけに関わる存在であるかのようにどうしても誤解されてしまうのだ。

『存在と時間』以後のハイデガーの努力は、基本的には、この現存在の実体化をいかに避け、存在者の存在と現存在の相即という事態を適切に語るかに向けられた。こうして現存在の実存論的分析を「存在の問い」の出発点とする「基礎存在論」とするという構想は放棄され、「存在者がある」ことの生起を「存在の明るみ」、「存在の真理」などとして直接的に示し、現存在はその生起を見守り、あらしめるものと位置づける語り方に変わっていくことになる。

しかもさらに後年になると、ハイデガーは、「ある」、「存在」という表現そのものが、「存在」をあたかも現存在とは切り離されたものとして、主体が表象する対象であるかのように捉える誘因になりかねないということで、究極的にはそうした表現も捨て去るべきだと主張するようになる。彼が追求するのは、「存在者がある」ことの生起と、それをあらしめる現存在とを、存在者の存在と現存在のどちらも実体化することなく、表裏一体のものとして統一的に捉えるような言葉である。例えば一九三〇年代後半から用いられるようになる「性起」も、まさにそのために導入された言葉の一つである。

現代における「存在の問い」の意義

われわれが生きている現代において、存在者を「あらしめる」ことと対極的な態度として現れてくるのが、存在者をどこまでも計算可能なものとして対象化する態度、すなわち後年ハイデガーが世界に対する「技術的な関わり」として問題にするものである。先ほど現存在の非本来的なあり方を、自己保存を目的として、その観点から存在者の存在を規定する態度だと述べた。こうした現存在の非本来性は、現存在の構造に本質的に属するものとして、いつの時代にも生じうる普遍性をもつが、今日ではこの非本来性は、技術的世界という、ある独特の形で組織化されている。

このような時代において「存在の問い」は、技術的対象化は存在者の真の「存在」をそもそも捉えることができるのか、それはむしろ存在者の真の「存在」を覆い隠すものではないかという問いをわれわれに突きつけるものとなる。こうした問いを問うことは、ただちに技術社会からの離脱をもたらすものではないし、そのようなことは不可能だろう。しかしこうした問いを問うことは、技術がもたらしている諸問題の根源を見極めること、また必要に応じて、技術に対するむやみやたらな追従から距離を取る「自由」をわれわれに与えてくれるだろう（技術に対するこのような態度は、一九五〇年代に入って、「ものに対する放下」として主題化されている）。

ところで本書では、『存在と時間』におけるハイデガーの現存在分析が、多分にキリスト教教義学の実存論的な捉え直しと見なしうることをたびたび指摘してきた。宗教的に真正なあり方のイメージを引き継いでいる現存在の本来性が、究極的には存在者の存在と現存在の双方における実体化の否定として捉えられるとすれば、このことは、キリスト教の宗教性が、それをどこまでも純化して捉えた場合、そのような実体化の否定のうちに見出しうると考えることもできるだろう。そして序論でも述べたように、こうした実体化の否定という方向性は、まさに大乗仏教が一切の存在するものを無我、空と捉えていることと重なりあう。つまりハイデガーはキリスト教の宗教性をどこまでも突き詰めることによって、仏教などにも通じるある種、普遍的な宗教性に図らずも到達した、そう言うことができるだろう。

今述べた点からすると、ハイデガーの「存在の問い」は宗教性の根源とはいかなるものか、また現代において宗教が可能だとすればいかなる意味においてかを示しているとも言えるだろう。すなわち、技術時代の今日において可能な宗教性とはいかなるものかという問いに対する一つの答えを与えていると考えられるわけだ。

ハイデガーは現代の時代状況を「存在忘却」と見極めた上で、「存在の問い」を問うことをわれわれに求めている。「結語」の最初でも述べたように、「存在の問い」は結局、われわれの生の根拠を問うことそのものである。そうだとすると、『存在と時間』はわれわれに生の根拠を問うことを促し、またそれに対する答えを示そうと試みた作品だと言うことができるだろう。

このような「存在の問い」の、われわれの生の核心に触れる切実さゆえに、『存在と時間』はこれまで人々を惹きつけてやまなかったし、これからもそのことに変わりはないだろう。

あとがき

「はじめに」でも触れたように、私がハイデガーと彼の主著『存在と時間』に最初に関心を抱いたのは、ポスト構造主義、いわゆるフランス現代思想を介してだった。一九八〇年代後半に大学に入学したのは、八〇年代前半のポスト構造主義ブームがまだ冷めきっておらず、ドゥルーズ／ガタリやデリダ、フーコー、ロラン・バルト（一九一五―一九八〇）といった名前が、それらの日本への紹介者とともに光彩を放って見える時代だった。私は大学入学時はそうした思想家については名前も知らず、そもそも哲学にも特別な関心をもっていたわけではなかった。しかし第二外国語として履修したフランス語の読本でロラン・バルトの『神話作用』を読んだことをきっかけとして、フランス現代思想に興味を抱くようになった。そうした中で、デリダ、ドゥルーズ／ガタリ、フーコーなどの名前を知り、彼らの著作の翻訳や解説書などを読みかじるようになった。その過程で、ポスト構造主義に大きな影響を与えたドイツの哲学者としてハイデガーの名前が浮かび上がってきた。そこで彼の主著『存在と時間』を読んでみようと思い立ち、当時、入手しやすかった中公バックス「世界の名著」版の『存在と時間』（原佑、渡辺二郎訳）を購入し、大学二年の夏休みに実家で読み始めた。そのときは「ダス・マン」、すなわち「ひと」の分析の箇所まで読み進めたところで挫折した。すなわち書物全体の三分の一も読むことができなかった。

私はもともと経済学を専攻しており、経済学に取り組むかたわら、哲学も勉強できればいいと考えていた。しかし専門課程に進学した大学三年の秋頃には、経済学と哲学の勉強を両立させるほどの時間も能力もないことは明らかになってきた。それ以上に、人生に関わる意志決定をすべて経済的選好に還元する、経済学に固有の人間学的前提に飽き足りなくなり、哲学への転向を考えるようになった。他学部の哲学関係の授業を聴講しながら、ドイツ語を独習し、『存在と時間』の原典を読み始めたのもちょうどこの頃である。経済学部を卒業後、同じ大学の教養学部に学士入学したが、ここの卒業論文ではハイデガーの師で現象学の創始者であるフッサールの『論理学研究』を取り上げた。ハイデガーはフッサールの著作の中でも初期の『論理学研究』を高く評価しており、ハイデガーを理解するにはここまでさかのぼって勉強するのがよいだろうと考えたのもその書を選んだひとつの動機だった。

教養学部を卒業してから、今度は文学部哲学科の大学院に進学し、そこでも最初はフッサールを研究していたが、どうにも無味乾燥に感じられ面白くなくなってしまい、修士論文ではハイデガーを取り上げることにした。それ以来、ハイデガー研究一筋となり、今日に至る。当初はフランス現代思想を理解するために、少しその源流にさかのぼってみようといった程度の理由でハイデガーを読み始めたのだが、結果としてフランス現代思想に戻ることなく、かれこれ三〇年近く、ハイデガーと付き合うことになった。ということは、『存在と時間』ともほとんど同じだけの年月、付き合ってきたということだ。

その間、当たり前のことだが、私の『存在と時間』解釈もずいぶんと変化した。とにかく最初の頃の『存在と時間』は、自分にとっては、道具分析とそれに基づいた環境世界論、さらには「ひと」の分析の『存在と時間』であった。日本語で読んでも、ドイツ語で読んでも、とにかく最後まで読み切ることはなかなかできず、かろうじて目を通した最初のほうの部分で何となく理解できて印象に残ったのが、道具の分析と「ひと」の議論だけだったからだ。

やがて少し読み慣れてくると、『存在と時間』の後半部分、つまり主題でいうと「死への先駆」とか「良心」とか「現存在の時間性」が扱われる箇所だが、そうしたところも視野に入ってきた。「死」や「良心」というとある種、実存的なトピックで理解しやすそうな気もするのだが、ハイデガーの分析は妙に細かく、結局、全体として何を言っているのかがよくわからないところである。それでもとにかく、修士論文のときは『存在と時間』における「解釈」概念を主題として取り上げ、非本来性と本来性の区別を、「解釈」をめぐる態度の相違として捉えようと試みた。そこで私はアメリカの哲学者、リチャード・ローティなどからの影響も受けて、非本来性を唯一の「客観的実在」なるものを前提し、それを写し取ることを目的とする態度と特徴づけ、それに対して、本来性を多様な実在の可能性に開かれた解釈学的な態度と捉えようとしたのだった。今からすればもちろん幼稚な解釈だが、『存在と時間』の意義を「日常性の解釈学」(H・ドレイファス)に認め、本来性の議論、さらには「存在の問い」そのものも切り捨ててしまうような解釈に対して違和感を覚え、私なりに本来性の意義を捉えようとする試みだった。

　さらに博士論文でもハイデガーの思索の歩みを前期から後期までたどることを試み、そのなかで『存在と時間』も詳しく取り上げた。ちょうど『存在と時間』前後の講義録や一九三〇年代後半の覚書、その他の資料がハイデガー全集の一環として出そろった頃でもあり、『存在と時間』に限っていえば、その論理構造や本来性の内実について以前よりは立ち入った議論ができるようになった。本書でも詳しく見たが、『存在と時間』における「現存在」の分析は、フッサール現象学の深化として捉えると、その論理構造が見通しやすくなること、また本来性の議論などもアリストテレス倫理学の影響が大きいことなどがわかってきた。しかし本来性が現存在のいかなるあり方を意味するのかは、やはり今ひとつ決め手を欠き、自分自身、腑に落ちたという感じがしなかった。ハイデガーが「存在の問い」というときの「存在」が何を意味するのかもいまだによくわかったという気がしなかった。

この博士論文を大幅に改稿して、二〇〇七年に『存在と共同』（法政大学出版局）として刊行した。その直後、当時、講談社選書メチエの編集部に所属されていた山﨑比呂志さんに、同書の『存在と時間』の解説部分をわかりやすくかみくだいて入門書として出版するお話をいただいた。これが本書の刊行につながるわけだが、恐ろしいことに最初にその打診を受けてから、もう一〇年が過ぎてしまった。依頼を受けて最初に思ったのは、ハイデガーの「存在の問い」と本来性の意味を自分なりに腑に落ちたと思えるぐらいに理解できてから執筆しようということだった。しかし実際にはなかなかそうならず、他の仕事にかまけたまま、長いあいだ書き出せずにいた。二〇〇九年から二〇一〇年にかけてミュンヘンで在外研究の機会が与えられたときも、ドイツ語の習得のほうに気を取られ、作業はまったく進まなかった。ただしそれまでドイツ語は独学で、またハイデガーのドイツ語しか読んだことがなかったので、ドイツ語文法を語学学校で体系的に学び直し、新聞などでドイツ語の日常的用法に親しんだことは、その後のドイツ語解釈の精度を高めるためにはこの上なく役立った。

そして二〇一三年頃になって、さすがに執筆を始めなければと思い、同年夏にはドイツのマールバッハ文書館に収蔵されている『存在と時間』の草稿を実際に見たり、他のさまざまな資料を調べたりした。それにより『存在と時間』執筆の外的事情についてはおよそのことがわかってきた。しかし『存在と時間』の思想的核心である「存在の問い」と本来性の意味はまだまだ、もやに包まれたままだった。それでも無理をして執筆作業を進めたら、やはり焦点が絞りきれなかったためだろう、『存在と時間』の各章ごとの内容を順に、原文の引用をちりばめながらだらだらまとめるような体裁のものができあがってしまった。入門書としてはいかんせん長すぎる原稿を二〇一三年末に山﨑さんに送ったところ、二、三ヵ月して徹底的にコメントを入れられた原稿が戻ってくることになった。

しばらくはびっしりとコメントが入った原稿を読み直すのが正直言って苦痛で、しかも『存在と時間』の理解面でも、「存在の問い」と本来性の意味について相変わらず見通しが立ったという気がしなかったため、また作業を放置してしまった。しかし二〇一六年三月頃にもう一度思い立って、作業に取りかかろうという気になり、苦しい改稿作業を行っているなかで、それまでぼんやりしていた存在と本来性の意味がようやく明確になったような気がしてきた。とくに本来性と非本来性については、キリスト教教義学の影響に注目することで、その意味がだいぶすっきりと見えるようになってきた。

その後も何回か山﨑さんと原稿のやり取りがあったが、そのたびごとにいただいた的を射たコメントをもとに原稿を書き直していく過程で、「存在の意味」の所在が少しずつ明確になり、そのたびにその知見を原稿に反映させていった。ハイデガーの「存在の問い」についてては、原稿執筆の最後の段階に至るまで、私自身の解釈が変化していったので（「深化していった」と言いたいところだが）、そのつど新たな解釈にあわせて関係する個所を書き換えるという作業を行った。その作業を続けているうちに、ハイデガーも『存在と時間』の書き換えをしていたときにはこんな感じだったのだろうかと、彼の経験を追体験しているような気にもなった。私の場合、「存在の意味」が問題にしているものが明らかになるにつれ、それに即した形で現存在の実存論的分析についての説明も書き換えるという作業を行わなければならなかったわけだが、本書でも記したように、まさにハイデガー自身が『存在と時間』執筆のときに同じような状況に置かれていたからである。

私の上梓した決して読みやすいとはいえない研究書にいち早く目を留めていただき、本書執筆の機会を与えてくださった講談社現代新書編集部の山﨑比呂志さんには心より感謝したい。原稿に対するコメントや助言もいろいろいただいたが、それに応答しようと努力する中で、執筆の最後の最後までいろいろな着想を得ることができた。なお本書には、マールバッハ文書館での『存在と時間』の遺稿調査の成果が反映されているが、その調査は科学研究費（JSPS科研費24520036）によって可能となったものであることを感謝とともに記しておきたい。また私がこのような書物を執筆できたのも、哲学を自由に研究する環境を与えてくれた勤務先の防衛大学校のおかげである。「防大で哲学を教えています」というと、「え、防大生に哲学、必要なんですか?」というあまりに率直すぎる返答をされて困惑することがしばしばある。本書によってそうした「偏見」を少しでも払拭できれば幸いである。

二〇一七年六月二三日

轟　孝夫

N.D.C. 133.2.96　431p　18cm
ISBN978-4-06-288437-2

講談社現代新書　2437

ハイデガー『存在と時間』入門

二〇一七年七月二〇日第一刷発行　二〇二一年八月一二日第六刷発行

著　者　轟　孝夫　

発行者　鈴木章一
発行所　株式会社講談社
東京都文京区音羽二丁目一二―二一　郵便番号一一二―八〇〇一
電　話　〇三―五三九五―三五二一　編集（現代新書）
〇三―五三九五―四四一五　販売
〇三―五三九五―三六一五　業務
装幀者　中島英樹
印刷所　凸版印刷株式会社
製本所　株式会社国宝社
定価はカバーに表示してあります　Printed in Japan

「講談社現代新書」の刊行にあたって

教養は万人が身をもって養い創造すべきものであって、一部の専門家の占有物として、ただ一方的に人々の手もとに配布され伝達されうるものではありません。

しかし、不幸にしてわが国の現状では、教養の重要な養いとなるべき書物は、ほとんど講壇からの天下りや単なる解説に終始し、知識技術を真剣に希求する青少年・学生・一般民衆の根本的な疑問や興味は、けっして十分に答えられ、解きほぐされ、手引きされることがありません。万人の内奥から発した真正の教養への芽ばえが、こうして放置され、むなしく滅びさる運命にゆだねられているのです。

このことは、中・高校だけで教育をおわる人々の成長をはばんでいるだけでなく、大学に進んだり、インテリと目されたりする人々の精神力の健康さえもむしばみ、わが国の文化の実質をまことに脆弱なものにしています。単なる博識以上の根強い思索力・判断力、および確かな技術にささえられた教養を必要とする日本の将来にとって、これは真剣に憂慮されなければならない事態であるといわなければなりません。

わたしたちの「講談社現代新書」は、この事態の克服を意図して計画されたものです。これによってわたしたちは、講壇からの天下りでもなく、単なる解説書でもない、もっぱら万人の魂に生ずる初発的かつ根本的な問題をとらえ、掘り起こし、手引きし、しかも最新の知識への展望を万人に確立させる書物を、新しく世の中に送り出したいと念願しています。

わたしたちは、創業以来民衆を対象とする啓蒙の仕事に専心してきた講談社にとって、これこそもっともふさわしい課題であり、伝統ある出版社としての義務でもあると考えているのです。

一九六四年四月　野間省一

哲学・思想Ⅰ

66 哲学のすすめ――岩崎武雄
159 弁証法はどういう科学か　三浦つとむ
501 ニーチェとの対話――西尾幹二
871 言葉と無意識――丸山圭三郎
898 はじめての構造主義　橋爪大三郎
916 哲学入門一歩前――廣松渉
921 現代思想を読む事典　今村仁司 編
977 哲学の歴史――新田義弘
989 ミシェル・フーコー　内田隆三
1001 今こそマルクスを読み返す　廣松渉
1286 哲学の謎――野矢茂樹
1293 「時間」を哲学する――中島義道

1315 じぶん・この不思議な存在――鷲田清一
1357 新しいヘーゲル――長谷川宏
1383 カントの人間学――中島義道
1401 これがニーチェだ――永井均
1420 無限論の教室――野矢茂樹
1466 ゲーデルの哲学――高橋昌一郎
1575 動物化するポストモダン　東浩紀
1582 ロボットの心――柴田正良
1600 ハイデガー＝存在神秘の哲学――古東哲明
1635 これが現象学だ――谷徹
1638 時間は実在するか　入不二基義
1675 ウィトゲンシュタインはこう考えた　鬼界彰夫
1783 スピノザの世界――上野修

1839 読む哲学事典――田島正樹
1948 理性の限界――高橋昌一郎
1957 リアルのゆくえ――大塚英志 東浩紀
1996 今こそアーレントを読み直す――仲正昌樹
2004 はじめての言語ゲーム――橋爪大三郎
2048 知性の限界――高橋昌一郎
2050 超解読！　はじめてのヘーゲル『精神現象学』　竹田青嗣 西研
2084 はじめての政治哲学　小川仁志
2099 超解読！　はじめてのカント『純粋理性批判』　竹田青嗣
2153 感性の限界――高橋昌一郎
2169 超解読！　はじめてのフッサール『現象学の理念』――竹田青嗣
2185 死別の悲しみに向き合う――坂口幸弘
2279 マックス・ウェーバーを読む――仲正昌樹

哲学・思想Ⅱ

世界史I

世界史Ⅱ

959 東インド会社——浅田實
971 文化大革命——矢吹晋
1085 アラブとイスラエル 高橋和夫
1099 「民族」で読むアメリカ 野村達朗
1231 キング牧師とマルコムX 上坂昇
1306 モンゴル帝国の興亡〈上〉——杉山正明
1307 モンゴル帝国の興亡〈下〉——杉山正明
1366 新書アフリカ史——宮本正興 松田素二 編
1588 現代アラブの社会思想 池内恵
1746 中国の大盗賊・完全版——高島俊男
1761 中国文明の歴史——岡田英弘
1769 まんが パレスチナ問題 山井教雄
1811 歴史を学ぶということ 入江昭
1932 都市計画の世界史——日端康雄
1966 〈満洲〉の歴史——小林英夫
2018 古代中国の虚像と実像 落合淳思
2025 まんが 現代史——山井教雄
2053 〈中東〉の考え方——酒井啓子
2120 居酒屋の世界史——下田淳
2182 おどろきの中国 橋爪大三郎 大澤真幸 宮台真司
2189 世界史の中のパレスチナ問題 臼杵陽
2257 歴史家が見る現代世界 入江昭
2301 高層建築物の世界史 大澤昭彦
2331 続 まんが パレスチナ問題 山井教雄
2338 世界史を変えた薬 佐藤健太郎
2345 鄧小平——エズラ・F・ヴォーゲル 聞き手＝橋爪大三郎
2386 〈情報〉帝国の興亡——玉木俊明
2409 〈軍〉の中国史——澁谷由里
2410 入門 東南アジア近現代史 岩崎育夫
2445 珈琲の世界史——旦部幸博
2457 世界神話学入門——後藤明
2459 9・11後の現代史 酒井啓子

日本史Ⅰ

文学

宗教

Ⓒ

世界の言語・文化・地理

心理・精神医学

331 異常の構造——木村敏
590 家族関係を考える——河合隼雄
725 リーダーシップの心理学——国分康孝
824 森田療法——岩井寛
1011 自己変革の心理学——伊藤順康
1020 アイデンティティの心理学　鑪幹八郎
1044 〈自己発見〉の心理学　国分康孝
1241 心のメッセージを聴く　池見陽
1289 軽症うつ病——笠原嘉
1348 自殺の心理学——高橋祥友
1372 〈むなしさ〉の心理学　諸富祥彦
1376 子どものトラウマ——西澤哲
1465 トランスパーソナル心理学入門——諸富祥彦
1787 人生に意味はあるか　諸富祥彦
1827 他人を見下す若者たち　速水敏彦
1922 発達障害の子どもたち——杉山登志郎
1962 親子という病——香山リカ
1984 いじめの構造——内藤朝雄
2008 関係する女 所有する男——斎藤環
2030 がんを生きる——佐々木常雄
2044 母親はなぜ生きづらいか——香山リカ
2062 人間関係のレッスン　向後善之
2076 子ども虐待——西澤哲
2085 言葉と脳と心——山鳥重
2105 はじめての認知療法——大野裕
2116 発達障害のいま——杉山登志郎
2119 動きが心をつくる——春木豊
2143 アサーション入門——平木典子
2180 パーソナリティ障害とは何か——牛島定信
2231 精神医療ダークサイド　佐藤光展
2344 ヒトの本性——川合伸幸
2347 信頼学の教室——中谷内一也
2349 「脳疲労」社会——徳永雄一郎
2385 はじめての森田療法　北西憲二
2415 新版 うつ病をなおす　野村総一郎
2444 怒りを鎮める うまく謝る　川合伸幸

L

自然科学・医学

1141 安楽死と尊厳死――保阪正康
1328 「複雑系」とは何か――吉永良正
1343 カンブリア紀の怪物たち サイモン・コンウェイ・モリス 松井孝典 監訳
1500 科学の現在を問う 村上陽一郎
1511 優生学と人間社会――米本昌平 松原洋子 橳島次郎 市野川容孝
1689 時間の分子生物学――粂和彦
1700 核兵器のしくみ――山田克哉
1706 新しいリハビリテーション 大川弥生
1786 数学的思考法――芳沢光雄
1805 人類進化の700万年 三井誠
1813 はじめての〈超ひも理論〉 川合光
1840 算数・数学が得意になる本 芳沢光雄

1861 〈勝負脳〉の鍛え方――林成之
1881 「生きている」を見つめる医療――中村桂子 山岸敦
1891 生物と無生物のあいだ 福岡伸一
1925 数学でつまずくのはなぜか 小島寛之
1929 脳のなかの身体――宮本省三
2000 世界は分けてもわからない 福岡伸一
2023 ロボットとは何か――石黒浩
2039 ソーシャルブレインズ入門 藤井直敬
2097 〈麻薬〉のすべて――船山信次
2122 量子力学の哲学――森田邦久
2166 化石の分子生物学――更科功
2191 DNA医学の最先端 大野典也
2204 森の力――宮脇昭

2219 宇宙はなぜこのような宇宙なのか――青木薫
2226 宇宙生物学で読み解く「人体」の不思議――吉田たかよし
2244 呼鈴の科学――吉田武
2262 生命誕生――中沢弘基
2265 SFを実現する――田中浩也
2268 生命のからくり――中屋敷均
2269 認知症を知る――飯島裕一
2292 認知症の「真実」――東田勉
2359 ウイルスは生きている 中屋敷均
2370 明日、機械がヒトになる 海猫沢めろん
2384 ゲノム編集とは何か 小林雅一
2395 不要なクスリ 無用な手術 富家孝
2434 生命に部分はない――A・キンブレル 福岡伸一 訳

政治・社会

1145 冤罪はこうして作られる　小田中聰樹
1201 情報操作のトリック　川上和久
1488 日本の公安警察──青木理
1540 戦争を記憶する──藤原帰一
1742 教育と国家──高橋哲哉
1965 創価学会の研究──玉野和志
1977 天皇陛下の全仕事──山本雅人
1978 思考停止社会──郷原信郎
1985 日米同盟の正体──孫崎享
2068 財政危機と社会保障──鈴木亘
2073 リスクに背を向ける日本人　山岸俊男／メアリー・C・ブリントン
2079 認知症と長寿社会──信濃毎日新聞取材班

2115 国力とは何か──中野剛志
2117 未曾有と想定外──畑村洋太郎
2123 中国社会の見えない掟　加藤隆則
2130 ケインズとハイエク　松原隆一郎
2135 弱者の居場所がない社会　阿部彩
2138 超高齢社会の基礎知識　鈴木隆雄
2152 鉄道と国家──小牟田哲彦
2183 死刑と正義──森炎
2186 民法はおもしろい──池田真朗
2197 「反日」中国の真実──加藤隆則
2203 ビッグデータの覇者たち──海部美知
2246 愛と暴力の戦後とその後──赤坂真理
2247 国際メディア情報戦──高木徹

2294 安倍官邸の正体──田﨑史郎
2295 福島第一原発事故　7つの謎　NHKスペシャル『メルトダウン』取材班
2297 ニッポンの裁判──瀬木比呂志
2352 警察捜査の正体──原田宏二
2358 貧困世代──藤田孝典
2363 下り坂をそろそろと下る　平田オリザ
2387 憲法という希望──木村草太
2397 老いる家　崩れる街　野澤千絵
2413 アメリカ帝国の終焉　進藤榮一
2431 未来の年表──河合雅司
2436 縮小ニッポンの衝撃　NHKスペシャル取材班
2439 知ってはいけない──矢部宏治
2455 保守の真髄──西部邁

趣味・芸術・スポーツ

620 時刻表ひとり旅——宮脇俊三
676 酒の話——小泉武夫
1025 J・S・バッハ——礒山雅
1287 写真美術館へようこそ——飯沢耕太郎
1404 踏みはずす美術史——森村泰昌
1422 演劇入門——平田オリザ
1454 スポーツとは何か——玉木正之
1510 最強のプロ野球論——二宮清純
1653 これがビートルズだ 中山康樹
1723 演技と演出——平田オリザ
1765 科学する麻雀——とつげき東北
1808 ジャズの名盤入門——中山康樹

1890 「天才」の育て方——五嶋節
1915 ベートーヴェンの交響曲——金聖響 玉木正之
1941 プロ野球の一流たち 二宮清純
1970 ビートルズの謎——中山康樹
1990 ロマン派の交響曲——金聖響 玉木正之
2007 落語論——堀井憲一郎
2045 マイケル・ジャクソン——西寺郷太
2055 世界の野菜を旅する 玉村豊男
2058 浮世絵は語る——浅野秀剛
2113 なぜ僕はドキュメンタリーを撮るのか——想田和弘
2132 マーラーの交響曲——金聖響 玉木正之
2210 騎手の一分——藤田伸二
2214 ツール・ド・フランス 山口和幸

2221 歌舞伎 家と血と藝 中川右介
2270 ロックの歴史——中山康樹
2282 ふしぎな国道——佐藤健太郎
2296 ニッポンの音楽——佐々木敦
2366 人が集まる建築——仙田満
2378 不屈の棋士——大川慎太郎
2381 138億年の音楽史 浦久俊彦
2389 ピアニストは語る ヴァレリー・アファナシエフ
2393 現代美術コレクター 高橋龍太郎
2399 ヒットの崩壊——柴那典
2404 本物の名湯ベスト100 石川理夫
2424 タロットの秘密——鏡リュウジ
2446 ピアノの名曲——イリーナ・メジューエワ

経済・ビジネス

- 350 経済学はむずかしくない〈第2版〉——都留重人
- 1596 失敗を生かす仕事術 畑村洋太郎
- 1624 企業を高めるブランド戦略——田中洋
- 1641 ゼロからわかる経済の基本——野口旭
- 1656 コーチングの技術——菅原裕子
- 1926 不機嫌な職場——高橋克徳 河合太介 永田稔 渡部幹
- 1992 経済成長という病——平川克美
- 1997 日本の雇用——大久保幸夫
- 2010 日本銀行は信用できるか 岩田規久男
- 2016 職場は感情で変わる 高橋克徳
- 2036 決算書はここだけ読め!——前川修満
- 2064 決算書はここだけ読め! キャッシュ・フロー計算書編 前川修満

- 2125 ビジネスマンのための「行動観察」入門 松波晴人
- 2148 経済成長神話の終わり アンドリュー・J・サター 中村起子 訳
- 2171 経済学の犯罪——佐伯啓思
- 2178 経済学の思考法——小島寛之
- 2218 会社を変える分析の力 河本薫
- 2229 ビジネスをつくる仕事 小林敬幸
- 2235 20代のための「キャリア」と「仕事」入門——塩野誠
- 2236 部長の資格——米田巖
- 2240 会社を変える会議の力 杉野幹人
- 2242 孤独な日銀——白川浩道
- 2261 変わった世界 変わらない日本——野口悠紀雄
- 2267 「失敗」の経済政策史 川北隆雄
- 2300 世界に冠たる中小企業 黒崎誠

- 2303 「タレント」の時代——酒井崇男
- 2307 AIの衝撃——小林雅一
- 2324 〈税金逃れ〉の衝撃 深見浩一郎
- 2334 介護ビジネスの罠——長岡美代
- 2350 仕事の技法——田坂広志
- 2362 トヨタの強さの秘密 酒井崇男
- 2371 捨てられる銀行——橋本卓典
- 2412 楽しく学べる「知財」入門——稲穂健市
- 2416 日本経済入門——野口悠紀雄
- 2422 捨てられる銀行2 非産運用——橋本卓典
- 2423 勇敢な日本経済論——髙橋洋一 ぐっちーさん
- 2425 真説・企業論——中野剛志
- 2426 東芝解体 電機メーカーが消える日 大西康之

E

日本語・日本文化